SERVIÇO PÚBLICO
NA CONSTITUIÇÃO FEDERAL

0170

Conselho Editorial
André Luís Callegari
Carlos Alberto Molinaro
Daniel Francisco Mitidiero
Darci Guimarães Ribeiro
Draiton Gonzaga de Souza
Elaine Harzheim Macedo
Eugênio Facchini Neto
Giovani Agostini Saavedra
Ingo Wolfgang Sarlet
Jose Luis Bolzan de Morais
José Maria Rosa Tesheiner
Leandro Paulsen
Lenio Luiz Streck
Paulo Antônio Caliendo Velloso da Silveira
Rodrigo Wasem Galia

B226s   Baratieri, Noel Antônio.
        Serviço público na Constituição Federal / Noel Antônio
   Baratieri. – Porto Alegre: Livraria do Advogado Editora, 2014.
        184 p. ; 23 cm.
        Inclui bibliografia.
        ISBN 978-85-7348-931-6

        1. Serviço público - Brasil. 2. Direitos fundamentais. 3. Direito
   constitucional - Brasil. 4. Garantia (Direito). 5. Concessões administrativas - Políticas públicas. I. Título.

CDU 342:35.08(81)

CDD 342.81068

Índice para catálogo sistemático:
1. Serviço público : Brasil : Direito constitucional   342:35.08(81)

(Bibliotecária responsável: Sabrina Leal Araujo – CRB 10/1507)

Noel Antônio Baratieri

SERVIÇO PÚBLICO
NA CONSTITUIÇÃO FEDERAL

Porto Alegre, 2014

© Noel Antônio Baratieri, 2014

Projeto gráfico e diagramação
Livraria do Advogado Editora

Revisão
Rosane Marques Borba

Imagem da capa
Stock.xchng

Direitos desta edição reservados por
Livraria do Advogado Editora Ltda.
Rua Riachuelo, 1300
90010-273 Porto Alegre RS
Fone/fax: 0800-51-7522
editora@livrariadoadvogado.com.br
www.doadvogado.com.br

Impresso no Brasil / Printed in Brazil

Dedicatória

Dedico este trabalho acadêmico às quatro mulheres da minha vida: a mãe, Nayr dos Santos; a amiga inesquecível, Dra. Regina Helena de Abreu Brasil; a esposa, Fátima Bernardi; e a filha amada, Maria Vitória Baratieri. A primeira deu-me a vida; a segunda, ensinamentos para a vida toda; a terceira é o meu eterno amor, para continuar trilhando uma vida regada de paz, harmonia e muita alegria; e a quarta, um amor incondicional, que me encanta a cada dia da sua abençoada existência. Também o dedico à pessoa que Deus colocou na minha vida para iluminar o meu caminho: Romildo Titon. Um exemplo de caráter, retidão, bondade, seriedade e superação. Ao meu amado irmão Israel Francisco Baratieri, o qual partiu para a outra vida, deixando-nos uma imensa saudade.

Agradecimentos

Aos amigos que, nos momentos mais difíceis e decisivos da minha vida, sempre estiveram com a mão estendida para auxiliar-me, sem nunca pedir nada em troca. A minha eterna gratidão: Adalberto Machado dos Santos, Aguinaldo Pedro Paggi, Altair dos Santos (*in memoriam*), Emerson Gunard Pedroso (*in memoriam*), Gladimir Murer, Hewerstton Humenhuk, Ivo Luiz Bazzo (*in memoriam*), Marcelo Harger, Marcos Augusto Maliska, Marcus Vargas, Nilvo Dorini, Otávio Gilson dos Santos, Pery Saraiva Neto, Rafael Antônio Daros e Ronaldo Machado dos Santos.

Aos Professores Mestres que sempre me encantaram pela sabedoria, inteligência e bondade: Eduardo de Mello e Souza, Jane de Oliveira, Janis Scarton, Jerônimo Santana, Leilane Zavarizzi, Luiz Henrique Cademartori, Nair Toigo, Norberto Ungaretti (*in memoriam*), Reinaldo Pereira e Silva, Rita Cadorin, Ruy Samuel Espíndola, Salete Lanhi, Seila Ribeiro e Sérgio Urquhart Cademartori.

Aos amigos(as) da Baratieri Advogados Associados Aline Sebben, Gladimir Murer Junior, João Branco Júnior, Maicon José Antunes, Odilon Paulo Silva, Priscila Nunes Farias, Ricardo Vieira Grillo e Thaiany Kremer, pelo carinho, apoio e aprendizado constante.

Prefácio

É com grande alegria que prefacio o trabalho do ilustre professor Noel Baratieri. Trata-se de livro que teve como origem a dissertação de mestrado por ele apresentada na Universidade Federal de Santa Catarina, pela qual recebeu o grau máximo.

A obra retrata a importância dos serviços públicos como instrumentos destinados a garantir a fruição dos direitos fundamentais pela coletividade.

Embora reconheça essa relevância, não o faz de maneira divorciada da realidade, pois percebe que os recursos do Estado são finitos. Aponta como uma das alternativas possíveis à solução desse problema a delegação desses serviços a particulares por intermédio de contratos de concessão.

A delegação, no entanto, traz à tona um novo problema que consiste na justa remuneração ao prestador do serviço. Este somente desejará prestá-lo caso identifique que o custo de oportunidade lhe é favorável.

O autor indica em seu trabalho o equilíbrio econômico-financeiro do contrato como forma de equacionar a tensão existente entre o direito a receber um serviço público adequado, e o legítimo direito ao lucro do concessionário. Aponta alternativas à cobrança de tarifas pagas pelos usuários como única forma de manutenção do equilíbrio do contrato de concessão, e faz sugestões práticas que podem levar à redução das tarifas públicas.

Trata-se, portanto, de trabalho não somente teórico, mas também de grande alcance prático, cuja leitura é indispensável a todos os que militam na área do direito público. A obra, embora profunda, é redigida com enorme clareza, e esse fato faz com que mesmo os administradores públicos sem formação jurídica possam utilizá-la.

Enfim, a obra, sem dúvida alguma, enriquece a literatura nacional em um tema que carece de estudos aprofundados e, por essa razão, merece ser lida e figurar como obra de consulta para todos os operadores do Direito Administrativo.

Joinville, junho de 2014.

Marcelo Harger

Advogado. Doutor em Direito Administrativo pela PUC/SP.

Sumário

Apresentação – *Marcos Augusto Maliska*...15

Introdução 17

1. Os direitos fundamentais no ordenamento jurídico brasileiro........................19

  1.1. O Estado constitucional de direito..19

    1.1.1. A Constituição como norma superior do ordenamento jurídico............20

    1.1.2. A Constituição como um sistema aberto de regras e princípios............21

    1.1.3. O processo de concretização constitucional: limites materiais e formais. 24

  1.2. A legitimidade do Estado constitucional de direito encontra-se vinculada à realização dos direitos fundamentais...28

  1.3. As dimensões dos direitos fundamentais..30

  1.4. A aplicabilidade imediata dos direitos e garantias fundamentais.................32

  1.5. A vinculação dos poderes constituídos aos direitos fundamentais...............32

  1.6. O princípio da dignidade da pessoa humana.......................................35

  1.7. Os direitos fundamentais sociais prestacionais.....................................37

  1.8. Os direitos sociais de natureza prestacional e o limite da "reserva do possível"...41

  1.9. A reserva do possível não constitui elemento integrante dos direitos fundamentais sociais...47

  1.10. O mínimo existencial constitui direito-garantia fundamental autônomo......48

  1.11. A aplicação do princípio da proporcionalidade na concretização dos direitos fundamentais..52

  1.12. O princípio da proibição do retrocesso..55

2. Serviços públicos enquanto instrumentos para a concretização de direitos fundamentais...59

  2.1. O novo papel do Estado na prestação de serviços públicos......................59

  2.2. O Estado regulador da prestação de serviços públicos............................63

  2.3. A prestação de serviços públicos em regime de competição no Brasil...........67

    2.3.1. Fragmentação do serviço público e dissociação entre atividades monopolizadas e concorrenciais 68

    2.3.2. A dissociação entre propriedade e exploração da rede 68

    2.3.3. O dever de compartilhamento compulsório e o pagamento de um preço justo ao detentor proprietário da infraestrutura.......................69

2.3.4. O dever de interconexão e a atenuação do efeito de rede........................70
2.3.5. Competência para a fixação das condições de compartilhamento..........71
2.3.6. A legislação setorial..72
2.4. O marco regulatório dos serviços públicos..73
2.5. Para um conceito de serviço público...73
2.5. A crise do serviço público no direito brasileiro..77
2.6. A diferenciação entre o serviço público e outros institutos jurídicos..............81
2.6.1. Serviço público e obra pública..81
2.6.2. Serviço público e poder de polícia..81
2.6.3. Serviço público e a atividade de fomento......................................82
2.6.4. Serviço público e atividades econômicas exploradas pelo Estado..........82
2.6.5. Serviços públicos privativos e não privativos do Estado......................83
2.7. A qualificação de uma atividade como serviço público................................84
2.8. A criação e a organização administrativa dos serviços públicos.....................86
2.8. A iniciativa legislativa para a instituição de serviços públicos......................90
2.9. A finalidade dos serviços públicos no direito brasileiro...............................91
2.10. O regime jurídico aplicável aos serviços públicos.....................................92
2.11. As concessões de serviços públicos no direito brasileiro............................94
2.11.1. A concessão comum..96
2.11.1.1. Características essenciais das concessões comuns................99
2.11.1.2. Objeto da concessão de serviço público...........................101
2.11.1.3. A concessão e a permissão de serviço público: similitudes e distinções..102
2.11.2. As concessões patrocinadas e administrativas.............................104
2.11.2.1. O objeto da concessão patrocinada................................107
2.11.2.2. A finalidade da concessão patrocinada............................107
2.11.2.3. A concessão patrocinada como instrumento de políticas públicas..108
2.11.2.4. O sistema remuneratório da concessão patrocinada...........109
2.11.2.5. O objeto da concessão administrativa.............................110
2.11.2.6. O sistema remuneratório da concessão administrativa........112
2.12. A concretização de direitos fundamentais mediante a prestação de serviços públicos...113

3. A tutela constitucional da equação econômico-financeira do contrato de concessão...117
3.1. As tarifas cobradas dos usuários de serviços públicos...............................117
3.2. Os critérios para fixação da tarifa dos serviços públicos............................122
3.3. As políticas públicas voltadas aos usuários hipossuficientes para a fruição adequada dos serviços públicos essenciais...124
3.4. Tarifa mínima...127
3.5. Estrutura tarifária e discriminação de tarifas...129
3.6. A tarifa como instrumento de racionalização do uso do serviço público........132
3.7. A modicidade das tarifas como instrumento para universalização dos serviços públicos essenciais...133

3.8. A tarifa social como instrumento para a universalização dos serviços públicos essenciais...........135

3.9. A eficiência na prestação do serviço público deve beneficiar os usuários mediante a diminuição das tarifas..............138

3.10. A obtenção de receitas alternativas vinculadas à redução das tarifas..........140

3.11. A limitação à suspensão da prestação de serviço público essencial em função do inadimplemento...........144

3.12. O direito constitucional do concessionário ao equilíbrio econômico-financeiro do contrato administrativo de concessão de serviço público...........151

3.13. A quebra do equilíbrio econômico-financeiro do contrato de concessão de serviço público 155

    3.13.1. Aplicação do reajuste e da revisão nos contratos de concessão de serviços públicos...........160

3.14. A recomposição do equilíbrio econômico-financeiro do contrato de concessão quebrado em decorrência da implantação de políticas públicas destinadas à universalização da fruição dos serviços públicos essenciais......164

3.15. A vedação à concessão de benefícios tarifários sem a indicação da fonte de custeio...........172

Conclusão...........175

Referências...........180

Apresentação

Foi com muita honra que recebi o convite do amigo Noel para escrever a apresentação do seu livro *Serviço Público na Constituição Federal*. Noel é um amigo de longa data, dos tempos que ainda morávamos em Capinzal-SC, uma terra de gente batalhadora que muito contribui para o desenvolvimento da região meio-oeste do Estado de Santa Catarina e do Brasil.

Desde a adolescência, quando cursava a educação básica em Capinzal, Noel demonstrava ser uma pessoa de convicções fortes, aguerrido, que sabia defender seus pontos de vista. Era um aluno destacado na escola, tanto sob o ponto de vista das boas notas que tirava, quanto do seu espírito de liderança do corpo discente.

Aprovado no vestibular do curso de Direito da Universidade Federal de Santa Catarina, Noel acabou por encontrar a profissão certa: a advocacia. Noel é um advogado nato, como certa vez falou-me nossa querida mestra Dra. Regina Helena de Abreu Brasil, Procuradora do Estado de Santa Catarina, que nos oportunizou, tanto a mim quanto a Noel, o privilégio de serem seus estagiários.

Em Florianópolis, convivi com Noel muito proximamente, pois além de estudarmos na mesma Faculdade, nós morávamos na mesma pensão, na Rua Prof. Edmundo Acácio Moreira, nº 66, na Trindade. Na pensão, formávamos uma verdadeira família. Todos nós estudantes da UFSC, levando uma vida dura de estudos, estágios e, por vezes, de um trabalho extra para aumentar a renda. A convivência com Pedroso (*de saudosa memória*), Bira, Sarã, Bruno, Eduardo, Coronel, Jurandir, Fabinho, Maurício, o pessoal de Ibirama (Ricardo, Nino, Moa, Dênis, Luke, etc.) marcou nossas vidas.

No curso de Direito, Noel soube reunir a sua competência acadêmica com seu espírito de liderança, tornando-se um aluno "tipo-ideal", que reúne todas as qualidades necessárias para o sucesso profissional. Interessado desde o primeiro momento pelo direito administrativo, Noel é Membro Fundador e Ex-Diretor Executivo do Instituto de

Direito Administrativo de Santa Catarina – IDASC, Professor de Direito Administrativo em Cursos de Especialização e advogado militante em Florianópolis.

O livro de Noel que tenho a honra de fazer a apresentação trata do Serviço Público na Constituição de 1988, um estudo importante para esse novo momento do Direito Administrativo, marcado por uma sensível mudança do papel do Estado na realização dos direitos fundamentais. A efetividade da Constituição depende de um serviço público eficiente, que atenda as expectativas da população. As mudanças significativas que ocorreram no Brasil nos últimos anos estão a exigir muito do Estado sob diversos pontos de vista, seja na urgência de melhorar sensivelmente a qualidade da educação pública, da saúde pública, do transporte público urbano, da infraestrutura de nossos portos, aeroportos, rodovias e ferrovias, quanto na necessidade de essa qualidade atender aos demais princípios que norteiam a administração pública, a saber, a legalidade, a impessoalidade, a moralidade e a publicidade. A rigor, esse momento impõe uma redefinição da relação entre Estado e Sociedade Civil no Brasil. O quartel de século de existência da Constituição nos demonstra que a sua efetividade e, por consequência, a consolidação do regime democrático entre nós depende muito de um compromisso de todos, um atuar na esfera pública no sentido de projetar a democracia para o seu devido lugar, consistente na supremacia do interesse público, na dimensão objetiva dos direitos fundamentais que reclamam uma participação efetiva não apenas do Estado, mas igualmente da sociedade civil na sua realização. No momento em que o público não se esgota no Estado, há um público não estatal que pode contribuir para que um Brasil mais inclusivo, mais democrático, mais igual seja possível.

O livro de Noel é sensível a esses pressupostos, mas seu objetivo é enfrentar a operacionalização desse novo momento em que o Estado concede ao particular a realização do serviço público, em especial o tema da equação econômico-financeira do contrato de concessão. O livro aborda os diversos aspectos dessa questão, oferecendo ao leitor uma visão abrangente e precisa da matéria.

Curitiba, junho de 2014.

Prof. Dr. Marcos Augusto Maliska

Professor do Mestrado em Direitos Fundamentais e
Democracia da *UniBrasil* e Procurador Federal

Introdução

O serviço público encontra-se vinculado diretamente à satisfação dos direitos fundamentais, especialmente da dignidade humana. Compreende o desenvolvimento de atividades de fornecimento de utilidades materiais essenciais para a sobrevivência humana. A prestação de serviço público adequado, eficiente e satisfatório é o objetivo comum do Estado, da sociedade civil e do concessionário. Todos se encontram ligados a uma imposição constitucional: a prestação do melhor serviço público com tarifas módicas. O interesse do concessionário pode ser conciliado com a satisfação dos direitos fundamentais. O lucro almejado pelo concessionário não é incompatível com os objetivos maiores daquele instituto de Direito Administrativo. Por isso, o tema central deste livro é o estudo acerca da relação entre serviço público e direitos fundamentais da pessoa humana.

No primeiro capítulo, discutiu-se a relação entre o Estado de direito constitucional e os direitos fundamentais. Procurou-se abordar os temas atuais ligados aos referidos tópicos, para firmar os compromissos que o Estado possui com os direitos e as garantias fundamentais. Passou-se pelas discussões que têm povoado a doutrina e a jurisprudência e que são, a título de exemplo, a reserva do possível, o mínimo existencial. Tudo foi pontuado para assentar que todos os poderes estatais se encontram vinculados, formal e materialmente, aos direitos fundamentais.

O segundo capítulo foi utilizado para investigar os serviços públicos enquanto instrumentos para a concretização dos direitos fundamentais. Por isso, foram examinadas temáticas atuais relativas aos serviços públicos, tais como o novo papel do Estado na prestação dos serviços, a finalidade do serviço público essencial, tudo visando a firmar a posição no sentido da função instrumental para a concretização dos direitos fundamentais da pessoa humana.

Por último, é abordada, no terceiro capítulo, a questão central deste livro, que consiste na investigação dos mecanismos legais que existem para equacionar o problema, ou seja, como equacionar o equilíbrio econômico-financeiro do contrato de concessão com as políticas públicas focadas na modicidade tarifária. Apresentaram-se algumas medidas que podem ser adotadas para universalizar os serviços públicos essenciais, mediante uma política tarifária inclusiva e consoante os valores e os preceitos constitucionais. No referido capítulo, foram apresentadas as alternativas juridicamente possíveis quanto à recomposição do equilíbrio econômico-financeiro ocasionado pelas políticas públicas de inclusão dos usuários hipossuficientes, tudo em conformidade com o conjunto normativo existente no ordenamento jurídico nacional.

1. Os direitos fundamentais no ordenamento jurídico brasileiro

1.1. O Estado constitucional de direito

O Estado constitucional de direito pressupõe o caráter normativo e vinculante da Constituição, para que os órgãos estatais, fundados nos seus preceitos fundamentais, mantenham uma atuação programada e controlada. Assim, para a configuração do Estado, é pressuposto fundamental que as normas constitucionais sejam vinculantes e indisponíveis em relação a todos os poderes constituídos (legislativo, administrativo e judicial).

Esse é o fundamento nuclear do Estado constitucional de direito, isto é, a sujeição à força normativa[1] da Constituição deve ser integral e inquebrantável. Em condições de normalidade, o sentido e o conteúdo das normas constitucionais não se encontram à disposição da vontade das maiorias governantes,[2] devendo essas normas ser respeitadas e concretizadas mediante ações estatais.

No Estado constitucional, as decisões governamentais precisam sujeitar-se integralmente aos postulados fundamentais da ordem jurídica, sob pena de serem extirpadas em função do controle jurisdicional. A ordem constitucional é cogente e indisponível. Assim, cumpre-lhe, no ordenamento jurídico, a tarefa fundamental de figurar como critério de legitimação do poder estatal. Este somente terá legitimidade caso os seus atos (legislativos, jurisdicionais e administrativos) estejam de acordo com os preceitos inseridos na Constituição. Nesse sentido, é vedada qualquer transação com as suas disposições normativas constitu-

---

[1] Para estudos complementares, pode-se consultar: HESSE, Konrad. *A força normativa da Constituição*. Tradução de Gilmar Ferreira Mendes. Porto Alegre: Sergio Antonio Fabris, 1991.

[2] CADERMATORI, Sérgio. *Estado de direito e legitimidade: uma abordagem garantista*. 2. ed. Campinas: Millennium, 2007, p. 18-19.

cionais,[3] já que possuem eficácia jurídica vinculante[4] em relação a todos os poderes constituídos.

O Estado de direito jamais poderá ser concebido apenas no sentido formal. Ele não é sujeito apenas à lei, mas ao conjunto de princípios e valores materiais inseridos na ordem constitucional. Por isso, o poder estatal age por meio de ordens gerais e abstratas, as quais são vinculadas às normas constitucionais e legais. Trata-se, assim, de um governo limitado e vinculado ao ordenamento jurídico constitucional-legal. Na Constituição, encontram-se estabelecidos o conteúdo e a forma de exercício do poder em todas as suas esferas.

O Estado constitucional de direito, portanto, pressupõe a sua total vinculação formal e material aos princípios,[5] regras e valores inseridos no texto constitucional, pois estes constituem os fundamentos e as diretrizes do ordenamento jurídico, os quais são totalmente indisponíveis à vontade das maiorias ocasionais. O Estado constitucional submete-se, conforme visto, à Constituição, que será objeto de análise a seguir.

1.1.1. A Constituição como norma superior do ordenamento jurídico

A Constituição é formada por um conjunto de normas jurídicas positivas (princípios e regras), geralmente escritas, que conferem às outras normas do ordenamento jurídico caráter fundacional e primazia normativa.[6] As normas constitucionais diferenciam-se das demais do ordenamento jurídico, pois ocupam posição hierárquico-normativa superior:

a) autoprimazia normativa: não encontram fundamento de validade em outras normas jurídicas de hierarquia superior;[7]

b) fonte primária da produção jurídica: constituem as determinantes positivas e negativas das normas inferiores, correspondendo ao fundamento material e formal de validade das normas hierarquicamente inferiores;[8]

---

[3] CADERMATORI, op. cit., p. 24.

[4] MALISKA, Marcos. *O Direito à Educação e a Constituição*. Porto Alegre: Sergio Antonio Fabris Editor, 2001, p. 46.

[5] Para estudos complementares, pode-se consultar: CRISTÓVAM, José Sérgio da Silva. *Colisões entre Princípios Constitucionais – Razoabilidade, Proporcionalidade e Argumentação Jurídica*. Curitiba: Juruá, 2006.

[6] CANOTILHO, José Joaquim Gomes. *Direito Constitucional e Teoria da Constituição*. 5. ed. Lisboa: Almedina, 2000, p. 1131.

[7] Idem, p. 1131-2.

[8] Idem, p. 1132.

c) força heterodeterminante: desempenham uma função de limite relativamente às normas de hierarquia inferior, bem como regulam parcialmente seu próprio conteúdo. As normas hierarquicamente inferiores devem ser compatíveis, formal e materialmente, com as normas constitucionais;[9]

d) natureza supraordenamental: o ordenamento constitucional é um supraordenamento relativamente aos outros ordenamentos jurídico-parciais. Na ordem jurídica republicana brasileira, há três ordens jurídicas parciais: normas federais, estaduais e municipais. O ordenamento constitucional unifica e estabelece a hierarquia entre as normas dos vários ordenamentos parciais;[10]

e) força normativa: a Constituição é uma lei vinculativa dotada de efetividade e aplicabilidade em todo o âmbito da ordem federativa.[11]

A Constituição encontra-se no vértice da pirâmide normativa e é a fonte de outras normas jurídicas, uma vez que ocupa posição hierárquica superior. Ela tanto limita como regula parcialmente o conteúdo das normas hierarquicamente inferiores.

Quando os poderes políticos concretizam as normas constitucionais, seja por meio da atividade legislativa, judicial ou administrativa, todos os seus atos deverão ser compatíveis, material e formalmente, com a Constituição. Se assim não fizerem, restará sacramentado o vício da inconstitucionalidade formal ou material, sujeitando-se o ato inconstitucional ao controle jurisdicional.

1.1.2. A Constituição como um sistema aberto de regras[12] e princípios[13]

A Constituição é um sistema aberto formado por normas jurídicas,[14] as quais são divididas em regras e princípios.[15] Em outras palavras:

---

[9] CANOTILHO, op. cit., p. 1133.

[10] Idem, p. 1133-4.

[11] Idem, p. 1134.

[12] O constitucionalista português Canotilho divide as regras constitucionais em: (a) regras jurídico-organizatórias – divididas em regras de competência, regras de criação de órgãos, e regras de procedimento; e (b) regras jurídico-materiais – divididas em regras de direitos fundamentais, regras de garantias institucionais, regras determinadoras de fins e tarefas do Estado, e regras constitucionais impositivas. Idem, p. 1135.

[13] Canotilho divide os princípios em princípios jurídicos fundamentais, princípios políticos constitucionalmente conformadores, princípios constitucionais impositivos, e princípios-garantia. Idem, p. 1135.

[14] Para Robert Alexy, "(...) tanto las reglas como los principios son normas porque ambos dicen lo que debe ser. Ambos pueden ser formulados con la ayuda de las expresiones deônticas básicas

regras e princípios são duas espécies de normas jurídicas positivas.[16] Muitos esforços doutrinários se têm feito para diferenciá-los. Entretanto, a principal distinção é a qualitativa. Os princípios são normas jurídicas impositivas de exigências, compatíveis com vários graus de concretização, conforme os condicionamentos fáticos e jurídicos existentes à época. As regras são normas jurídicas que prescrevem uma exigência impositiva, permissiva ou proibitiva, que deve ou não ser cumprida.

Caso haja conflito de regras jurídicas, existem duas formas de o eliminar: a primeira consiste em introduzir, em uma das regras, uma cláusula de exceção; a segunda maneira de resolvê-lo, quando não for possível a introdução de uma cláusula de exceção, é declarar uma das regras inválidas, eliminando-a do ordenamento jurídico.[17] É a lógica do tudo ou nada. Em outras palavras, regras antinômicas não podem coexistir.[18]

O problema de conflito pode ser resolvido por meio de regras, como *"lex posterior derogat legi priori"* e *"lex specialis derogat legi generali"*. Agora, a decisão é sempre no campo da validade das regras em conflito, uma vez que elas contêm *"fixações normativas definitivas"*, não podendo subsistir regras simultaneamente contraditórias. O conflito de regras contraditórias resolve-se pela eliminação de uma delas do ordenamento jurídico.[19]

Diferentemente das regras, os princípios admitem a coexistência, permitindo o balanceamento de valores e interesses, conforme o seu peso e a ponderação de outros princípios eventualmente conflitantes.

---

del mandato, la permisión y la prohibición."ALEXY, Robert. *Teoria de Los Derechos Fundamentales*. Madrid: Centro de Estudios Constitucionales, 1993, p. 803.

[15] Para Ruy Samuel Espíndola, os princípios constitucionais "são imperativos, têm positividade, vinculatividade, obrigam e têm eficácia positiva e negativa". ESPÍNDOLA, Ruy Samuel. *Conceito de Princípios Constitucionais*. São Paulo: RT, 1999, p. 55.

[16] CANOTILHO, op. cit., p. 1144.

[17] ALEXY, op. cit., p. 88.

[18] As considerações de Robert Alexy são fundamentais para a compreensão da diferenciação: "En punto decisivo para la distinción entre reglas y principios es que los principios son normas que ordenam que algo sea realizado en la mayor medida posible, dentro de las posibilidades jurídicas y reales existentes. Por lo tanto, los principios son mandatos de optimización, que están caracterizados por el hecho de que pueden ser cumplidos en diferente grado y que la medida debida de su cumplimiento no sólo depende de las posibilidades reales sino también de las jurídicas. El âmbito de las posibilidades jurídicas es determinado por los principios y reglas opuestos. En cambio, las reglas son normas que sólo pueden ser cumplidas o no. Si uma regla es válida, entonces de hacerse exactamente lo que ella exige, ni más ni menos. Por lo tanto, las reglas contien determinaciones en el ambito de lo fáctica y juridicamente posible. Esto significa que la diferencia entre reglas y principios es cualitativa y nos de grado. Toda norma es o bien una regla o un principio". Idem, p. 86-87.

[19] CANOTILHO, op. cit., p. 1145.

Quando ocorre conflito entre princípios, estes podem ser ponderados e levados a uma concordância prática, tendo em vista a harmonização.[20] Isto significa que, dadas as circunstâncias fáticas e jurídicas, um princípio terá que ceder para o outro prevalecer. Porém, o princípio desprezado não será declarado inválido, como ocorre no conflito entre regras. Isto porque o conflito não fica na dimensão da validade, mas na dimensão do peso e das circunstâncias do caso concreto.[21]

A Constituição, como um sistema aberto de regras e princípios, é fundamental por duas razões:

a) a primeira, porque seria inaceitável um sistema constitucional composto exclusivamente por regras, por exigir uma disciplina legislativa exaustiva e completa daquilo que é judicializado. A sociedade é marcada pelo pluralismo político, cultural e religioso, bem como pelos conflitos de interesses em todos os campos da vida humana. Logo, uma Constituição marcada exclusivamente por regras estaria completamente fechada para a permanente interação com os complexos movimentos da vida humana. Em outras palavras, a ausência de princípios no sistema constitucional sacrificaria a introdução dos conflitos, dos interesses e das exigências de concordância prática naquele documento jurídico-normativo. São os princípios constitucionais que conferem *"textura aberta"* à Constituição, para a permanente interação com os valores de seu tempo, visando a sua complementação e a seu desenvolvimento enquanto sistema jurídico-normativo;[22] e

b) a segunda, porque um sistema constitucional baseado exclusivamente em princípios levaria a Constituição a ser um documento jurídico-normativo desprovido de segurança jurídica. A indeterminação dos princípios, a coexistência de princípios conflitantes e a dependência do possível fático e jurídico conduziriam à insegurança do sistema constitucional. Por isso, as regras jurídicas são fundamentais para reduzir a complexidade do sistema, bem como conferir-lhe maior segurança jurídica.[23]

---

[20] Sobre o tema, esclarece Canotilho: "O facto de a constituição constituir um sistema aberto de princípios insinua que podem existir fenômenos de tensão entre os vários princípios estruturantes ou entre os restantes princípios constitucionais gerais ou especiais. Considerar a constituição com uma ordem ou sistema de ordenação totalmente fechado e harmonizante significaria esquecer, desde logo, que ela é, muitas vezes, o resultado de um compromisso entre vários actores sociais, transportadores de ideias, aspirações e interesses substancialmente diferenciados e até antagônicos ou contraditórios. O consenso fundamental quanto a princípios e normas positivo-constitucionalmente plasmados não pode apagar, como é óbvio, o pluralismo e antagonismo de ideias subjacentes ao pacto fundador". Idem, p. 1166.

[21] ALEXY, op. cit., p. 90.

[22] CANOTILHO, op. cit., p. 1146.

[23] Idem, p. 1146-7.

SERVIÇO PÚBLICO NA CONSTITUIÇÃO FEDERAL

O sistema constitucional, portanto, é formado por princípios e regras, que conferem à Constituição unidade e positividade jurídica. É a coexistência de princípios e regras que contribui decididamente para a Constituição interagir com os movimentos históricos de seu tempo, possibilitando a sua atualização normativa, sem abandonar a segurança jurídica.

1.1.3. O processo de concretização constitucional: limites materiais e formais

A maioria das normas constitucionais é aberta, isto é, possui caráter geral e indeterminado. Assim, abrem-se à mediação legislativa concretizadora para alcançarem exequibilidade. Isto porque o grau de exequibilidade das normas constitucionais é variável.[24]

Quando a norma constitucional precisa da concretização do legislador infraconstitucional, é necessário examinar os limites positivos e negativos estabelecidos pela Constituição para a conformação legislativa. Não há dúvida de que determinadas normas constitucionais conferem ao legislador maior grau de liberdade de conformação que outras.

Um exemplo trazido por J. J. Gomes Canotilho dá conta dessa afirmativa. Diz ele que a norma constitucional que regula a liberdade de imprensa é uma norma mais densa do que uma norma que estabelece como tarefa do Estado "promover o aumento do bem-estar social e econômico e da qualidade de vida do povo, em especial das classes mais desfavorecidas".[25]

A exequibilidade da primeira norma (liberdade de imprensa) é muito maior do que a segunda (tarefa do Estado). Neste caso, o legislador terá maior liberdade para conformar[26] a segunda norma constitucional do que a primeira. Então, quanto maior for a abertura das normas, maior será a liberdade para a concretização constitucional.

A Constituição é rica em normas formais e materiais que vinculam o legislador, reduzindo os espaços para a discricionariedade legislativa quando da concretização constitucional.

---

[24] Quanto à eficácia das normas constitucionais, José Afonso da Silva classifica-as em normas de eficácia plena, normas constitucionais de eficácia contida, e normas constitucionais de eficácia limitada. SILVA, José Afonso da. *Aplicabilidade das normas constitucionais*. 2. ed. São Paulo: RT, 1982.

[25] CANOTILHO, op. cit., p. 1165.

[26] Há normas constitucionais que operam com conceitos jurídicos indeterminados, como interesse público, interesse da coletividade, etc. Nesses casos, o legislador terá maior liberdade para concretizar a Constituição.

Os princípios constitucionais cumprem papel fundamental na concretização realizada pelo legislador ordinário. Eles estabelecem limites formais e materiais para a atividade legislativa.

Ao estabelecer os princípios jurídicos fundamentais,[27] a Constituição insere limites materiais ao legislador ordinário, o qual não poderá contrariá-los quando realizar a concretização constitucional. Por exemplo, quando a Constituição estabelece que nenhuma ameaça ou lesão a direito ficará excluída da apreciação do Poder Judiciário – princípio do acesso à Justiça –, a norma hierarquicamente inferior não poderá contrastar com essa diretriz constitucional, sob pena de incidir em manifesta inconstitucionalidade material. Então, esse princípio funciona como limite negativo, inviabilizando as investidas legislativas materialmente incompatíveis com a Constituição.

A Constituição estabelece princípios políticos constitucionalmente conformadores,[28] que funcionam como diretrizes materiais vinculantes para o exercício das funções estatais legislativa, executiva e jurisdicional. Por exemplo, podem ser citados os princípios estruturantes do regime político, como o princípio do Estado de Direito, o princípio democrático, o princípio republicano, o princípio da separação e independência dos poderes.[29] Todos configuram critérios substanciais, cuja observância será impositiva para aqueles que desempenham as funções públicas estatais.

Na Constituição são fixados princípios constitucionais impositivos,[30] que procuram impor aos agentes públicos a realização de fins e a execução de tarefas precípuas. Esses princípios vinculam o exercício das funções estatais à realização de determinados fins assegurados na Constituição. Aquelas atividades terão que buscar constantemente a realização das imposições constitucionais. Inserem-se, neste princípio, as imposições quanto à realização de políticas públicas voltadas para a saúde pública, a moradia popular, a cultura, o esporte, etc.

---

[27] Canotilho considera princípios jurídicos fundamentais "os princípios historicamente objectivados e progressivamente introduzidos na consciência jurídica e que encontram uma recepção expressa ou implícita no texto constitucional". São exemplos de princípios jurídicos fundamentais o princípio da publicidade dos atos jurídicos, o princípio do acesso à Justiça, o princípio da isonomia, o princípio da proibição do excesso. CANOTILHO, op. cit., p. 1165.

[28] Canotilho conceitua princípios políticos conformadores como "princípios constitucionais que explicitam as valorações políticas fundamentais do legislador constituinte. Nestes princípios se condensam as opções políticas nucleares e se reflecte a ideologia inspiradora da constituição". Idem, p. 1150.

[29] Idem, p. 1150.

[30] Canotilho conceitua princípios constitucionais impositivos como "todos os princípios que impõem aos órgãos do Estado, sobretudo ao legislador, a realização de fins e execução de tarefas". Idem, p. 1152.

SERVIÇO PÚBLICO NA CONSTITUIÇÃO FEDERAL

Os princípios constitucionais impositivos funcionam como mecanismos que obrigam, por exemplo, o legislador a produzir leis para cumprir os fins constitucionais. Surge, então, a possibilidade de interposição da ação direta de inconstitucionalidade, quando resta configurada a omissão do legislador infraconstitucional quanto à produção das leis reclamadas para a realização das metas constitucionais.

As regras jurídico-constitucionais também vinculam material e formalmente o exercício das funções estatais (legislativa, administrativa e judicial). Nelas encontram-se os limites para a concretização constitucional.

Quando a Constituição estabelece regras jurídicas de competência,[31] reconhecendo certas atribuições a determinados órgãos constitucionais ou esferas de competência entre os vários órgãos constitucionais, o legislador infraconstitucional estará limitado formalmente pelas exigências fixadas na Lei Fundamental.

Se a Constituição estabelece as competências do Presidente da República, o legislador ordinário não poderá alterá-las quando realizar a concretização da Constituição nessa matéria. Quando a Constituição fixa que o Presidente da República deve iniciar o processo legislativo para disciplinar determinada matéria, o legislador está proibido de investir contra a iniciativa reservada.

Ou ainda: quando a Constituição determinar as competências legislativas das pessoas políticas integrantes da Federação, a previsão constitucional será vinculante para o legislador infraconstitucional. Se houver invasão de competência legislativa, o Supremo Tribunal Federal[32] deverá, caso seja provocado, declarar a inconstitucionalidade da norma impugnada. Assim, será mantido o pacto federativo nos moldes fixados na Lei Fundamental.

---

[31] A tipologia é de J. J. Gomes Canotilho. Op. cit., p. 1153.

[32] O Supremo Tribunal Federal ficou incumbido da guarda da Constituição. O Min. Celso de Mello ressalta a importância desse controle na ementa de julgado em que funcionou como Relator: "A DEFESA DA CONSTITUIÇÃO DA REPÚBLICA REPRESENTA O ENCARGO MAIS RELEVANTE DO SUPREMO TRIBUNAL FEDERAL. – O Supremo Tribunal Federal – que é o guardião da Constituição, por expressa delegação do Poder Constituinte – não pode renunciar ao exercício desse encargo, pois, se a Suprema Corte falhar no desempenho da gravíssima atribuição que lhe foi outorgada, a integridade do sistema político, a proteção das liberdades públicas, a estabilidade do ordenamento normativo do Estado, a segurança das relações jurídicas e a legitimidade das instituições da República restarão profundamente comprometidas. O inaceitável desprezo pela Constituição não pode converter-se em prática governamental consentida. Ao menos, enquanto houver um Poder Judiciário independente e consciente de sua alta responsabilidade política, social e jurídico-institucional". BRASIL. *Supremo Tribunal Federal*. ADIN n. 2.010 MC/DF, Rel. Min. Celso de Mello, julgado pelo Tribunal Pleno do Supremo Tribunal Federal em 30.9.1999, DJU 12.4.2002. Disponível em: <http://www.stf.jus.br>. Acesso em: 13 ago. 2008.

Toda a competência delimitada na Constituição tem uma razão de ser que a justifica. Por isso, não pode ser disposta contrariamente pelo legislador infraconstitucional. Assim, explica-se o limite negativo dirigido ao legislador infraconstitucional.

A Constituição também estabelece regras para a criação de órgãos[33] constitucionais. Muitas vezes, além da criação destes, são fixadas as atribuições do órgão a ser criado pelo legislador. Assim, este não poderá contrariar as diretrizes impositivas fixadas na Lei Fundamental, sob pena de ser inválida a sua produção normativa. É o caso, por exemplo, da criação do Supremo Tribunal Federal. Quando o legislador disciplina a estrutura, a composição e a competência daquele órgão constitucional, ele não pode contrariar os preceitos constitucionais pertinentes.

A Constituição traz também regras de procedimento,[34] quando este é elemento fundamental da formação da vontade política e do exercício das competências constitucionalmente consagradas.[35] Ocorre quando a Constituição estabelece, por exemplo, o procedimento para emenda, para exercício do controle de constitucionalidade ou para formação das leis.

A violação das regras tratadas (regras de competência, regras de criação de órgãos, e regras de procedimento) enseja a inconstitucionalidade formal[36] do ato normativo instituído. Esta se configura quando ocorre defeito de formação do ato normativo, pela inobservância de princípio de ordem procedimental ou pela violação de regras de competência. Nesse caso, o ato normativo é viciado em seus pressupostos, na sua fase de formação.[37]

A Constituição estabelece regras que vinculam materialmente o legislador. A produção normativa deste para concretizar a Constituição deverá – quanto ao conteúdo – guardar compatibilidade vertical material com os preceitos constitucionais. As regras de direitos fundamentais,[38] as regras de garantias institucionais,[39] as regras determinadoras

---

[33] A tipologia é de J. J. Gomes Canotilho. Op. cit., 2000, p. 1153.

[34] Sobre o tema, consulte: idem, p. 1153.

[35] Idem, p. 1153.

[36] José Afonso da Silva sustenta que "a incompatibilidade vertical das normas jurídicas infraconstitucionais com a Constituição pode manifestar-se sob dois aspectos: (a) formalmente, quando tais normas são formadas por autoridades incompetentes ou em desacordo com formalidades ou procedimentos estabelecidos pela Constituição; (b) materialmente, quando o conteúdo de tais leis ou atos contraria preceito ou princípio da constituição". SILVA, José Afonso da. *Curso de Direito Constitucional Positivo*. 19. ed. São Paulo: Malheiros, 2001, p. 47.

[37] MENDES, Gilmar Ferreira. *Controle de Constitucionalidade: Aspectos jurídicos e políticos*. São Paulo: Saraiva, 1990, p. 32.

[38] Para Canotilho, "designam-se por normas de direitos fundamentais todos os preceitos constitucionais destinados ao reconhecimento, garantia ou conformação constitutiva de direitos fundamentais". CANOTILHO, op. cit., p. 1154.

SERVIÇO PÚBLICO NA CONSTITUIÇÃO FEDERAL

de fins e tarefas do Estado[40] e as regras constitucionais impositivas[41] tratam de limitar materialmente o legislador. Elas proporcionam diretivas materiais que não podem ser contrariadas, sob pena de o legislador incidir em inconstitucionalidade material. Esta envolve o próprio conteúdo do ato impugnado, resultante da adoção de prescrições contrárias aos princípios e regras constitucionais.

A Constituição estabelece os princípios e as regras para formar a unidade política da Federação, cumprir as tarefas e os fins estatais, disciplinar o processo de solução de conflitos, ordenar a formação da unidade política e criar os fundamentos da ordem jurídica global. Aqueles que possuem capacidade para o exercício das funções públicas não poderão produzir nenhuma norma ordinária que contrarie os princípios e as regras substanciais; encontram-se efetivamente vinculados ao conteúdo da Constituição, que ora pode figurar como limite positivo, ora pode se transformar em limite negativo à produção legislativa ordinária.[42]

Portanto, toda a competência atribuída pela Constituição, para concretizá-la, terá que seguir os seus parâmetros formais ou materiais. Ao mesmo tempo em que é atribuída a competência (legislativa, executiva ou jurisdicional), também são fixados os limites para o exercício da referida missão constitucional. Porém, se a produção dos órgãos estatais contrastar formal ou materialmente com os preceitos constitucionais, o sistema de controle judicial – mecanismo de defesa da força normativa da Constituição – terá que ser acionado, para expelir do ordenamento jurídico o ato juridicamente viciado.

1.2. A legitimidade do Estado constitucional de direito encontra-se vinculada à realização dos direitos fundamentais

Não é possível pensar o Estado constitucional de direito sem vinculá-lo à concretização dos direitos fundamentais. A existência daquele somente é legítima e justificada caso esteja intimamente associada à

---

[39] Para Canotilho, regras de garantias institucionais "são as normas que se destinam a proteger instituições (públicas ou privadas)". Idem, p. 1154.

[40] Para Canotilho, regras determinadoras de fins e tarefas do Estado são "aqueles preceitos constitucionais que, de uma forma global e abstracta, fixam essencialmente os fins e as tarefas prioritárias do Estado". Idem, p. 1156.

[41] Para Canotilho, as regras constitucionais impositivas "apresentam-se em estreita conexão com as normas determinadoras dos fins e tarefas e com os princípios constitucionalmente impositivos". Idem, p. 1156.

[42] MENDES, op. cit., p. 36-38.

realização e concretização destes, que integram sua essência e fundamento e constituem elemento central da Constituição formal e material.[43]

Por isso, é imprescindível o estudo que será empreendido sobre os direitos fundamentais, para apurar como se encontram disciplinados e inseridos no texto constitucional brasileiro.

Os direitos fundamentais são mandados de otimização, os quais seguem a lógica dos princípios, ou seja, são compatíveis com vários graus de concretização, conforme os condicionamentos fáticos e jurídicos existentes à época. É juridicamente admitida, em casos concretos, a colisão de direitos fundamentais, sem que nenhum deles seja sacrificado de forma definitiva. Nesses casos, o intérprete terá que fazer um juízo de ponderação, para apurar, naquele momento, qual o direito fundamental prevalente. Por isso, os referidos direitos não seguem a sistemática das regras, as quais ficam sujeitas à lógica do tudo ou nada.[44]

Os referidos direitos são reconhecidos à pessoa humana, cujo exercício independe da posse de qualquer título. Trata-se de uma esfera jurídica intocável pelo Estado, pois são direitos universais, inclusivos, indisponíveis, inalienáveis e personalíssimos.[45]

Esses direitos encontram-se vinculados diretamente à concretização da democracia substancial,[46] pois constituem instrumentos para a promoção da igualdade e da dignidade humana. A legitimidade dos

---

[43] SARLET, Ingo Wolfgang. *A Eficácia dos Direitos Fundamentais*. 2. ed. Porto Alegre: Livraria do Advogado, 2001, p. 61-62.

[44] Para Sérgio Cademartori, a teoria dos direitos fundamentais ocasiona sérias consequências à Teoria do Direito: a) como não há hierarquia entre os princípios, é inviável a previsão "a priori" sobre qual a norma jurídica que incidirá no caso concreto. Deste modo, a segurança jurídica cede espaço ao valor justiça; b) ocorre o deslocamento das fontes, aparecendo o judiciário, e não mais o legislador, como local privilegiado para a produção normativa; e c) o critério de fundamentação da norma aplicada é o melhor argumento, ou seja, aquele que obtém a maior aceitação racional entre os sujeitos envolvidos. CADERMATORI, op. cit., p. 30-32.

[45] Idem, p. 41.

[46] Nesse sentido, o entendimento de Canotilho: "A articulação da socialidade com democraticidade torna-se, assim, clara: só há verdadeira democracia quando todos têm iguais possibilidades de participar no governo da polis. (8) Uma democracia não se constrói com fome, miséria, ignorância, analfabetismo e exclusão. A democracia só é um processo ou procedimento justo de participação política se existir uma justiça distributiva no plano dos bens sociais. A juridicidade, a sociabilidade e a democracia pressupõem, assim, uma base jusfundamental incontornável, que começa nos direitos fundamentais da pessoa e acaba nos direitos sociais". CANOTILHO, José Joaquim Gomes. O Direito Constitucional como Ciência de Direcção: o núcleo essencial de prestações sociais ou a localização incerta da socialidade". Contributo para a reabilitação da força normativa da "constituição social). *Revista de Doutrina da 4ª Região*. Porto Alegre: Revista de Doutrina da 4ª Região, n. 22, fev. 2008. Disponível em: <htpp://www.revistadoutrina.trf4.jus.br/artigos/edicao022/Jose_Canotilho.htm>. Acesso em: 15 dez. 2008).

poderes do Estado somente é alcançada quando são tutelados os direitos fundamentais. Nesse sentido, é imprescindível que as organizações jurídicas,[47] bem como os operadores jurídicos, estejam diretamente vinculados à tutela e à defesa daqueles direitos em todas as instâncias políticas e administrativas.[48] É preciso que os poderes públicos estejam centrados na pessoa humana.

Assim, é indispensável que a sociedade esteja disposta a lutar pelos seus direitos, mediante a criação de garantias e controles sobre o poder para realizá-los. A sociedade civil precisa aderir decididamente a esta peleja fundamental. Todos precisam estar certos de que nenhum direito fundamental subsistirá sem que haja um movimento social para a sua concretização.

Portanto, o Estado constitucional de direito encontra-se vinculado diretamente à concretização dos direitos fundamentais. Por isso, o aparato estatal deve ser posto à disposição da realização daquele mandamento constitucional hierarquicamente superior.

1.3. As dimensões dos direitos fundamentais[49]

Os direitos fundamentais foram divididos em quatro dimensões. A primeira delas compreende os direitos de liberdade civil e política, cuja essência consiste em evitar a intervenção do Estado na esfera pessoal dos indivíduos. Por isso, são chamados direitos de natureza negativa.

A segunda abrange os direitos sociais, culturais e econômicos. Tais direitos encontram-se intimamente ligados à exigência de uma atuação positiva do Estado para a realização de prestações sociais em benefício dos indivíduos. Esse período compreende o aparecimento de

---

[47] Sobre o tema, leciona Sérgio Cademartori: "O fato é que, como antes foi explicado, ao lado da dimensão formal da democracia, constituída pelo princípio da maioria, é de reconhecer-se sua dimensão substancial, caracterizada pela sujeição de todos os poderes à Constituição, entendida como sistema de limites e vínculos impostos aos poderes. Graças a essa dimensão substancial, o Direito vincula a maioria não somente quanto à forma do seu exercício (ou seja, os processos de tomada de decisões), mas também em sua substância (referente aos conteúdos que as decisões devem ter ou não ter). Em suma, enquanto o princípio da maioria nos declara quem decide, o princípio da democracia nos diz o que deve e o que não deve decidir. Ou seja, existem espaços normativos que conformam a esfera do indecidível (direito e garantias individuais e sociais, p. ex.), e que os poderes públicos devem respeitá-los em sua integridade". CADERMATORI, op. cit., 2007, p. 231-232.

[48] Idem, p. 111.

[49] Para estudos complementares, pode-se consultar: SARLET, op. cit., p. 48-60. HUMENHUK, Hewerstton. O direito à saúde no Brasil e a teoria dos direitos fundamentais. *Jus Navigandi*, Teresina, ano 8, n. 227, 20 fev. 2004. Disponível em: <http://jus2.uol.com.br/doutrina/texto.asp?id=4839>. Acesso em: 11 nov. 2008.

Constituições que estabelecem em suas disposições normativas os direitos sociais: saúde, educação, moradia, etc. Além disso, são criadas instituições voltadas à realização daqueles direitos, como é o caso dos sindicatos, que foram os grandes responsáveis pela organização dos trabalhadores para a conquista de melhores condições sociais de vida. Nesse período, foi institucionalizado o direito à sindicalização e à greve, como direitos fundamentais da pessoa humana.

A terceira dimensão compreende manifestações que resultam da nova postura necessária para a resolução dos problemas globais. O individualismo, que é a marca dos direitos da primeira geração, cede espaço para o surgimento da fraternidade e da solidariedade. É o surgimento do direito ao desenvolvimento, à paz e ao meio ambiente equilibrado e sadio. Trata-se, assim, de direitos de natureza transindividual, que, para serem concretizados, dependem de esforços e responsabilidades de instituições globais.[50]

Já os direitos fundamentais de quarta dimensão compreendem o direito à informação, à democracia e ao pluralismo. Trata-se de direitos fundamentais que se encontram diretamente vinculados ao desenvolvimento da pessoa humana enquanto ser político e social na era da globalização.

---

[50] Anuncia Friedrich Muller que "O mercado global e seus agentes já estão enfrentando dificuldades de legitimação. Os cidadãos social e politicamente ativos lutam por uma democracia mais participativa, bem como, no plano transnacional, por formas coletivas de ação, ramificadas e interligadas em redes de alta mobilidade. Essas formas não estão mais vinculadas à 'nação' ou ao Estado-nação. São formas de democratização sem a participação do Estado. Sem elas não será possível empenhar-se eficazmente contra efeitos perversos dessa espécie de globalização. Aos problemas tradicionais não-solucionados (acirramento da desigualdade, desastres ecológicos, violência e militarismo, terrorismo não-estatal e estatal) soma-se a nova tarefa de elaborar estruturas móveis transnacionais e globais, formadas por redes, instituições e normatizações incipientes. Nesse contexto, competências gerais de um Direito Mundial e um constitucionalismo global são motes que remetem aos objetivos jurídicos strictiore sensu. Desde a fase final do século XX, a galáxia global de organizações não-governamentais pela democracia, pelos direitos humanos e por uma mundialização diferente tornou-se portadora de todos esses movimentos – do protesto, da ação simbólica, de propostas construtivas, de provocações bem-sucedidas ao Judiciário (para colocá-lo em movimento): enquanto consciência social mundial, fator de perturbação da rotina da opressão e exploração, da dominação mundial não-democrática, efetivamente existente, gerador de alternativas inteligentes; enquanto globalização descentralizada 'de baixo para cima', sem o exercício da dominação, eficaz por meio de lobismo e da pressão sobre a opinião pública; em resumo, no papel de uma sociedade civil global em vias de consolidação. Sem amparo pelo poder de Estado, ela trabalha pacificamente, formando opiniões, em prol de bens públicos globais (*global public goods*) que visam `a pluralidade e à universalidade – num aspecto que se estende de direitos humanos iguais para todas as pessoas até a ecologia global. A sua própria atividade se baseia, e não em último lugar, nos direitos humanos e de cidadania nacionais e internacionais". MÜLLER, Friedrich. A Limitação das Possibilidades de Atuação do Estado-Nação Face à Crescente Globalização e o Papel da Sociedade Civil em possíveis estratégias de resistência. In: BONAVIDES, Paulo. DE LIMA, Francisco Gérson Marques. BEDÊ, Fayga Silveira. *Estudos em Homenagem ao Professor J. J. Gomes Canotilho*. São Paulo: Malheiros, 2006, p. 215-216.

1.4. A aplicabilidade imediata dos direitos e garantias fundamentais

A norma jurídica contida no artigo 5º, § 1º, da Constituição Federal constitui um mandado de otimização (ou maximização) dirigido aos órgãos estatais, os quais ficam obrigados a conferir aos direitos e garantias fundamentais a maior eficácia possível.[51] Assim, a ausência de normas infraconstitucionais de concretização não pode servir como justificativa para afastar a aplicabilidade imediata dos direitos fundamentais. Nesse caso, é plenamente cabível o mandado de injunção, para, no caso concreto, ser proferida ordem judicial, reconhecendo a mora legislativa, bem como disciplinando o exercício do direito pleiteado pelo impetrante.[52] Assim, a omissão voluntária do Estado na regulamentação das normas constitucionais de eficácia limitada não pode servir para justificar a frustração da aplicabilidade imediata dos direitos fundamentais. O afastamento da eficácia daquele comando constitucional é exceção que deve ser devidamente fundamentada pelo órgão estatal, sob pena de o ato oficial ser sindicado pelo Poder Judiciário.

Em função daquele dispositivo constitucional, os órgãos estatais devem pautar todas as suas ações e programas sempre na lógica da concretização dos direitos e das garantias fundamentais consagradas constitucionalmente. Nenhuma política pública pode se distanciar da aplicabilidade imediata e da plena eficácia dos direitos fundamentais.

1.5. A vinculação dos poderes constituídos aos direitos fundamentais

As normas constitucionais definidoras de direitos e garantias fundamentais possuem aplicação imediata (artigo 5º, § 1º, CRFB/1988). São mandados de otimização, os quais impõem aos poderes constituídos um conjunto de ações voltadas à obtenção da maior eficácia possível dos direitos fundamentais. Assim, todos os poderes constituídos encontram-se vinculados à concretização dos direitos fundamentais. Nesse sentido, a função de regulamentação e de concretização confe-

---

[51] SARLET, op. cit., p. 249.

[52] O Supremo Tribunal Federal, em sede de Mandado de Injunção, determinou que, em função da ausência de lei complementar disciplinando a aposentadoria especial para servidor público submetido a trabalho em condições especiais, exigido pelo art. 40, § 4º, da Constituição Federal, deve ser adotada aquela própria aos trabalhadores em geral (art. 57, § 1º, da Lei n. 8.213/91). (BRASIL. *Supremo Tribunal Federal*. MI 721/DF, Rel. Min. Marco Aurélio, julgado pelo Tribunal Pleno do Supremo Tribunal Federal, em 30.8.2007, DJU 30.11.2007. Disponível em: <http://www.stf.jus.br>. Acesso em: 18 dez. 2008.

rida ao legislador sofre limitação material e formal,[53] produzindo, necessariamente, duplo sentido: 1) negativo – a vedação à criação de atos legislativos afrontosos aos direitos fundamentais; e 2) positivo – a vinculação à conformação positiva da Constituição, mediante a produção de normas jurídicas que sejam material e formalmente compatíveis com a Constituição Federal.[54]

Desse modo, na elaboração da lei orçamentária anual, o legislador infraconstitucional encontra-se vinculado ao cumprimento das pautas constitucionais. A Constituição estabeleceu, por exemplo, a execução de metas e programas sociais na área da educação, exigindo que sejam aplicados percentuais do orçamento anual naquela área pública. Há a fixação de limites orçamentários mínimos,[55] que devem ser alocados à execução de políticas públicas voltadas à consecução daquele direito fundamental prestacional.

O legislador encontra-se sujeito, portanto, aos parâmetros constitucionais. Nenhuma de suas escolhas legislativas poderá se distanciar da orientação constitucional,[56] sob pena de sua produção normativa se sujeitar ao controle de constitucionalidade. Os direitos fundamentais possuem uma eficácia dirigente em relação aos órgãos estatais, pois cabe a estes a obrigação permanente de realização dos direitos fundamentais.

Os órgãos administrativos também se encontram vinculados à realização dos direitos fundamentais.[57] Nessa relação direta, vigora o princípio da constitucionalidade imediata da administração. Portanto, leis incompatíveis com aqueles mandamentos fundamentais podem ser descumpridas pelo Poder Executivo. A execução das leis também

---

[53] SARLET, op. cit., p. 326-327.

[54] Idem, p. 328-329.

[55] Segundo o artigo 212 da Constituição Federal, a União deve aplicar, na educação, anualmente, nunca menos de 18% (dezoito por cento), e os Estados, o Distrito Federal e os Municípios, 25% (vinte e cinco por cento), no mínimo, da receita resultante de impostos, compreendida a proveniente de transferências, na manutenção e desenvolvimento do ensino (BRASIL. *Congresso Nacional*. Constituição da República Federativa do Brasil. Disponível em: <http://www.presidencia. gov.br>. Acesso em: 15 dez. 2008.

[56] PEREIRA, Cesar A. Guimarães. *Usuários de Serviços Públicos*. 2. ed., ver. e ampl. São Paulo: Saraiva, 2008, p. 329-330.

[57] Ressalta Juarez Freitas que "(...) a Constituição Federal, no art. 5º, §1º, determina a aplicabilidade imediata dos direitos fundamentais (inclusive os sociais, relacionados a serviços públicos – tais como o direito à saúde e à educação), donde segue a imprescindibilidade da escolha administrativa apropriada à concretização eficacial. Nesse contexto, a técnica da responsabilização dilatada (e da sindicabilidade aprofundada) desponta como a mais aconselhável jurídica e sociologicamente, ao se observar que o Poder Público oscila impunemente entre dois pecados assaz comuns: a negação da eficácia dos direitos fundamentais e sua afirmação claudicante. Desproporcional em ambas as situações". FREITAS, Juarez. *Discricionariedade Administrativa e o Direito Fundamental à Boa Administração Pública*. São Paulo: Malheiros, 2007, p. 74.

deve ser pautada pela maximização daqueles direitos. Assim, toda a interpretação e a aplicação das normas jurídicas terão que seguir uma única direção: conferir a máxima eficácia aos direitos fundamentais.[58]

Nenhum ato administrativo, seja discricionário, seja vinculado, ficará imune a sua total sujeição aos comandos superiores do ordenamento jurídico.[59] Nesses termos, é fundamental aprofundar a sindicabilidade judicial dos atos administrativos, para que o controle seja realizado da forma mais ativa possível, a fim de que toda a atividade administrativa seja utilizada para a imediata satisfação dos direitos fundamentais.

A maior liberdade de escolha de conformação existente nos atos administrativos discricionários existe justamente para conferir ao administrador público a possibilidade de preservar o máximo da eficácia direta e imediata dos direitos fundamentais.[60] Assim, a administração pública deve utilizar as competências administrativas que lhe foram asseguradas pela Constituição para o cumprimento de sua missão, que consiste na consecução de políticas públicas destinadas à concretização do núcleo essencial da Constituição, ou seja, dos direitos fundamentais.

O Poder Judiciário possui o poder-dever constitucional de negar a aplicação de leis e atos administrativos contrários aos direitos fundamentais.[61] Nessa linha, a existência de apreciações técnicas e a utili-

---

[58] SARLET, op. cit., p. 331-333. Acerca da criação de políticas tarifárias, que são fundamentais, em matéria de serviço público, para a promoção dos direitos fundamentais, destaca Jacintho Arruda Câmara: "No que toca à criação de políticas tarifárias – cuja base deve ser legislativa, conforme já apontado –, os princípios de nível constitucional servem de diretrizes à verificação da validade da criação destas políticas, mesmo no momento em que são definidas em lei. A apreciação da aplicação da política geral, traçada em lei, no momento de adotar concretamente um dado regime tarifário, também demanda uma verificação de pertinência. Isto é, cabe ao Judiciário aferir se a política geral, contida em lei, foi atendida no momento da criação do regime tarifário em nível mais concreto (nos regulamentos ou, mesmo, no contrato de concessão)". CÂMARA, Jacintho Arruda. *Tarifa nas Concessões*. São Paulo: Malheiros, 2009, p. 96.

[59] Escreve José Sérgio da Silva Cristóvam que: "A discricionariedade administrativa se encontra inarredável e inegavelmente vinculada aos princípios constitucionais e à satisfação dos direitos fundamentais. Pode-se dizer que o Estado constitucional de direito exige um modelo de discricionariedade vinculada diretamente à Constituição, ao conteúdo dos direitos fundamentais, à garantia dos direitos fundamentais de liberdade e à implementação dos direitos fundamentais sociais". CRISTÓVAM, José Sérgio da Silva. *Colisões entre Princípios Constitucionais – Razoabilidade, Proporcionalidade e Argumentação Jurídica*. Curitiba: Juruá, 2006, p. 212.

[60] FREITAS, J., op. cit., p. 126.

[61] Escreve José Sérgio da Silva Cristóvam: "Ao Judiciário cabe a guarda da Constituição e a defesa das instituições democráticas, sendo-lhe função principal o controle de atos legislativos e executivos contrários ao manifesto teor da Constituição. A função de controle da constitucionalidade das leis, dos atos da Administração e das políticas públicas não reflete, contudo, a superioridade do Judiciário sobre o Legislativo ou Executivo, mas a supremacia da Constituição, sobre as leis e atos administrativos" CRISTÓVAM, José Sérgio da Silva. Breves considerações sobre o conceito

zação de conceitos jurídicos indeterminados[62] não impedem o controle jurisdicional para a efetivação daqueles fundamentos nucleares do ordenamento jurídico.[63] Para o exercício legítimo daquela missão constitucional, o Poder Judiciário encontra-se investido de competência para o exercício do controle objetivo da constitucionalidade das leis, a fim de serem expulsos do ordenamento jurídico atos normativos abstratos inconstitucionais.

Já quanto aos atos normativos e administrativos de efeitos concretos, foi deferido aos atingidos o direito constitucional de ação judicial para a efetivação do controle jurisdicional, visando a afastar qualquer tentativa de ameaça ou lesão àqueles comandos superiores.

Aquele poder também dispõe de competência jurisdicional para controlar o planejamento e a execução das políticas públicas necessárias para a promoção dos direitos fundamentais. Estes asseguram a viabilidade de o Poder Judiciário legitimamente obrigar o Poder Executivo a executar medidas administrativas no sentido de serem corrigidos problemas sociais decorrentes da ausência de políticas públicas. Todos os poderes encontram-se compelidos a buscar a efetivação de medidas voltadas à realização daquelas pautas constitucionais.[64]

1.6. O princípio da dignidade da pessoa humana

A dignidade da pessoa humana não configura propriamente um direito fundamental. Ela está na base da consagração daqueles direitos, correspondendo a um sobreprincípio que constitui fundamento do Estado Constitucional de Direito (artigo 1º, III, da CRFB/1988).[65]

---

de políticas públicas e seu controle jurisdicional. *Jus Navigandi*, Teresina, ano 9, n. 797, 8 set. 2005. Disponível em: <http://jus2.uol.com.br/doutrina/texto.asp?id=7254>. Acesso em: 4 jan. 2009.

[62] Nesse sentido, escreve Celso Antônio Bandeira de Mello: "A existência dos chamados conceitos vagos, fluidos ou imprecisos, nas regras concernentes à Justiça Social não é impertinente a que o Judiciário lhes reconheça, in concreto, o âmbito significativo. Essa missão é realizada habitualmente pelo juiz nas distintas áreas do Direito e sobretudo no direito privado. Além disso, por mais fluido que seja um conceito, terá sempre um núcleo significativo indisputável. É puramente ideológico e sem nenhuma base jurídica o entendimento de que a ausência de lei definidora obsta a identificação do conceito e invocação do correlato direito". MELLO, Celso Antônio Bandeira de. Eficácia das normas constitucionais sobre Justiça Social. *Revista de Direito Público*. São Paulo: Revista dos Tribunais, v. 57-58, 1981, p. 255.

[63] PEREIRA, op. cit., p. 328-330.

[64] Idem, p. 329.

[65] Registra Thiago Lima Breus: "É nessa conjuntura que o princípio da dignidade da pessoa humana, como valor informador de todos os direitos fundamentais, notadamente os que compõem o mínimo existencial, se impõe de maneira essencial. O referido princípio possui caráter fundamental em todo o ordenamento jurídico brasileiro, assegurado pela Constituição Federal de 1988 no art. 1º, inc. III". BREUS, Thiago Lima. Da Prestação de Serviços à Concretização de Direitos:

Nessa linha, o Estado existe em função da pessoa humana,[66] pois esta constitui a finalidade precípua da ordem estatal.[67] Por isso, o ser humano jamais pode ser visto como meio da atividade estatal. O exercício dos poderes constituídos (legislativo, executivo e judicial) somente pode ser justificado a partir do respeito à dignidade da pessoa humana.[68] Todas as ações estatais devem ser guiadas no sentido da promoção e da criação de condições materiais para máxima efetivação daquele valor constitucional fundamental e estruturante do Estado Constitucional de Direito.

O Estado deve empreender políticas públicas voltadas ao oferecimento de bens materiais básicos aos indivíduos, para que seja viabilizada a todos uma existência digna. Assim, são imprescindíveis medidas executivas voltadas à inclusão social daqueles que se encontram excluídos das condições financeiras mínimas de consumo para uma vida digna.

É dever do órgão estatal estimular o indivíduo para que ele alcance, com o seu esforço, a inclusão social, mediante a garantia de condições justas e adequadas de vida. Nesse contexto, é fundamental a concretização de medidas voltadas à efetivação dos direitos sociais, bem como a consecução de um sistema de seguridade social eficaz.

O legislador também se encontra vinculado à concretização do programa normativo referente ao princípio da dignidade da pessoa humana. É seu dever constitucional a edificação de uma ordem jurídica materialmente compatível com as exigências daquele princípio fundamental.[69]

O Papel do Estado na Efetivação do Mínimo Existencial. In: COSTALDELLO, Angela Cassia (coord.). *Serviço Público – Direitos Fundamentais, Formas Organizacionais e Cidadania*. Curitiba: Juruá, 2007, p. 261.

[66] Para Emerson Gabardo, "(...) a Constituição de 1988 torna-se um referencial jurídico-político sobremaneira importante, à medida que consagra princípios de diferentes índoles, mas todos subordinados a um principio eticamente superior: a dignidade da pessoa humana. Nesse contexto, tanto a eficiência (ética) como a legitimidade (democrática) são fundamentos coerentes e imprescindíveis do ideal de Estado ora defendido". GABARDO, Emerson. *Eficiência e Legitimidade do Estado*. Barueri: Manole, 2003, p. 192.

[67] Para Ingo Wolfgang Sarlet, a dignidade da pessoa humana pode ser definida como "a qualidade intrínseca e distintiva reconhecida em cada ser humano que o faz merecedor do mesmo respeito e consideração por parte do Estado e da comunidade, implicando, neste sentido, um complexo de direitos e deveres fundamentais que assegurem a pessoa tanto contra todo e qualquer ato de cunho degradante e desumano, como venham a lhe garantir as condições existenciais mínimas para uma vida saudável, além de propiciar e promover sua participação ativa e corresponsável nos destinos da própria existência e da vida em comunhão com os demais seres humanos". SARLET, Ingo Wolfgang. *Dignidade da Pessoa Humana e direitos fundamentais na Constituição Federal de 1988*. 3. ed. Porto Alegre: Livraria do Advogado, 2004, p. 60.

[68] SARLET, op. cit., p. 102.

[69] Idem, p. 112-113.

O princípio da dignidade humana possui função instrumental integradora e hermenêutica, pois serve de parâmetro para aplicação, interpretação e integração de todo o ordenamento jurídico. Desse modo, o referido princípio constitui uma norma de legitimação de toda a ordem estatal. O exercício do poder somente será legítimo caso seja pautado pelo respeito e pela proteção da dignidade da pessoa humana.

Para a concretização daquele preceito fundamental, é imprescindível que as pessoas convivam num Estado marcado pela estabilidade jurídica, econômica, política e social. A estabilidade e a confiança nas relações públicas são indispensáveis para que seja concretizada a dignidade humana.[70] Portanto, a dignidade da pessoa humana é fundamento e justificação da ação estatal.

1.7. Os direitos fundamentais sociais prestacionais

O Estado Social encontra-se vinculado à prestação dos direitos sociais,[71] cuja função essencial é realizar a justa e adequada distribuição dos bens materiais existentes. Aqueles direitos também possuem eficácia e aplicabilidade imediata, sujeitando-se aos ditames do artigo 5°, § 1°, da Constituição Federal.[72] Eles são protegidos contra a supressão decorrente da ação do poder de reforma constitucional (artigo 60, § 4°, IV, da CRFB/1988). Nesse sentido, deve prevalecer a interpretação constitucional que assegure a maior otimização das normas definidoras dos direitos fundamentais.

---

[70] SARLET, op. cit., p. 299.

[71] Ingo Wolfgang Sarlet e Mariana Filchtiner Figueiredo firmam posição "(...) em torno da tese de que – pelo menos no âmbito do sistema de direito constitucional positivo nacional – todos os direitos sociais são fundamentais, tenham sido eles expressa ou implicitamente positivados, estejam eles sediados no Título II da CF (dos direitos e garantias fundamentais) ou dispersos pelo restante do texto constitucional, ou se encontrem ainda (também expressa e/ou implicitamente) localizados nos tratados internacionais regularmente firmados e incorporados pelo Brasil". FIGUEIREDO, Mariana Filchtiner; SARLET, Ingo Wolfgang. Reserva do possível, mínimo existencial e direito à saúde: Algumas aproximações. *Revista de Doutrina da 4ª Região*, n. 24, julho de 2008. Disponível em: <htpp://www.revistadoutrina.trf4.jus.br>. Acesso em: 14 out. 2008.

[72] Sobre essa temática, registra Ingo Wolfgang Sarlet: "(...) mesmo os direitos fundamentais a prestações são inequivocamente autênticos direitos fundamentais, constituindo (justamente em razão disto) direito imediatamente aplicável, nos termos do disposto no art. 5°, § 1°, de nossa Constituição. A exemplo das demais normas constitucionais e independentemente de sua forma de positivação, os direitos fundamentais prestacionais, por menor que seja sua densidade normativa ao nível da Constituição, sempre estarão aptos a gerar um mínimo de efeitos jurídicos, sendo, na medida desta aptidão, diretamente aplicáveis, aplicando-se-lhes (com muito mais razão) a regra geral, já referida, no sentido de que inexiste norma constitucional destituída de eficácia e aplicabilidade". SARLET, op. cit., p. 259.

Em função de as normas definidoras dos direitos sociais serem abertas, bem como fixadoras de fins e tarefas do Estado, foram diversas as controvérsias quanto à eficácia imediata dos direitos sociais. Discutiu-se muito se eram aptos a ser diretamente aplicáveis; se produziam plena eficácia jurídica; se era possível deduzir desses direitos um direito subjetivo individual a prestações estatais.

Porém, os direitos sociais programáticos devem ser concretizados pelos órgãos estatais. A única justificativa para o temporário descumprimento é a demonstração objetiva e evidente da impossibilidade material para a sua tempestiva realização, sob pena de restar viabilizado o controle jurisdicional para a reparação do direito ameaçado.

Há distinções entre os direitos negativos e os positivos. Os primeiros identificam-se pela sua natureza preponderantemente negativa, ou seja, o seu objeto consiste na abstenção do Estado, para proteger a esfera jurídica dos indivíduos contra ingerências estatais inadequadas. A função precípua dos direitos de defesa é a limitação estatal, para que os sujeitos de direito possam exercer, de forma regular e lícita, o direito de liberdade e propriedade. É o típico caso do Poder de Polícia. Já os segundos têm por objeto uma conduta positiva do Estado, que consiste na produção de uma prestação material aos indivíduos, visando à promoção do princípio da igualdade substancial. Por isso, os direitos positivos exigem uma atuação do Estado na esfera econômica e social, para a produção dos bens materiais necessários à realização dos direitos positivos (sociais).[73]

A doutrina[74] também fazia uma distinção entre os direitos positivos e os negativos. Um dos critérios utilizados para essa distinção era a exigência ou não de gastos públicos para a realização daqueles direitos. Era defendido que os direitos positivos reclamavam o dispêndio de despesas públicas para serem efetivados; já os direitos negativos, não. Essa tradicional distinção perdeu espaço, uma vez que os direitos negativos[75] também envolvem a alocação de recursos públicos para a sua devida concretização.

---

[73] Escreve Ingo Wolfgang Sarlet: "Diversamente dos direitos de defesa, mediante os quais se cuida de preservar e proteger determinada posição (conservação de uma posição existente), os direitos sociais de natureza positiva (prestacional) pressupõem seja criada ou colocada à disposição a prestação que constitui seu objeto, já que objetivam a realização da igualdade material, no sentido de garantirem a participação do povo na distribuição pública de bens materiais e imateriais". SARLET, op. cit., p. 261.

[74] PEREIRA, op. cit., p. 315-316.

[75] Ressalta Ana Paula de Barcellos que "Assim: a diferença entre os direitos sociais e os individuais, no que toca ao custo, é uma questão de grau, e não de natureza. Ou seja: é mesmo possível que os direitos sociais demandem mais recursos que os individuais, mas isso não significa que estes apresentem custo zero. Desse modo o argumento que afastava, *tout court*, o atendimento

Nesse sentido, é suficiente o exame das leis orçamentárias dos entes federados (União, Estados, Distrito Federal e Municípios) para se depreender os gastos com as ações estatais para a realização dos direitos negativos. O direito à propriedade e à liberdade, por exemplo, exige do Estado a existência de estruturas organizacionais eficientes e eficazes para que seja coativamente assegurado aos seus titulares.

Nota-se, assim, que ambos os direitos possuem custos financeiros elevados para serem efetivados pelo Estado. Os direitos negativos também requerem um conjunto de medidas administrativas que demandam uma estrutura financeira e pessoal, a fim de serem realizados, e, igualmente, possuem a sua dimensão positiva, na medida em que reclamam atuações positivas do Estado.

Desse modo, o "custo" financeiro dos direitos sociais não pode servir para a negativa da sua eficácia imediata, pois os direitos de cunho negativo também possuem relevância econômica para a sua realização.[76]

Os direitos sociais encontram-se vinculados às prestações estatais voltadas à distribuição e à redistribuição dos recursos materiais existentes, visando a conferir uma vida digna para todos os indivíduos. Esses direitos também possuem a sua dimensão negativa, já que alguns deles exigem a abstenção do Estado, como é o caso da liberdade sindical e de associação.

É inegável que, muitas vezes, os direitos sociais positivos dependem da atividade legislativa infraconstitucional, mediante a edição de normas jurídicas de natureza inferior à Constituição, para serem concretizados. Aqui é campo fértil para a mora legislativa,[77] a qual sempre

---

dos direitos sociais pelo simples fato de que eles demandam ações estatais e de que eles custam dinheiro não se sustenta. Também a proteção dos direitos individuais tem seus custos, apenas se está acostumado a eles". BARCELLOS, Ana Paula de. *A eficácia jurídica dos princípios constitucionais: o princípio da dignidade da pessoa humana*. Rio de Janeiro: Renovar, 2002, p. 238-239.

[76] FIGUEIREDO, Mariana Filchtiner; SARLET, Ingo Wolfgang. Reserva do possível, mínimo existencial e direito à saúde: Algumas aproximações. *Revista de Doutrina da 4ª Região*, n. 24, julho de 2008. Disponível em: <htpp://www.revistadoutrina.trf4.jus.br>. Acesso em: 14 out. 2008.

[77] Na Arguição de Descumprimento de Preceito Fundamental – ADPF n. 45, que se destina a assegurar o cumprimento da EC n. 29/2000, relativa à garantia de recursos financeiros mínimos para a saúde, o Supremo Tribunal Federal, em decisão monocrática do Min. Celso de Mello, deixou assentado o cabimento da ADPF como instrumento para "(...) viabilizar a concretização de políticas públicas, quando, previstas no texto da Carta Política, tal como sucede no caso (EC 29/2000), venham a ser descumpridas, total ou parcialmente, pelas instâncias governamentais destinatárias do comando inscrito na própria Constituição da República". Reconheceu que o Poder Judiciário assume a incumbência de velar pela implementação de política públicas "(...) se e quando os órgãos estatais competentes, por descumprirem os encargos político-jurídicos que sobre eles incidem, vierem a comprometer, com tal comportamento, a eficácia e a integridade de direitos individuais e/ou coletivos impregnados de estatura constitucional". BRASIL. *Supremo Tribunal Federal*. ADPF n. 45/DF, Rel. Min. Celso de Mello, julgado pelo Supremo Tribunal Federal em 29.4.2004, DJU 4.5.2004. Disponível em: <http://www.stf.jus.br>. Acesso em: 15 out. 2008.

é fundada ilegitimamente no discurso da ausência de disponibilidade financeira.

Há uma grande discussão doutrinária acerca da possibilidade do reconhecimento judicial de direitos subjetivos originários a prestações sociais decorrentes diretamente da norma constitucional. Os fundamentos jurídicos contrários podem ser assim resumidos: (1) a reserva do possível; (2) a natureza aberta e a formulação vaga das normas que definem os direitos sociais; (3) o legislador decide sobre a aplicação e a destinação dos recursos públicos (reserva de competência constitucional); e (4) a decisão judicial que obriga o Estado a cumprir uma prestação social implica ofensa direta à divisão dos poderes. Estes são os argumentos utilizados para denegar o direito subjetivo originário social a uma prestação concreta por parte do Estado.[78]

Já os argumentos[79] a favor do referido reconhecimento podem ser assim resumidos: (1) a natureza aberta e a formulação vaga das normas que tratam dos direitos sociais não impedem a sua imediata aplicabilidade e a plena eficácia; (2) sendo possível reconhecer, da norma constitucional definidora de um direito social, um significado central e incontroverso, ela poderá ser aplicada independente de intermediação legislativa; (3) o Poder Judiciário possui o dever constitucional de determinar, quando da sua aplicação, o conteúdo dos preceitos normativos; e (4) em função do disposto no artigo 5º, § 1º, da CRFB/1988, os direitos sociais assumem o caráter de autênticos direitos subjetivos.[80]

---

[78] SARLET, op. cit., p. 283.

[79] É importante registrar o pensamento de Ingo Wolfgang Sarlet sobre a temática: "Levando-se em conta os exemplos referidos, constata-se a possibilidade de se reconhecerem, sob determinadas condições, verdadeiros direitos subjetivos a prestações, mesmo independentemente ou para além da concretização pelo legislador. Neste particular, assume especial relevo a íntima vinculação – destacada especialmente pela doutrina estrangeira – de vários destes direitos com o direito à vida e com o princípio da dignidade humana, o que se manifesta de forma contundente nos direitos ao salário mínimo, assistência e previdência social, bem como no caso do direito à saúde. Lembrando-nos de que, se atentarmos contra a dignidade, estaremos, na verdade, atentando contra a própria humanidade do indivíduo. Além disso, é preciso ressaltar que ao Estado não apenas é vedada a possibilidade de tirar a vida (daí, por exemplo, a proibição de pena de morte), mas também que a ele se impõe o dever de proteger ativamente a vida humana, já que esta constitui a própria razão de ser do Estado, além de pressuposto para o exercício de qualquer direito (fundamental, ou não)" (Idem, p. 322-323). Após, finaliza: "Assim, em todas as situações em que o argumento da reserva de competência do Legislativo (assim como o da separação dos poderes e as demais objeções aos direitos sociais na condição de direitos subjetivos a prestações) esbarrar no valor maior da vida e da dignidade da pessoa humana, ou nas hipóteses em que, da análise dos bens constitucionais colidentes (fundamentais, ou não) resultar a prevalência do direito social prestacional, poder-se-á sustentar, na esteira de Alexy e Canotilho, que, na esfera de um padrão mínimo existencial, haverá como reconhecer um direito subjetivo definitivo a prestações, admitindo-se, onde tal mínimo é ultrapassado, tão-somente um direito subjetivo prima facie, já que – nesta seara – não há como resolver a problemática em termos de um tudo ou nada". Idem, p. 324.

[80] Idem, p. 284.

Conforme já foi dito, o Poder Público tem o dever constitucional de desenvolver políticas públicas cujo objeto seja a realização dos direitos fundamentais. É juridicamente sustentável o reconhecimento do direito subjetivo a prestações sociais, pois condição para a efetivação da dignidade da pessoa humana.

1.8. Os direitos sociais de natureza prestacional e o limite da "reserva do possível"

Os direitos sociais prestacionais encontram-se diretamente vinculados à criação e distribuição de bens materiais. Por isso, a efetivação daqueles direitos exige a disponibilidade de recursos financeiros por parte do Estado, o que acaba criando uma fronteira fática a sua devida efetivação.

Em função desse aspecto financeiro, passou-se a sustentar a colocação dos direitos sociais a prestações sob o que se denominou de "reserva do possível". A efetividade dos direitos sociais a prestações materiais estaria sujeita à reserva das disponibilidades orçamentárias dos entes estatais, já que a sua efetivação seria dependente de financiamentos públicos estatais.

Foi o Tribunal Constitucional Alemão (TCA) o primeiro a proferir julgamento – caso do BverfGE 33, 303 (*numerus clausus*) – suscitando a construção jurídico-doutrinária da reserva do possível. Naquele caso, foram assentados dois mandamentos jurídicos para a concretização dos direitos fundamentais sociais: (1) a exigência racional de direitos; e (2) a averiguação dos reais esforços do Estado na satisfação e na proteção dos direitos fundamentais.

Nessa linha, César A. Guimarães Pereira define a reserva do possível como a *"razoabilidade da pretensão somada à disponibilidade de recursos à luz das condicionantes materiais da Constituição"*.[81] É inegável que os recursos financeiros para a realização de atividades materiais em benefício dos cidadãos são limitados.[82] Assim, os órgãos estatais são obrigados a realizar escolhas trágicas, isto é, selecionar os eventuais beneficiários, excluindo os outros do âmbito do benefício. Entretanto, a discriminação terá que ser pautada em critérios materiais plenamente razoáveis.[83]

---

[81] PEREIRA, op. cit., p. 317.

[82] Idem, p. 247.

[83] Por exemplo: as pessoas que são detentoras de boa condição financeira não poderão exigir do Estado os medicamentos de alto custo, uma vez que, com o seu próprio esforço, poderão obtê-los.

A reserva do possível é um dos elementos centrais para a ponderação na efetivação dos direitos sociais de natureza prestacional e consiste numa conjugação entre os seguintes elementos: (1) a razoabilidade da pretensão do particular; (2) a disponibilidade financeira do Estado; e (3) a aplicação das pautas constitucionais na fixação de prioridades orçamentárias.[84]

Os cidadãos podem exigir do Estado o cumprimento de seus direitos sociais, porém, a pretensão material tem que ser razoável. É preciso que seja provida de justificável adequação e necessidade material. O Estado não poderá ser obrigado à prestação estatal desprovida de total razoabilidade, sob pena de restarem sacrificados outros valores protegidos constitucionalmente, como é o caso da moralidade administrativa e da indisponibilidade do interesse público.

Por outro lado, o Estado terá que demonstrar os seus reais esforços para a realização dos direitos fundamentais. É preciso aferir todas as medidas concretas que foram adotadas para a realização daqueles mandamentos nucleares. Jamais a reserva do possível deve servir como impedimento absoluto à exigibilidade dos direitos sociais de natureza prestacional. É imprescindível que seja feita uma leitura adequada da referida construção jurídica.[85]

---

[84] Mariana Filchtiner Figueiredo e Ingo Wolfgang Sarlet registram: "A partir do exposto, há como sustentar que a assim designada reserva do possível apresenta pelo menos uma dimensão tríplice, que abrange: a) a efetiva disponibilidade fática dos recursos para a efetivação dos direitos fundamentais; b) a disponibilidade jurídica dos recursos materiais e humanos, que guarda íntima conexão com a distribuição das receitas e competências tributárias, orçamentárias, legislativas e administrativas, entre outras, e que, além disso, reclama equacionamento, notadamente no caso do Brasil, no contexto do nosso sistema constitucional federativo; c) já na perspectiva (também) do eventual titular de um direito a prestações sociais, a reserva do possível envolve o problema da proporcionalidade da prestação, em especial no tocante à sua exigibilidade e, nesta quadra, também da sua razoabilidade. Todos os aspectos referidos guardam vínculo estreito entre si e com outros princípios constitucionais, exigindo, além disso, um equacionamento sistemático e constitucionalmente adequado, para que, na perspectiva do princípio da máxima eficácia e efetividade dos direitos fundamentais, possam servir não como barreira intransponível, mas inclusive como ferramental para a garantia também dos direitos sociais de cunho prestacional". FIGUEIREDO, Mariana Filchtiner; SARLET, Ingo Wolfgang. Reserva do possível, mínimo existencial e direito à saúde: Algumas aproximações. *Revista de Doutrina da 4ª Região*, n. 24, julho de 2008. Disponível em: <htpp://www.revistadoutrina.trf4.jus.br>. Acesso em: 14 out. 2008.

[85] A respeito do tema, escreveu Maurício Mesurini da Costa: "Quando o TCA construiu a tese da reserva do possível, ele estava buscando aferir os limites racionais de exigência de direitos, mas também procurava constatar o grau de cumprimento dos deveres estatais para com os direitos fundamentais. Dessa forma, a reserva do possível, em sua gênese, não foi construída como uma máxima absoluta e irracional voltada à inexigibilidade dos direitos fundamentais. Essa concepção é produto da recepção equivocada da reserva do possível pela jurisprudência brasileira. O TCA considerou a escassez de recursos e o orçamento público, mas não como um dogma absoluto, ou seja, um limite instransponível e imanente para a satisfação dos direitos fundamentais, pelo contrário, o TCA discutiu criticamente a questão orçamentária. Para o TCA, ao contrário do Judiciário pátrio, os direitos fundamentais não vigem sob a sombra de uma reserva do possível. No Brasil, a reserva do possível não foi utilizada para aferir o grau de esforço do Estado no cumprimento dos

Assim, não é suficiente a demonstração da indisponibilidade financeira do Estado para o atendimento do direito positivado. É exigível que seja comprovado que não há recursos, porque estes foram alocados para o atendimento de outros direitos mais relevantes do que aquele reclamado.[86] É necessário que seja demonstrado que a alocação de recursos foi realizada de forma absolutamente ponderada, escolhendo para realizar, naquele momento, o direito fundamental que mais se harmoniza com a dignidade da pessoa humana. Além disso, é preciso deixar assentado que as pautas constitucionais foram fielmente traduzidas nas leis orçamentárias.[87] O exame das leis orçamentárias, nesse caso, é imprescindível.

É necessário também reforçar o controle sobre o orçamento público, visando a possibilitar o remanejamento das dotações orçamentá-

---

deveres constitucionais, tampouco visando constatar as reais possibilidades de aumento de alocação orçamentária para a máxima satisfação dos direitos fundamentais". DA COSTA, Maurício Mesurini. *Controle judicial de políticas públicas: procedimento, justificação e responsabilidade*. Dissertação de Mestrado. Centro de Pós-Graduação em Direito – CPGD. Florianópolis: UFSC, 2008.

[86] O Superior Tribunal de Justiça já decidiu: "DISPONIBILIZAÇÃO. VAGA. CRECHE. Trata-se de ação civil pública ajuizada contra o município com o objetivo de assegurar às crianças de até três anos e onze meses o direito de frequentar creche mantida pela municipalidade. Inicialmente, o Min. Relator salientou não ter havido discordância quanto ao dever do município de assegurar o acesso das crianças a creches, tampouco se questiona a legitimidade do MP ou a inadequação da via eleita. O Min. Relator ateve-se à questão do ônus da prova da insuficiência orçamentária. Nos termos do art. 333 do CPC, cabe ao autor demonstrar a veracidade dos fatos constitutivos de seu direito (inciso I) e ao réu, invocar circunstância capaz de alterar ou eliminar as consequências jurídicas do fato aduzido pelo demandante (inciso II). Contudo, se porventura o réu apresenta defesa indireta na qual se sustenta fato impeditivo do direito da parte autora, a regra inverte-se; pois, ao aduzir fato impeditivo, o réu implicitamente admite como verídica a afirmação básica da petição inicial, que, posteriormente, veio a sofrer as consequências do evento superveniente levantado em contestação. Por conseguinte, as alegações trazidas pelo autor tornam-se incontroversas, dispensando, por isso, a respectiva prova (art. 334, II, do CPC). O direito de ingresso e permanência de crianças com até seis anos em creches e pré-escolas encontra respaldo no art. 208 da CF/1988. Por seu turno, a Lei de Diretrizes e Bases da Educação, em seu art. 11, V, bem como o ECA, em seu art. 54, IV, atribui ao ente público o dever de assegurar o atendimento a crianças de zero a seis anos de idade em creches e pré-escolas. Em se tratando de causa impeditiva do direito do autor, concernente à oferta de vagas para crianças com até três anos e onze meses em creches mantidas pela municipalidade, incumbe ao recorrente provar a suposta insuficiência orçamentária para tal finalidade, nos termos do art. 333, II, do CPC. Precedentes citados do STF: AgRg no RE 384.201-SP, DJe 3/8/2007; do STJ: REsp 575.280-SP, DJ 25/10/2004, e REsp 510.598-SP, DJ 13/2/2008". BRASIL. *Superior Tribunal de Justiça*. REsp. n. 474.361/SP, Rel. Min. Herman Benjamin, julgado em 4.6.2009, disponível em: <http://www.stj.jus.br>. Acesso em: 10 jun. 2009.

[87] Nas palavras de Ana Paula de Barcellos: "A Constituição, como já demonstrado, estabelece metas prioritárias, objetivos fundamentais, dentre os quais sobreleva a promoção e a preservação da dignidade da pessoa humana e aos quais estão obrigadas as autoridades públicas. A despesa pública é o meio hábil para atingir essas metas. Logo, por bastante natural, as prioridades em matéria de gastos públicos são aquelas fixadas pela Constituição, de modo que também a ponta da despesa, que encerra o ciclo da atividade financeira, esteja submetida à norma constitucional. (...) Imaginar que a influência da Constituição no que diz respeito aos gastos públicos se limitaria à formalidade de sua previsão orçamentária seria ignorar por completo a natureza normativa da Carta e dos fins materiais por ela estabelecidos". BARCELLOS, Ana Paula de. *A eficácia jurídica dos princípios constitucionais: o princípio da dignidade da pessoa humana*. Rio de Janeiro: Renovar, 2002, p. 241-242.

SERVIÇO PÚBLICO NA CONSTITUIÇÃO FEDERAL

rias, para redirecioná-las ao cumprimento das imposições e prioridades constitucionais relativas aos direitos fundamentais. Sobre a temática, ressalta Eros Roberto Grau que a reserva do possível "não pode ser reduzida a limite posto pelo orçamento, até porque, se fosse assim, um direito social sob 'reserva de cofres cheios' equivaleria, na prática – como diz José Joaquim Gomes Canotilho – a nenhuma vinculação jurídica".[88]

A Constituição é que fixa as metas e os programas a serem executados,[89] visando à realização dos direitos fundamentais. Logo, todos os poderes constituídos devem total fidelidade àqueles mandamentos condicionantes de toda a ação estatal. A liberdade de conformação do legislador, a discricionariedade do administrador e a atividade judicial dos órgãos jurisdicionais encontram-se vinculados à concretização daqueles preceitos constitucionais.

É fundamental que seja investido o controle jurisdicional das decisões políticas quanto à alocação de recursos, as quais devem seguir fielmente as pautas constitucionais, sob pena de invalidação judicial das escolhas feitas pelo legislador. É necessário transparência nas decisões, bem como a viabilização do controle social sobre a destinação e a aplicação dos recursos públicos, justamente para que sejam aprimorados os mecanismos de gestão democrática do orçamento público.

Nesse sentido, é fundamental ampliar os mecanismos de acesso à justiça,[90] para que os cidadãos possam pleitear os seus direitos sociais perante o Poder Judiciário.[91]

---

[88] GRAU, Eros Roberto. Realismo e Utopia Constitucional. In: ROCHA, Fernando Luiz Ximenes; MORAES, Filomeno (coord.). *Direito Constitucional Contemporâneo. Estudos em Homenagem ao Professor Paulo Bonavides*. Belo Horizonte: Del Rey, 2005, p. 125.

[89] Destaca José Sérgio da Silva Cristóvam: "a Constituição vincula a elaboração e execução das leis orçamentárias, exigindo a previsão de programas e planos de ação governamental destinados à implementação dos direitos fundamentais sociais. Não se pode mais encarar o orçamento como simples peça contábil de previsão de receita e fixação de despesa, mas sim como verdadeira expressão do planejamento estatal voltado ao desenvolvimento social e econômico". Breves considerações sobre o conceito de políticas públicas e seu controle jurisdicional. CRISTÓVAM, José Sérgio da Silva. *Jus Navigandi*, Teresina, ano 9, n. 797, 8 set. 2005. Disponível em: <http://jus2.uol.com.br/doutrina/texto.asp?id=7254>. Acesso em: 4 jan. 2009.

[90] Nesse sentido, examinar: DA COSTA, Maurício Mesurini. *Controle judicial de políticas públicas: procedimento, justificação e responsabilidade*. Dissertação de Mestrado. Centro de Pós-Graduação em Direito – CPGD. Florianópolis: UFSC, 2001.

[91] O Poder Judiciário, caso exista omissão estatal no cumprimento das políticas públicas, pode atuar positivamente, impondo o cumprimento das pautas constitucionais. Nesse sentido, já decidiu o Supremo Tribunal Federal: "AGRAVO REGIMENTAL NO RECURSO EXTRAORDINÁRIO. CONSTITUCIONAL. VAGA EM ESTABELECIMENTO DE EDUCAÇÃO INFANTIL. DIREITO ASSEGURADO PELA CONSTITUIÇÃO DO BRASIL. O Supremo Tribunal Federal fixou entendimento no sentido de que 'embora resida, primariamente, nos Poderes Legislativo e Executivo, a prerrogativa de formular e executar políticas públicas, revela-se possível, no entanto, ao Poder Judiciário determinar, ainda que em bases excepcionais, especialmente nas hipóteses

A escassez de recursos financeiros não pode servir para inviabilizar a política pública de satisfação dos direitos fundamentais.[92] Há soluções para o problema da reserva do possível. Tudo é uma questão de seguir as prioridades constitucionais,[93] procurando, com eficiência e boa gestão, maximizar o proveito dos recursos públicos disponíveis.

A mera alegação da falta de recursos orçamentários para a efetivação dos direitos sociais não pode servir de óbice intransponível. É fundamental que o ente público demonstre, no processo judicial, a total indisponibilidade financeira para o cumprimento do direito material pleiteado. O Juiz não pode se conformar apenas com uma mera alegação destituída de provas materiais que lhe confiram amparo.[94]

---

de políticas públicas definidas pela própria Constituição, sejam essas implementadas pelos órgãos estatais inadimplentes, cuja omissão - por importar em descumprimento dos encargos políticos-jurídicos que sobre eles incidem em caráter mandatório - mostra-se apta a comprometer a eficácia e a integridade de direitos sociais impregnados de estatura constitucional'. Precedentes. Agravo regimental a que se nega provimento". BRASIL. *Supremo Tribunal Federal*. RE 595595, Rel. Eros Grau, julgado pelo Supremo Tribunal Federal em 28.4.2009, DJU 29.5.2009. Disponível em: <http://www.stf.jus.br>. Acesso em: 7 jan. 2014.

[92] Nesse sentido, registra José Sérgio da Silva Cristóvam: "A escassez orçamentária não é argumento sólido o bastante para afastar o imperativo de implementação dos direitos fundamentais sociais. Ainda que os recursos públicos sejam limitados, não é vedado ao Judiciário determinar ao Estado a alocação de verbas orçamentárias específicas para o cumprimento de direitos sociais. Quando provocado, o Judiciário pode e deve garantir o cumprimento dos direitos fundamentais sociais, sem que isso possa configurar afronta ao princípio da separação de poderes ou trazer desequilíbrio ao orçamento do Estado. Levando em conta as circunstâncias do caso concreto, cabe ao juiz assinalar ao Poder Público um prazo razoável para o cumprimento da obrigação constitucional, sem que restem afetados os programas governamentais traçados nas leis orçamentárias". CRISTÓVAM, José Sérgio da Silva. Breves considerações sobre o conceito de políticas públicas e seu controle jurisdicional. *Jus Navigandi*, Teresina, ano 9, n. 797, 8 set. 2005. Disponível em: <http://jus2.uol.com.br/doutrina/texto.asp?id=7254>. Acesso em: 4 jan. 2009.

[93] Registra Ana Paula de Barcellos: "Embora a ideia da escassez de recursos possa parecer verdadeiramente assustadora, é preciso recolocá-la em seus devidos termos. Isso porque, em primeiro lugar – afora países em que os níveis de pobreza da população sejam extremos – faltando mesmo capacidade contributiva, os Estados têm, em geral, uma capacidade de crédito bastante elástica, tendo em vista a possibilidade de aumento de receita. Em um curto espaço de tempo, pouco mais de um ano no caso brasileiro, a autoridade pública tem condições técnicas de incrementar suas receitas, com a majoração de tributos, por exemplo". BARCELLOS, Ana Paula de. *A eficácia jurídica dos princípios constitucionais: o princípio da dignidade da pessoa humana*. Rio de Janeiro: Renovar, 2002, p. 239-240.

[94] No julgamento da ADPF n. 45, o Min. Celso de Mello deixou assentado: "Não se mostrará lícito, no entanto, ao Poder Público, em tal hipótese – mediante indevida manipulação de sua atividade financeira e/ou político-administrativa – criar obstáculo artificial que revele o ilegítimo, arbitrário e censurável propósito de fraudar, de frustrar e de inviabilizar o estabelecimento e a preservação, em favor da pessoa e dos cidadãos, de condições materiais mínimas de existência. Cumpre advertir, desse modo, que a cláusula da 'reserva do possível' – ressalvada a ocorrência de justo motivo objetivamente aferível – não pode ser invocada, pelo Estado, com a finalidade de se exonerar do cumprimento de suas obrigações constitucionais, notadamente quando, dessa conduta governamental negativa, puder resultar nulificação ou, até mesmo, aniquilação de direitos constitucionais impregnados de um sentido de essencial fundamentalidade". BRASIL. *Supremo Tribunal Federal*. ADPF n. 45/DF, Rel. Min. Celso de Mello, julgado pelo Supremo Tribunal Federal em 29.4.2004, DJU 4.5.2004. Disponível em: <http://www.stf.jus.br>. Acesso em: 15 out. 2008.

Para se eximir do cumprimento da obrigação social, será imprescindível que seja comprovada a total falta de recursos financeiros. É preciso demonstrar objetivamente, no caso concreto, que a insatisfação do direito social pleiteado decorre dos investimentos feitos no atendimento de outros mais relevantes.[95] Portanto, jamais a reserva do

---

[95] Nessa linha, já decidiu o Superior Tribunal de Justiça – STJ: "ADMINISTRATIVO E CONSTI-TUCIONAL – ACESSO À CRECHE AOS MENORES DE ZERO A SEIS ANOS – DIREITO SUB-JETIVO – RESERVA DO POSSÍVEL – TEORIZAÇÃO E CABIMENTO – IMPOSSIBILIDADE DE ARGUIÇÃO COMO TESE ABSTRATA DE DEFESA – ESCASSEZ DE RECURSOS COMO O RE-SULTADO DE UMA DECISÃO POLÍTICA – PRIORIDADE DOS DIREITOS FUNDAMENTAIS – CONTEÚDO DO MÍNIMO EXISTENCIAL – ESSENCIALIDADE DO DIREITO À EDUCAÇÃO – PRECEDENTES DO STF E STJ. 1. A tese da reserva do possível assenta-se em ideia que, desde os romanos, está incorporada na tradição ocidental, no sentido de que a obrigação impossível não pode ser exigida (*Impossibilium nulla obligatio est* – Celso, D. 50, 17, 185). Por tal motivo, a insuficiência de recursos orçamentários não pode ser considerada uma mera falácia. 2. Todavia, observa-se que a dimensão fática da reserva do possível é questão intrinsecamente vinculada ao problema da escassez. Esta pode ser compreendida como "sinônimo" de desigualdade. Bens escassos são bens que não podem ser usufruídos por todos e, justamente por isso, devem ser distribuídos segundo regras que pressupõe o direito igual ao bem e a impossibilidade do uso igual e simultâneo. 3. Esse estado de escassez, muitas vezes, é resultado de um processo de escolha, de uma decisão. Quando não há recursos suficientes para prover todas as necessidades, a decisão do administrador de investir em determinada área implica escassez de recursos para outra que não foi contemplada. A título de exemplo, o gasto com festividades ou propagandas governamentais pode ser traduzido na ausência de dinheiro para a prestação de uma educação de qualidade. 4. É por esse motivo que, em um primeiro momento, a reserva do possível não deve ser oposta à efetivação dos Direitos Fundamentais, já que, quanto a estes, não cabe ao administrador público preteri-los em suas escolhas. Nem mesmo a vontade da maioria pode tratar tais direitos como secundários. Isso, porque a democracia não se restringe na vontade da maioria. O princípio do majoritário é apenas um instrumento no processo democrático, mas este não se resume àquele. Democracia é, além da vontade da maioria, a realização dos direitos fundamentais. Só haverá democracia real onde houver liberdade de expressão, pluralismo político, acesso à informação, à educação, inviolabilidade da intimidade, o respeito às minorias e às ideias minoritárias etc. Tais valores não podem ser malferidos, ainda que seja a vontade da maioria. Caso contrário, se estará usando da "democracia" para extinguir a Democracia. 5. Com isso, observa-se que a realização dos Direitos Fundamentais não é opção do governante, não é resultado de um juízo discricionário nem pode ser encarada como tema que depende unicamente da vontade política. Aqueles direitos que estão intimamente ligados à dignidade humana não podem ser limitados em razão da escassez quando esta é fruto das escolhas do administrador. Não é por outra razão que se afirma que a reserva do possível não é oponível à realização do mínimo existencial. 6. O mínimo existencial não se resume ao mínimo vital, ou seja, o mínimo para se viver. O conteúdo daquilo que seja o mínimo existencial abrange também as condições socioculturais, que, para além da questão da mera sobrevivência, asseguram ao indivíduo um mínimo de inserção na "vida" social. 7. Sendo assim, não fica difícil perceber que dentre os direitos considerados prioritários encontra-se o direito à educação. O que distingue o homem dos demais seres vivos não é a sua condição de animal social, mas sim de ser um animal político. É a sua capacidade de relacionar-se com os demais e, através da ação e do discurso, programar a vida em sociedade. 8. A consciência de que é da essência do ser humano, inclusive sendo o seu traço característico, o relacionamento com os demais em um espaço público – onde todos são, in abstrato, iguais, e cuja diferenciação se dá mais em razão da capacidade para a ação e o discurso do que em virtude de atributos biológicos – é que torna a educação um valor ímpar. No espaço público – onde se travam as relações comerciais, profissionais, trabalhistas, bem como onde se exerce a cidadania – a ausência de educação, de conhecimento, em regra, relega o indivíduo a posições subalternas, o torna dependente das forças físicas para continuar a sobreviver e, ainda assim, em condições precárias. 9. Eis a razão pela qual o art. 227 da CF e o art. 4º da Lei n. 8.069/90 dispõem que a educação deve ser tratada pelo Estado com absoluta prioridade. No mesmo sentido, o art. 54 do Estatuto da Criança e do Adolescente

possível poderá transformar-se em cláusula absoluta para o descumprimento dos direitos fundamentais sociais. As finanças públicas são instrumentais, para que sejam atingidos os objetivos e as prioridades fixadas na Constituição.

1.9. A reserva do possível não constitui elemento integrante dos direitos fundamentais sociais

A reserva do possível não constitui elemento integrante dos direitos fundamentais, não integra o seu núcleo essencial, nem é inseparável deles. Jamais poderá ser pensada como um limite imanente da dimensão positiva dos direitos sociais. Ela constitui uma espécie de limite jurídico e fático dos direitos fundamentais.[96]

Nesses termos, sustenta César A. Guimarães Pereira que "(...) o direito não é afetado pela ausência de disponibilidade orçamentária, que não se dá no mundo do dever-ser, mas do ser. A ausência de disponibilidade de recursos afeta o cumprimento do dever estatal, não a sua existência".[97]

A definição normativa do direito fundamental social não fica condicionada pela reserva do possível, nem o reconhecimento do direito subjetivo fica afetado pela referida categoria fática. É apenas o cumprimento da pretensão material que fica atingido pela falta de disponibilidade financeira.

---

prescreve que é dever do Estado assegurar às crianças de zero a seis anos de idade o atendimento em creche e pré-escola. Portanto, o pleito do Ministério Público encontra respaldo legal e jurisprudencial. Precedentes: REsp 511.645/SP, Rel. Min. Herman Benjamin, Segunda Turma, julgado em 18.8.2009, DJe 27.8.2009; RE 410.715 AgR / SP – Rel. Min. Celso de Mello, julgado em 22.11.2005, DJ 3.2.2006, p. 76. 10. Porém é preciso fazer uma ressalva no sentido de que mesmo com a alocação dos recursos no atendimento do mínimo existencial persista a carência orçamentária para atender a todas as demandas. Nesse caso, a escassez não seria fruto da escolha de atividades não prioritárias, mas sim da real insuficiência orçamentária. Em situações limítrofes como essa, não há como o Poder Judiciário imiscuir-se nos planos governamentais, pois estes, dentro do que é possível, estão de acordo com a Constituição, não havendo omissão injustificável. 11. Todavia, a real insuficiência de recursos deve ser demonstrada pelo Poder Público, não sendo admitido que a tese seja utilizada como uma desculpa genérica para a omissão estatal no campo da efetivação dos direitos fundamentais, principalmente os de cunho social. No caso dos autos, não houve essa demonstração. Precedente: REsp 764.085/PR, Rel. Min. Humberto Martins, Segunda Turma, julgado em 1º.12.2009, DJe 10.12.2009. Recurso especial improvido". BRASIL. *Superior Tribunal de Justiça*. Recurso Especial n. 1185474/SC, Rel. Min. Humberto Martins, julgado pelo Superior Tribunal de Justiça em 20.4.2010, DJU 29.4.2010. Disponível em: <http://www.stj.jus.br>. Acesso em: 2 abr. 2014.

[96] FIGUEIREDO, Mariana Filchtiner; SARLET, Ingo Wolfgang. Reserva do possível, mínimo existencial e direito à saúde: Algumas aproximações. *Revista de Doutrina da 4ª Região*, n. 24, julho de 2008. Disponível em: <http://www.revistadoutrina.trf4.jus.br>. Acesso em: 14 out. 2008.

[97] PEREIRA, op. cit., p. 319.

A falta de recursos financeiros para a satisfação de programas sociais prioritários é, muitas vezes, decorrência da escolha política dos legisladores. Nesse sentido, é comum os entes federativos destinarem expressivos recursos orçamentários para a publicidade institucional – área totalmente desprezível –, deixando setores sociais sensíveis desamparados, como é o caso da política de saneamento básico e de saúde pública.

É inegável que os recursos financeiros são limitados. Não há recursos para o atendimento de todas as necessidades sociais. Entretanto, a Constituição fixa metas prioritárias,[98] que devem ser executadas pelos poderes constituídos, sob pena de responsabilização do Estado.

As diretrizes constitucionais fixadas nas metas sociais não podem ser ignoradas pelos poderes constituídos. Não é suficiente que o ente estatal demonstre que o orçamento encontra-se comprometido com outros programas. Conforme sustenta César A. Guimarães Pereira, devem ser demonstradas as destinações dadas: "são constitucionalmente mais valiosas que o cumprimento da disposição invocada. Deve mostrar que as ditas destinações prevalecem, segundo os valores da Constituição, frente à realização material dos direitos pleiteados".[99]

Portanto, a reserva do possível não afeta o direito fundamental social. Ela constitui apenas impedimento provisório, dispensado o ente estatal, caso comprovada, da sua imediata concretização. A sua real configuração encontra-se sujeita ao pleno controle jurisdicional.[100]

1.10. O mínimo existencial constitui direito-garantia fundamental autônomo

Para Ingo Wolfgang Sarlet e Mariana Filchtiner Figueiredo, o jurista alemão Otto Bachof foi o primeiro a sustentar a *possibilidade do reconhecimento de um direito subjetivo à garantia positiva dos recursos mínimos para*

---

[98] Nesses termos, escreve Ana Paula de Barcellos: "(...) se os meios financeiros não são ilimitados, os recursos disponíveis deverão ser aplicados prioritariamente no atendimento dos fins considerados essenciais pela Constituição, até que eles sejam realizados". BARCELLOS, Ana Paula de. *A eficácia jurídica dos princípios constitucionais: o princípio da dignidade da pessoa humana*. Rio de Janeiro: Renovar, 2002, p. 241.

[99] PEREIRA, op. cit., p. 326-327.

[100] Para José Sérgio da Silva Cristóvam, "A garantia dos direitos fundamentais de liberdade e, principalmente, a implementação dos direitos fundamentais sociais, exige um ativismo judicial responsável e comprometido, que, embora reconhecendo os inolvidáveis limites da reserva do possível, torne viável e efetiva a paulatina realização dos compromissos sociais constitucionalmente assegurados". CRISTÓVAM, José Sérgio da Silva. *Colisões entre Princípios Constitucionais – Razoabilidade, Proporcionalidade e Argumentação Jurídica*. Curitiba: Juruá, 2006, p. 213-214.

uma existência digna.[101] Amparado no artigo 1º, I, da Lei Fundamental da Alemanha, o referido publicista considerou que o princípio da dignidade humana reclama, além da garantia da liberdade, um mínimo de segurança social, uma vez que a falta de recursos materiais para uma vida digna implica o sacrifício daquele preceito fundamental.

Posteriormente, tanto o Tribunal Federal Administrativo (*Bundesverwaltungsgericht*) quanto o Tribunal Constitucional Federal da Alemanha, em casos concretos, concederam aos jurisdicionados o direito subjetivo ao recebimento do auxílio material por parte do Estado, tudo fundamentado no postulado da dignidade da pessoa humana. Reconheceu-se, assim, um direito fundamental à garantia das condições mínimas para uma existência digna, que deve ser preservada pelo Estado mediante a adoção de políticas públicas permanentes.

Registram Ingo Wolfgang Sarlet e Mariana Filchtiner Figueiredo que os arestos da Corte Alemã resultaram no "reconhecimento definitivo do *status* constitucional da garantia estatal do mínimo existencial".[102] Segundo os referidos autores, a doutrina alemã concebe que a garantia das condições mínimas para uma existência digna integra o conteúdo essencial do princípio do Estado Social de Direito, sendo uma de suas principais tarefas e obrigações.[103]

No Brasil, embora inexista uma expressa previsão constitucional assegurando a garantia do mínimo existencial, essa decorre da proteção da vida e da dignidade humana. Na Constituição Federal, a garantia de uma existência digna consta do elenco de princípios e objetivos da ordem constitucional econômica (artigo 170, *caput*).

Por outro lado, os direitos sociais específicos (como a assistência social, a saúde, a moradia, a previdência social, o salário mínimo dos trabalhadores, entre outros) abarcam algumas das dimensões daquele direito-garantia fundamental autônomo.

Toda a política fiscal de arrecadação de tributos tem um fim específico, que consiste na realização, pelo ente estatal, dos objetivos fundamentais da Constituição. E o primeiro deles é assegurar o mínimo existencial para todos aqueles que, em função das suas limitações físicas ou mentais, não conseguem obtê-lo com o seu próprio esforço.[104]

---

[101] FIGUEIREDO, Mariana Filchtiner; SARLET, Ingo Wolfgang. Reserva do possível, mínimo existencial e direito à saúde: Algumas aproximações. *Revista de Doutrina da 4ª Região*, n. 24, julho de 2008. Disponível em: <http://www.revistadoutrina.trf4.jus.br>. Acesso em: 14 out. 2008.

[102] Idem, p. 10.

[103] Idem, p. 11.

[104] Sustenta Andréas Krell que é "obrigação de um Estado Social controlar os riscos resultantes do problema da pobreza que não podem ser atribuídos aos próprios indivíduos, e restituir um *status*

Por isso, as metas constitucionais relativas ao mínimo existencial merecem total e irrestrita promoção por parte do Estado, devendo ser feita a devida compatibilização delas com as limitações orçamentárias existentes. Nesses termos, o mínimo existencial (saúde básica, ensino fundamental, assistência aos idosos, portadores de necessidades especiais e acesso à justiça) constitui o fim prioritário dos gastos públicos.

Assegurar a concretização do direito fundamental ao mínimo existencial é condição para viabilizar aos beneficiários o exercício de outros direitos também fundamentais, como é o caso do exercício dos direitos políticos. Caso o Estado se omita na promoção do mínimo existencial fisiológico e sociocultural,[105] restarão também sacrificados os valores republicanos e democráticos, pois os excluídos serão pessoas sem o mínimo de dignidade para participar do processo democrático decisório.[106]

Os direitos sociais não visam apenas a conferir aos cidadãos o mínimo. É preciso assegurar um mínimo existencial fisiológico e sociocul-

---

mínimo de satisfação das necessidades pessoais. Assim, numa sociedade onde existe a possibilidade fática da cura de uma doença, o seu impedimento significa uma violência contra a pessoa doente que é diretamente prejudicada na sua vida e integridade". KRELL, Andreas J. Controle Judicial dos Serviços Públicos Básicos na base dos direitos fundamentais sociais. In: SARLET, Ingo Wolfgang (Org.). *A Constituição Concretizada. Construindo Pontes entre o Público e o Privado*. Porto Alegre: Livraria do Advogado, 2000, p. 42.

[105] Asseveram Mariana Filchtiner Figueiredo e Ingo Wolfgang Sarlet: "De qualquer modo, tem-se como certo que a garantia efetiva de uma existência digna abrange mais do que a garantia da mera sobrevivência física, situando-se, portanto, além do limite da pobreza absoluta. Sustenta-se, nesta perspectiva, que se uma vida sem alternativas não corresponde às exigências da dignidade humana, a vida humana não pode ser reduzida à mera existência. Registre-se, neste contexto, a lição de Heinrich Scholler, para quem a dignidade da pessoa humana apenas estará assegurada "quando for possível uma existência que permita a plena fruição dos direitos fundamentais, de modo especial, quando seja possível o pleno desenvolvimento da personalidade". FIGUEIREDO, Mariana Filchtiner; SARLET, Ingo Wolfgang. Reserva do possível, mínimo existencial e direito à saúde: Algumas aproximações. *Revista de Doutrina da 4ª Região*, n. 24, julho de 2008. Disponível em: <htpp://www.revistadoutrina.trf4.jus.br>. Acesso em: 14 out. 2008.

[106] Ressalta Thiago Lima Breus que: "(...) os direitos que contemplam o mínimo existencial se apresentam, na difundida classificação dos direitos materialmente fundamentais elaborada por Jurgen Habermas, como direitos que atuam como pressupostos para o exercício de outros direitos fundamentais. Em última análise, eles representam condições para o próprio exercício dos demais direitos, também materialmente fundamentais. Por decorrência, estes direitos funcionam, segundo Habermas, como limites à deliberação coletiva. Entretanto, eles não têm o seu fundamento último em fórmulas metafísicas, ou pré-políticas, ao contrário, se apresentam como fundamento para exercício da própria política democrática". BREUS, Thiago Lima. Da Prestação de Serviços à Concretização de Direitos: O Papel do Estado na Efetivação do Mínimo Existencial. In: COSTAL-DELLO, Angela Cassia (coord.). *Serviço Público – Direitos Fundamentais, Formas Organizacionais e Cidadania*. Curitiba: Juruá, 2007, p. 255. A seguir, prossegue: "Nas sociedades, no entanto, em que não se dispõe das condições necessárias para a plena realização de um processo deliberativo adequado, torna-se possível garantir que o interesse público que o Estado deve perseguir se volta, antes, à implementação das condições que possam tornar os cidadãos aptos a participarem e influírem no processo de deliberação acerca das ações normativas e materiais, administrativas, do Estado". Idem, p.256.

tural. Não se pode limitá-lo a uma mera sobrevivência física. É preciso pensar aquela garantia também no sentido da viabilização de prestações em termos de direitos culturais.

A Constituição reclama um horizonte de eficácia sempre crescente, para que se busque a máxima realização daqueles direitos fundamentais. O mínimo existencial é apenas para que o cidadão não perca a sua condição de humanidade.[107] Por isso, o máximo deve ser a meta a ser buscada pelo ente estatal, sob pena de intervenção do Poder Judiciário.[108]

---

[107] Registra César A. Guimarães Pereira: "[...] a teoria dos direitos fundamentais aponta a existência de direitos a prestações positivas estatais mínimas, destinadas a assegurar a realização material dos direitos sociais fundamentais, especialmente os mais diretamente ligados à dignidade da pessoa humana. Além disso, tanto os direitos fundamentais quanto outros valores constitucionais impõem a implementação de políticas que promovam a sua realização mesmo para além de tais prestações mínimas imediatamente exigíveis". PEREIRA, op. cit., p. 267-268.

[108] Cumpre ao Poder Judiciário, caso provocado, atuação firme para efetivação, pelos órgãos estatais, do mínimo existencial. Nesse sentido, já decidiu o Superior Tribunal de Justiça – STJ: "ADMINISTRATIVO – AÇÃO CIVIL PÚBLICA – CONTROLE JUDICIAL DE POLÍTICAS PÚBLICAS – POSSIBILIDADE EM CASOS EXCEPCIONAIS – DIREITO À SAÚDE – FORNECIMENTO DE EQUIPAMENTOS A HOSPITAL UNIVERSITÁRIO – MANIFESTA NECESSIDADE – OBRIGAÇÃO DO ESTADO – AUSÊNCIA DE VIOLAÇÃO DO PRINCÍPIO DA SEPARAÇÃO DOS PODERES – NÃO-OPONIBILIDADE DA RESERVA DO POSSÍVEL AO MÍNIMO EXISTENCIAL. [...] 3. A partir da consolidação constitucional dos direitos sociais, a função estatal foi profundamente modificada, deixando de ser eminentemente legisladora em pró das liberdades públicas, para se tornar mais ativa com a missão de transformar a realidade social. Em decorrência, não só a administração pública recebeu a incumbência de criar e implementar políticas públicas necessárias à satisfação dos fins constitucionalmente delineados, como também, o Poder Judiciário teve sua margem de atuação ampliada, como forma de fiscalizar e velar pelo fiel cumprimento dos objetivos constitucionais. 4. Seria uma distorção pensar que o princípio da separação dos poderes, originalmente concebido com o escopo de garantia dos direitos fundamentais, pudesse ser utilizado justamente como óbice à realização dos direitos sociais, igualmente fundamentais. Com efeito, a correta interpretação do referido princípio, em matéria de políticas públicas, deve ser a de utilizá-lo apenas para limitar a atuação do judiciário quando a administração pública atua dentro dos limites concedidos pela lei. Em casos excepcionais, quando a administração extrapola os limites da competência que lhe fora atribuída e age sem razão, ou fugindo da finalidade a qual estava vinculada, autorizado se encontra o Poder Judiciário a corrigir tal distorção restaurando a ordem jurídica violada. 5. O indivíduo não pode exigir do estado prestações supérfluas, pois isto escaparia do limite do razoável, não sendo exigível que a sociedade arque com esse ônus. Eis a correta compreensão do princípio da reserva do possível, tal como foi formulado pela jurisprudência germânica. Por outro lado, qualquer pleito que vise a fomentar uma existência minimamente decente não pode ser encarado como sem motivos, pois garantir a dignidade humana é um dos objetivos principais do Estado Democrático de Direito. Por este motivo, o princípio da reserva do possível não pode ser oposto ao princípio do mínimo existencial. 6. Assegurar um mínimo de dignidade humana por meio de serviços públicos essenciais, dentre os quais a educação e a saúde, é escopo da República Federativa do Brasil que não pode ser condicionado à conveniência política do administrador público. A omissão injustificada da administração em efetivar as políticas públicas constitucionalmente definidas e essenciais para a promoção da dignidade humana não deve ser assistida passivamente pelo Poder Judiciário. Recurso especial parcialmente conhecido e improvido." BRASIL. *Superior Tribunal de Justiça*. Recurso Especial n. 1.041.197-MS, Rel. Min. Humberto Martins, julgado pelo Superior Tribunal de Justiça em 25.8.2009, DJU 16.9.2009. Disponível em: <http://www.stj.jus.br>. Acesso em: 2 abr. 2014.

Por outro lado, registram Ingo Wolfgang Sarlet e Mariana Filchtiner Figueiredo :"(...) a impossibilidade de se estabelecer, de forma apriorística e acima de tudo de modo taxativo, um elenco dos elementos nucleares do mínimo existencial, no sentido de um rol fechado de posições subjetivas negativas e positivas correspondentes ao mínimo existencial. Além disso, encontra-se vedada até mesmo a fixação pelo legislador de valores fixos e padronizados para determinadas prestações destinadas a satisfazer o mínimo existencial, notadamente quando não prevista uma possibilidade de adequação às exigências concretas da pessoa beneficiada e se cuidar de um benefício único substitutivo da renda mensal. O que compõe o mínimo existencial reclama, portanto, uma análise (ou pelo menos a possibilidade de uma averiguação) à luz das necessidades de cada pessoa e de seu núcleo familiar, quando for o caso. Tudo isso, evidentemente, não afasta a possibilidade de se inventariar todo um conjunto de conquistas já sedimentadas e que, em princípio e sem excluírem outras possibilidades, servem como uma espécie de roteiro a guiar o intérprete e de modo geral os órgãos vinculados à concretização dessa garantia do mínimo existencial".[109]

É imprescindível, portanto, que sejam empreendidos todos os esforços pelos entes estatais para assegurar às pessoas humanas as condições materiais mínimas. Sem isso, o exercício da liberdade fica comprometido.

1.11. A aplicação do princípio da proporcionalidade na concretização dos direitos fundamentais

O princípio da proporcionalidade ou da proibição do excesso[110] é tido como um princípio de controle da atividade administrativa ou legislativa. Inicialmente, ele teve origem no Direito Administrativo, especialmente na disciplina do Poder de Polícia. Já em 1952, Caio Tácito[111] escrevia que a utilização do Poder de Polícia não poderia ser excessiva ou desnecessária de modo a revelar abusos de poder.[112]

---

[109] FIGUEIREDO, Mariana Filchtiner; SARLET, Ingo Wolfgang. Reserva do possível, mínimo existencial e direito à saúde: Algumas aproximações. *Revista de Doutrina da 4ª Região*, n. 24, julho de 2008. Disponível em: <htpp://www.revistadoutrina.trf4.jus.br>. Acesso em: 14 out. 2008.

[110] Para estudos complementares, pode-se consultar: CRISTÓVAM, José Sérgio da Silva. *Colisões entre Princípios Constitucionais – Razoabilidade, Proporcionalidade e Argumentação Jurídica*. Curitiba: Juruá, 2006.

[111] TÁCITO, Caio. A Razoabilidade das Leis. *Revista Trimestral de Direito Público n. 13*, p. 228. São Paulo: Malheiros.

[112] TÁCITO, Caio. Poder de Polícia e seus limites. *Revista de Direito Administrativo n. 27/10*. Rio de Janeiro: Forense.

Em época posterior, ascendeu constitucionalmente, para se configurar como princípio jurídico fundamental no controle da atividade legislativa, administrativa e jurisdicional. Ele passou a vincular tanto o legislador como o administrador público. Pode-se dizer que foi banida aquela concepção de que, enquanto estava atuando nos limites de suas competências constitucionais, o legislador tinha poderes legislativos ilimitados.[113] A utilização dos atos administrativos discricionários para macular direitos fundamentais também foi extirpada do ordenamento jurídico.

A competência legislativa, administrativa e judicial passou a ser vinculada ao princípio da proibição do excesso ou da proporcionalidade.[114] Por exemplo, não interessa tão somente se a lei abstrata e genérica é produzida dentro das exigências formais inseridas na Constituição. Há que atentar se a obra do legislador atende satisfatoriamente aos fins plasmados naquele documento jurídico-normativo, hierarquicamente superior.

Se a Constituição estabelece que devem ser empreendidas políticas públicas para a proteção da infância e da juventude, o legislador infraconstitucional, ao concretizar essa finalidade constitucional, terá que adotar providências legislativas adequadas e necessárias para alcançar aquele fim. Para melhor compreensão do princípio da proporcionalidade, é necessário tratar dos seus três subprincípios constitutivos:

a) o princípio da conformidade ou adequação dos meios impõe que a situação ocasionada pelo Poder Público, por meio da lei, seja

---

[113] SCHOLLER, Heinrich. O Princípio da Proporcionalidade no Direito Constitucional e Administrativo da Alemanha. Tradução: Ingo Wolfgang Sarlet. *Revista Interesse Público*, n. 2, abr./jun. 1999, p. 93-107. Porto Alegre: Notadez, 1999.

[114] Heinrich Scholler tece considerações a respeito da vinculação do legislador: "(...) Apenas com o artigo 1º, inc. III, da Lei Fundamental de 1949, é que tanto a administração quanto o legislador e os órgãos judicantes passaram a ser objeto de vinculação à Constituição e, de modo especial, aos direitos fundamentais nela consagrados. O dispositivo citado representou, pois, uma radical mudança no âmbito do pensamento jurídico-constitucional e na própria concepção dos direitos fundamentais, já que o próprio legislador passou a ter sua atuação aferida a partir do parâmetro representado pelos direitos fundamentais constitucionalmente assegurados. (...) Importa consignar, nesta quadra da exposição, que da reserva legal dos direitos fundamentais resultam os limites da atuação do legislador, isto é, em que medida poderá o legislador buscar a concretização de determinados fins que justifiquem uma restrição no âmbito de proteção dos direitos fundamentais e, de outra parte, em que medida poderá utilizar a lei como meio de alcançar os fins almejados. É por esta razão que se costuma falar de uma relação entre os meios e os fins como integrando o princípio da proporcionalidade. (...) O Tribunal Federal Constitucional, a partir da ideia de uma relação entre os fins e os meios, sempre acentuou que a natureza da vinculação do legislador justamente se caracteriza pelo fato de que ele se encontra sujeito ao controle do Tribunal no que diz respeito com a observância do princípio da proporcionalidade". A seguir, conclui: "No momento em que se reconheceu o princípio da reserva legal como sendo o da reserva da lei proporcional, passou a ser admitida a possibilidade de impugnação e eliminação não apenas das medidas administrativas desproporcionais, mas também das leis que, ofensivas à relação entre os meios e os fins, estabelecem restrições aos direitos fundamentais". Idem, p. 103.

apropriada para a prossecução do fim almejado pela Constituição. Os agentes públicos devem pautar as suas ações em hipóteses plausíveis de que a medida adotada é apta para alcançar os fins justificativos da sua adoção.[115] Por isso, deverão investigar se a providência adotada é apta para atingir o fim a que se destina;[116]

b) o princípio da exigibilidade ou da necessidade[117] é fundado na possibilidade de impor, com a medida adotada, a menor ingerência possível aos seus destinatários. Terá que ser examinado se, dentre as medidas adequadas para atingir a finalidade constitucional, a escolhida é a que menos ônus provoca para o cidadão. Deve ser sempre escolhido o meio igualmente eficaz e menos desvantajoso para os cidadãos; e[118]

c) o princípio da proporcionalidade, em sentido estrito[119] ou justa medida, pressupõe pesar as desvantagens dos meios em relação às vantagens do fim. É perquirir se o resultado alcançado com a intervenção é proporcional a sua carga coativa. O exame da presença da justa medida deve ser investigado somente depois de apurada a adequação e a necessidade. Mesmo assim, embora a restrição a um direito fun-

---

[115] CANOTILHO, op. cit., p. 269-270.

[116] Sobre a adequação, escreve Heinrich Scholler: "(...) Adequação significa que o estado gerado pelo poder público por meio do ato administrativo ou da lei e o estado no qual o fim almejado pode ser tido como realizado situam-se num contexto mediado pela realidade à luz de hipóteses comprovadas". SCHOLLER, Heinrich. O Princípio da Proporcionalidade no Direito Constitucional e Administrativo da Alemanha. Tradução: Ingo Wolfgang Sarlet. *Revista Interesse Público*, n. 2, abr./jun. 1999, p. 93-107. Porto Alegre: Notadez, 1999, p. 105.

[117] Sobre a necessidade, escreve Heinrich Scholler: "(...) A necessidade, por sua vez, significa que não existe outro estado que seja menos oneroso para o particular e que possa ser alcançado pelo poder público com o mesmo esforço ou, pelo menos, sem um esforço significativamente maior." Idem, p. 106.

[118] Canotilho sustenta que, "(...) Dada a natural relatividade do princípio, a doutrina tenta acrescentar outros elementos conducentes a uma maior operacionalidade prática: a) a exigibilidade material, pois o meio deve ser o mais 'poupado' possível quanto à limitação dos direitos fundamentais; b) a exigibilidade espacial aponta para a necessidade de limitar o âmbito da intervenção; c) a exigibilidade temporal pressupõe a rigorosa delimitação no tempo da medida coactiva do poder público; d) a exigibilidade pessoal significa que a medida deve limitar à pessoa ou pessoas cujos interesses devem ser sacrificados". CANOTILHO, op. cit., p. 270.

[119] Heinrich Scholler traz um exemplo sobre a aferição da presença do princípio da proporcionalidade em sentido estrito em um caso concreto julgado pelo Tribunal Constitucional Alemão: "(...) No caso concreto, cuidava-se de alguém processado criminalmente por delito de menor potencial ofensivo (crime de bagatela). A prova deveria ter sido obtida mediante a extração de líquido da coluna do acusado. Contra esta determinação, foi impetrada uma reclamação constitucional (...), alegando ofensa ao direito à integridade física e corporal (art. 2°, inc. II, da Lei Fundamental). O Tribunal Federal Constitucional, ao apreciar o caso, considerou que a medida restritiva (invasiva da integridade física e corporal) não se afigurava como proporcional, relativamente à gravidade da infração penal atribuída ao particular, o que parece uma conclusão ligada à proporcionalidade em sentido estrito. Com efeito, seria manifestamente desarrazoado alcançar a condenação de alguém por um delito de insignificante ofensividade, expondo-o a um risco tão expressivo para sua saúde e integridade física". SCHOLLER, op. cit., 1999, p. 105.

damental revele-se adequada e necessária, poderá ser desproporcional em sentido estrito.[120]

Para Heinrich Scholler, se os meios são necessários, é porque são também meios adequados para atingir os fins. Isto é, não existem meios necessários que não sejam adequados. Entretanto, os meios podem ser adequados, porém, não necessários. Uma providência pode revelar-se apta para atingir determinada finalidade constitucional, porém, pode existir outra menos onerosa – necessária – para alcançar o fim a que se destinam.[121]

Nesse contexto, o princípio da proporcionalidade deverá presidir a atuação dos órgãos estatais como uma forma da proibição de insuficiência no campo da proteção e efetivação dos direitos fundamentais.

A sua função primordial é atuar sempre como parâmetro para o controle dos atos do Poder Público, visando à concretização daqueles mandamentos. Assim, a omissão plena ou parcial dos órgãos estatais que ocasionar a insuficiência ou inoperância quanto à concretização dos direitos fundamentais deverá ser objeto de controle, à luz do princípio constitucional da proporcionalidade.

1.12. O princípio da proibição do retrocesso

É inegável que o Estado Social de Direito jamais poderá ficar imune às transformações econômicas e sociais ocorridas no mundo real. Assim, de um lado, temos a necessidade de serem concretizados os direitos sociais assegurados constitucionalmente. De outro, é verificada uma realidade socioeconômica desfavorável, a chamada crise fiscal do Estado Social.

Porém, ainda que o Estado Social se encontre submetido a uma grave crise pela falta de receitas, os agentes públicos devem empreender todos os esforços para impedir o retrocesso social. É o caso da observância ao princípio da proibição do retrocesso, o qual decorre de forma implícita dos seguintes princípios, retirados do ordenamento jurídico-constitucional:

a) o princípio do Estado Democrático e Social de Direito, o qual exige um patamar mínimo de segurança jurídica e de proteção da confiança, visando a uma total segurança contra medidas retroativas;

---

[120] CANOTILHO, op. cit., p. 270.

[121] SCHOLLER, op. cit., p. 107.

b) o princípio da dignidade da pessoa humana, na sua perspectiva negativa, reprime medidas tendentes a afetar as políticas públicas que asseguram a existência condigna para todos;

c) o princípio da máxima eficácia e efetividade das normas definidoras de direitos fundamentais (artigo 5°, § 1°, CRFB/1988) exige uma proteção também contra medidas de caráter retrocessivo;

d) as medidas específicas, previstas na Constituição, que asseguram a proteção contra medidas de caráter retroativo (proteção dos direitos adquiridos, da coisa julgada e do ato jurídico perfeito);

e) o princípio da proteção da confiança, na condição de elemento nuclear do Estado de Direito, impõe ao Poder Público o respeito pela confiança depositada pelos indivíduos em relação a certa estabilidade e continuidade da ordem jurídica como um todo e das relações jurídicas especificamente consideradas;

f) os órgãos estatais encontram-se vinculados, em certa medida, a atos anteriores.

Nesse sentido, registra Ingo Wolfgang Sarlet que "além de estarem incumbidos de um dever permanente de desenvolvimento, concretização e proteção eficiente dos direitos fundamentais (inclusive e, no âmbito da temática versada, de modo particular os direitos sociais), os órgãos estatais não podem – em qualquer hipótese – suprimir pura e simplesmente direitos sociais ou, o que praticamente significa o mesmo, restringir os direitos sociais de modo a invadir o seu núcleo essencial ou atentar, de outro modo, contra as exigências da proporcionalidade e de outros princípios fundamentais da Constituição".[122]

Assim, o núcleo essencial dos direitos sociais já concretizados pelo ente estatal não pode ser aniquilado, sob pena de afronta ao princípio constitucional da proibição do retrocesso. Portanto, "a liberdade de conformação do legislador e a inerente autorreversibilidade encontram limitação no núcleo essencial já realizado",[123] restando vedada, assim, qualquer medida supressiva.

Segundo registra Ingo Wolfgang Sarlet, uma medida de cunho retrocessivo, para não violar o princípio da proibição do retrocesso, deve, além de contar com uma justificativa de porte constitucional, "salvaguardar – em qualquer hipótese – o núcleo essencial dos direitos sociais, notadamente naquilo em que corresponde às prestações

---

[122] SARLET, op. cit., p. 320-321.

[123] Idem, p. 323.

materiais indispensáveis para uma vida com dignidade para todas as pessoas...".[124]

Portanto, o princípio da proibição do retrocesso deve atuar como fator assecuratório da continuidade do ordenamento jurídico. É preciso estar ciente de que o referido princípio não constitui a via adequada para concretização ativa dos direitos fundamentais sociais. Ele é mais um dos elementos centrais para a tutela dos direitos fundamentais.

A tarefa reclama um conjunto de mecanismos, institutos e atitudes da sociedade civil e do Poder Público para assegurar o cumprimento dos fundamentos constitucionais. Assim, "o princípio da proibição de retrocesso assume a condição de um dos múltiplos – individualmente insuficientes – mecanismos para a afirmação efetiva de um Direito Constitucional inclusivo, solidário e altruísta".[125]

Feitas essas considerações acerca dos direitos fundamentais no ordenamento jurídico nacional, serão examinados, a seguir, os serviços públicos enquanto instrumentos para a concretização dos direitos fundamentais.

---

[124] SARLET, op. cit., p. 329.

[125] Idem, p. 335.

2. Serviços públicos enquanto instrumentos para a concretização de direitos fundamentais

2.1. O novo papel do Estado na prestação de serviços públicos

Durante longo período do século passado, a atuação do Estado brasileiro, no âmbito econômico, foi marcada pela intervenção, proteção, produção e prestação de bens e serviços públicos. O Estado figurava como um dos principais agentes econômicos.

Quanto aos serviços públicos, o desempenho da atividade estatal era caracterizado pelo forte monopólio estatal. Na maioria dos serviços públicos, não havia qualquer concorrência entre os prestadores. Prevalecia o regime de prestação exclusiva dos mencionados serviços. Para Floriano de Azevedo Marques Neto,[126] a própria noção de serviço público estava intimamente ligada à ideia da sua exploração exclusiva. O autor aponta que, na base dessa noção, estavam fatores ideológicos, jurídicos e econômicos.

A quantidade de interesses públicos envolvidos na prestação daqueles serviços impedia a sua sujeição à exploração em regime de mercado, pois isso poderia abalá-los (fator ideológico).[127]

O regime de direito público, incidente sobre a prestação dos referidos serviços, seria fragilizado na hipótese de ser configurada a competição entre atores não sujeitos àquele regime jurídico especial (fator jurídico).[128]

O monopólio de redes, a limitação de preços feita pelo Estado, a obrigação de realizar ofertas em áreas deficitárias, a necessidade de

---

[126] MARQUES NETO, Floriano de Azevedo. A Nova Regulação dos Serviços Públicos. *Revista de Direito Administrativo n. 228*, p. 13-29, abr./jun. 2002. Rio de Janeiro: Forense, 2002, p. 21.

[127] Idem, p. 21.

[128] Idem, p. 21.

economia de escala, eram causas suficientes para inviabilizar a existência da competição nas atividades consideradas "serviço público" (fator econômico).[129]

No início da década de 90 do século XX, ocorreu, no Brasil, uma enorme pressão pela abertura dos mercados, bem como pelo crescimento do direito concorrencial na prestação dos serviços públicos. Nesse período, os partidários da reforma do Estado brasileiro pregavam que a competição entre os sujeitos, na prestação daqueles serviços, era o pressuposto imprescindível para beneficiar os usuários com préstimos adequados, regulares e eficientes.

As reformas constitucionais visaram a adequar a legislação brasileira aos interesses econômicos dos investidores internacionais. Ressalta Alexandre Santos de Aragão que o processo de globalização dos serviços públicos apresentou as seguintes características "[...] a maioria das empresas que assumiram a sua prestação são empresas integrantes de redes econômicas transnacionais; a adesão a tratados internacionais de liberalização de mercados e de homogeneização das regras reitoras de determinados setores; e a edição, pelo legislador nacional, de leis que são verdadeiras adaptações de modelos legislativos já adotados em outros países".[130]

O Estado brasileiro sofreu uma imensa reforma jurídica, mediante aprovação de emendas constitucionais e leis ordinárias, tudo para se adaptar aos novos comandos econômicos e políticos prevalecentes na prestação dos serviços públicos.

Registra Floriano de Azevedo Marques Neto que: "Os avanços tecnológicos que tornam possível o compartilhamento de redes e viabilizam o convívio econômico de mais de um prestador, se utilizando de uma mesma plataforma, reduziram fortemente as barreiras econômicas que sustentavam a necessidade de exploração monopolista destas atividades e esvaziaram o peso da escala na exploração de utilidades públicas. Faltava superar as barreiras jurídicas".[131]

A crise fiscal e financeira[132] do Estado brasileiro impulsionou as reformas constitucionais e o surgimento de um marco regulatório para disciplinar as relações com os novos parceiros privados.

---

[129] MARQUES NETO, op. cit., p. 21.

[130] ARAGÃO, Alexandre Santos de. *Direito dos Serviços Públicos*. Rio de Janeiro: Forense, 2007, p. 53.

[131] MARQUES NETO, op. cit., p. 21.

[132] Registra Alexandre Santos de Aragão: "É difícil manter determinadas atividades titularizadas e prestadas diretamente pelo Estado nacional se, por um lado, ele não tem mais recursos para nelas investir, e, por outro, a mundialização impõe, como requisito da obtenção de recursos externos, o fim das regras de proteção de mercados, para que todos os agentes econômicos globalizados possam ter acesso a eles". ARAGÃO, op. cit., p. 46-47.

No âmbito econômico, reduziram-se as dimensões do Estado brasileiro.[133] As empresas estatais foram transferidas para o setor privado, inclusive as prestadoras de serviços públicos,[134] passando a vigorar um robusto programa de delegação da prestação dos serviços públicos à iniciativa privada. Introduziu-se, assim, a competição entre os diversos prestadores dos referidos serviços delegados.

Os mecanismos de mercado passaram a prevalecer na prestação daqueles serviços aos usuários. Nessa linha, positivou-se, no ordenamento jurídico nacional, que a outorga de concessão não possui caráter de exclusividade, salvo no caso de inviabilidade técnica ou econômica justificada (artigo 16 da Lei Federal n. 8.987/1995).

Destaca Alexandre Wagner Nester que: "Como resultado, ampliou-se o espaço de liberdade dos agentes econômicos, para atuarem em regime de concorrência, que passou a ser vista como a melhor via para obtenção do ponto ótimo de eficiência alocativa – que, em última análise, visa à satisfação do destinatário final dos serviços públicos essenciais: o cidadão e a sociedade, como um todo".[135]

Para Marçal Justen Filho, a ausência de competição entre sujeitos diversos era a causa da ineficiência e da precariedade registrada à época na prestação dos serviços públicos.[136]

---

[133] Importante é o registro feito por Floriano de Azevedo Marques Neto: "As causas para essa mudança de perspectiva não são meramente ideológicas. De um lado estão os fatores de natureza econômica que ao mesmo tempo que solapam a capacidade de investimentos estatais fazem emergir pólos de decisão econômica que transcendem e independem das estruturas (públicas) dos estados nacionais. De outro, há fatores de natureza política e social que fazem com que a sociedade tenha hoje uma perspectiva mais participativa em relação à atuação do poder público, assumindo um papel ativo e organizado nas suas demandas. Afora estes dois elementos, há ainda o forte impacto da evolução tecnológica que, a par de tornar as relações sociais e econômicas mais complexas, introduz um padrão crescente de exigências sociais". Idem, p. 16.

[134] Dinorá Adelaide Musetti Grotti critica a falta de visão estratégica e planejamento das privatizações, sustentando que "pouco contribuíram para a melhora do serviço público e 'para um projeto de reforma do Estado em que a reestruturação do setor público fosse encarada como uma oportunidade para a criação de formas institucionais inovadoras e principalmente adaptadas às particularidades do país', um país em desenvolvimento, que devia promover a expansão de suas redes e garantir o acesso aos usuários considerados não-econômicos em um contexto pós-privatização. Essa falta de visão estratégica e de planejamento de longo prazo gerou boa dose de inadequação dos meios ao fins e uma série de problemas para a regulação dos setores privatizados, particularmente aqueles sob o regime legal de serviço público". GROTTI, Dinorá Adelaide Musetti. Redefinição do papel do Estado na prestação de serviços públicos: realização e regulação diante do princípio da eficiência e da universalidade. *Revista de Interesse Público n. 40*, nov./dez. 2006, p. 37-69. Porto Alegre: Notadez, 2006, p. 42.

[135] NESTER, Alexandre Wagner. *Regulação e Concorrência (Compartilhamento de Infraestruturas e Redes)*. São Paulo: Dialética, 2006, p. 12.

[136] JUSTEN FILHO, Marçal. *Teoria geral das concessões de serviço público*. São Paulo: Dialética, 2003, p. 38.

Sustenta o referido autor que: "O que se pretende é evitar que o Estado (ou um agente privado) valha-se da posição de monopólio para prestar atividades mais inadequadas e onerosas do que seria possível. Reputa-se que a intervenção regulatória estatal é insuficiente ou inadequada para gerar a ampliação da eficiência econômica indispensável à prestação de serviços adequados. A melhor alternativa é reduzir a intervenção estatal e ampliar os mecanismos de competição, que são o instrumento mais satisfatório para produzir eficiência".[137]

Alerta, porém, Alexandre Santos de Aragão que: "A inserção da concorrência, que é a principal modificação que o regime jurídico dos serviços públicos sofre no Estado contemporâneo, não pode, contudo, ser generalizada ou feita sem cautelas, já que em um setor em que há serviço público em razão da sua importância para a coesão social, dificilmente apenas a concorrência dará conta das necessidades coletivas envolvidas, tendo em vista, por exemplo, a assimetria informacional existente entre regulador e prestador do serviço público, a tendência dos agentes em concorrência a agirem mais para as parcelas mais lucrativas do mercado e o fato de o monopólio natural permanecer inevitável em uma série de atividades, havendo sempre subsetores ou até setores inteiros de serviços públicos sem pluralidade de agentes econômicos atuando".[138]

A concorrência entre os concessionários de serviços públicos não é suficiente para transformar tais serviços em instrumentos para a concretização dos direitos fundamentais. É preciso que sejam asseguradas políticas públicas voltadas a essa nobre finalidade.

A Reforma do Estado ocasionou a alteração do seu perfil, que era marcado eminentemente pela prestação direta e exclusiva de serviços públicos, passando a figurá-lo como agente público regulador da atividade econômica.[139]

Nesse sentido, destaca Alexandre Wagner Nester que: "Surge assim o modelo batizado de Estado Regulador: o que planeja, regulamenta e fiscaliza; enfim, o que atua – valendo-se especialmente da regulação econômica – para dirimir as diferenças entre os agentes do mercado e para promover a concorrência".[140]

Registra Floriano de Azevedo Marques Neto que o Estado, nessa nova concepção dos serviços públicos, deve "i) restringir o acesso a sua

---

[137] JUSTEN FILHO, op. cit., p. 38.

[138] GROTTI, op. cit., 2006, p. 42.

[139] Idem, p. 42.

[140] NESTER, op. cit., p. 112-113.

exploração àqueles que dele recebam uma outorga ou licença específica, e ii) exigir que a sua exploração esteja subordinada a um regime sujeito a maior incidência regulatória".[141]

Após as referidas reformas constitucionais, restou assegurado ao Estado brasileiro, enquanto titular dos serviços públicos, o poder-dever de exigir que os parceiros privados viabilizem a existência e a acessibilidade daqueles serviços a toda a coletividade usuária.[142] Para tanto, é fundamental a disciplina do poder regulatório, nos termos que serão expostos a seguir.

2.2. O Estado regulador[143] da prestação de serviços públicos

Conforme visto, o Estado intervencionista cedeu lugar ao surgimento do Estado regulador. Ele deixou de ser o executor direto da atividade econômica, para figurar como estrategista e fiscal dos entes privados, mediante o estabelecimento de regras e metas que visam a regulá-la.

Nesse novo cenário jurídico, a atuação do Estado é voltada precipuamente ao desenvolvimento das condições favoráveis às atividades empresariais. As palavras-chave são a revalorização da economia privada, da concorrência e do mercado, mediante políticas estatais de privatização, liberalização e desestatização. É nesse cenário que surge o Estado regulador, que, segundo Alexandre Santos de Aragão, se vale de quatro mecanismos "1) revogação do maior número possível de normas que possam representar entraves para a atividade empresarial; 2) criação e manutenção das infraestruturas físicas e sociais necessárias às atividades econômicas; 3) mão de obra adequada aos novos processos de produção; e 4) maior remercantilização possível da produção de bens e serviços da qual até há pouco tempo se incumbia, com os objetivos de introduzir maior eficiência na economia, abrindo novos espaços para a valorização do capital (transferência de capitais financeiros para a 'economia real') e reduzindo o déficit público".[144]

---

[141] MARQUES NETO, op. cit., p. 22.

[142] Idem, p. 22.

[143] Floriano de Azevedo Marques Neto conceitua a regulação como "atividade estatal mediante a qual o Estado, por meio de intervenção direta ou indireta, condiciona, restringe, normatiza ou incentiva a atividade econômica de modo a preservar a sua existência, assegurar o seu equilíbrio interno ou atingir determinados objetivos públicos como a proteção de hipossuficiências ou a consagração de políticas públicas". Idem, p. 14.

[144] ARAGÃO, op. cit., p. 51-52.

Sustenta Alexandre Wagner Nester que, "ao contrário do Estado Social, que atua diretamente na economia, inclusive como agente produtor, abre-se espaço para o Estado Regulador, que intervém para criar condições de concorrência, em um mercado encenado por agentes econômicos privados".[145] Houve a implantação do regime de concorrência e o aumento da regulação estatal, mediante o surgimento das agências reguladoras.

Alexandre Wagner Nester[146] aponta os motivos para exigência de um Estado Regulador: (1) a insuficiência do Estado de bem-estar em atuar como promotor, gestor e planejador onipresente da economia; (2) a falácia do mercado livre (o Estado deve intervir para garantir a livre concorrência); (3) a limitação intrínseca do mercado para atuar com perfeição (monopólios naturais, externalidades negativas, assimetrias de informação, etc.); (4) assimetria de informação (proteção dos consumidores); e (5) garantir as obrigações de serviço público.

Destaca Tércio Sampaio Ferraz Junior e Juliano Souza de Albuquerque Maranhão que: "Nele, a atuação do Estado deixa de ser estritamente a de mera proteção da liberdade (Estado de direito e proteção da livre iniciativa), mas também abandona sua postura estatizante, de dirigismo ou de agente econômico direto. Lembre-se que, no novo modelo, a dimensão empresarial da Administração torna-se menor, com o consequente crescimento da participação da iniciativa privada. Isto se reflete também na gestão de serviços públicos *lato sensu*, donde decorre a necessidade de maior flexibilidade da Administração, que reforça sua função fiscalizadora e supervisora, permitindo, ostensivamente, que a prestação de serviços incorpore a mentalidade da iniciativa empresarial".[147]

Para garantir a concorrência, o Estado Brasileiro precisa assegurar alguns mecanismos: (1) facilitação à entrada no mercado; (2) redução do espaço de titularidade estatal exclusiva; (3) concessão de (relativa) liberdade de preços; (4) separação entre gestão de infraestrutura e prestação dos serviços; (5) competição entre setores distintos de serviços públicos; (6) compartilhamento de infraestruturas (e. g., redes de cabos de telecomunicações ou de transmissão e distribuição de energia elétrica, dutos de água, gasodutos e oleodutos).

---

[145] NESTER, op. cit., p. 64.

[146] Idem, p. 67-68.

[147] FERRAZ JUNIOR, Tercio Sampaio; MARANHÃO, Juliano Souza de Albuquerque. O princípio de eficiência e a gestão empresarial na prestação de serviços públicos: a exploração econômica das margens de rodovias. *Revista de Direito Público da Economia – RDPE,* Belo Horizonte, ano 5, n. 17, p. 191-209, jan./mar. 207, p. 194.

Visando a conferir segurança jurídica e confiança às empresas transnacionais que investiram na prestação de serviços públicos, adotou-se, no Brasil, o modelo regulatório padrão da maioria dos países capitalistas.[148] Os investidores exigiram um ambiente regulatório altamente confiável, sob pena de serem frustrados os investimentos requeridos para a modernização e a ampliação da prestação dos serviços públicos concedidos.

Entretanto, as exigências impostas pelo mercado jamais poderão ensejar o sacrifício da meta constitucional, que consiste na universalização[149] da prestação adequada e eficiente dos serviços públicos[150], visando ao bem-estar coletivo nacional.[151]

É necessário que a regulação seja ativa e forte para evitar que o interesse egoístico dos prestadores seja causa suficiente para a exclusão dos usuários da fruição dos serviços públicos, o que, nesse caso, seria completamente contrário à noção de generalidade e acessibilidade que devem prevalecer nos serviços de relevância coletiva. É fundamental buscar o equilíbrio entre esses grupos de interesses.

De um lado, o Estado regulador tem que arbitrar os pleitos de sujeitos economicamente fortes, como é o caso de equacionamento de conflitos envolvendo compartilhamento de infraestruturas ou interconexão de redes de suporte a serviços essenciais. Por outro lado, precisa

---

[148] CÂMARA, Jacintho de Arruda. *Telecomunicações e Globalização*. SUNDFELD, Carlos Ari. VIEIRA, Oscar Vilhena. Direito Global. São Paulo: Max Limonad, 1999, p. 184-185.

[149] Para efeito deste trabalho, universalizar um determinado serviço público consiste em "tornar determinada categoria de serviço fruível por todos os segmentos sociais, de forma ampla e sem limitações decorrentes de condicionantes econômicas, geográficas ou culturais. Expressa o reconhecimento de que o acesso a certos serviços, em vista das características hodiernas de nossa sociedade, é imprescindível para que se tenha uma vida digna, e para que o indivíduo possa ter a potencialidade de exercer plenamente sua cidadania econômica e política". FARACO, Alexandre Ditzel; PEREIRA NETO, Caio Mário da Silva; COUTINHO, Diogo Rosenthal. Universalização das Telecomunicações no Brasil: uma Tarefa Inacabada. *Revista de Direito Público da Economia – RDPE n. 2*, Belo Horizonte: Fórum, 2003, p. 10).

[150] Sobre o cenário em que deve incidir a atividade regulatória do Estado brasileiro, registra Floriano de Azevedo Marques Neto: "É, portanto, neste cenário de transformação nos pressupostos do serviço público que se coloca o tema da sua nova regulação. Analisá-lo, pois, não pode ser feito sem considerarmos: i) seu distanciamento da noção de função pública; ii) aproximação crescente da noção de serviço público como espécie do gênero atividade econômica; iii) a de separação entre operador (explorador) e regulador como uma realidade ditada pela redução do intervencionismo estatal direto; iv) a crescente introdução da competição na sua prestação e, finalmente, v) a perspectiva crescente da assimetria regulatória, entendida como a admissão, na exploração de serviços públicos de vários operadores submetidos a graus de incidência regulatória diferençados". MARQUES NETO, Floriano de Azevedo. A Nova Regulação dos Serviços Públicos. *Revista de Direito Administrativo n. 228*, p. 13-29, abr./jun. 2002. Rio de Janeiro: Forense, 2002, p 23.

[151] ARAGÃO, op. cit., p. 54-55.

tutelar os interesses de atores hipossuficientes,[152] mediante a efetivação de políticas públicas voltadas à universalização de serviços e à redução de desigualdades sociais ou regionais.[153]

A respeito desse novo papel do Estado, registra Floriano de Azevedo Marques Neto que "ao Estado contemporâneo são requisitadas funções de equalizador, mediador e árbitro ativo das relações econômicas e sociais".[154]

O ente regulador precisa assegurar: (a) o cumprimento dos pressupostos da outorga; (b) a continuidade e a universalidade da prestação; (c) a preservação dos bens vinculados à atividade; (d) a formulação de políticas públicas, fixando metas a serem alcançadas pelos concessionários; e (e) a manutenção do equilíbrio da relação contratual. Assim, é exigida uma forte regulação para disciplinar satisfatoriamente essa nova forma de prestação dos serviços públicos.

A atividade regulatória estatal precisa ser aberta à participação da sociedade, mediante a fiscalização e o controle tanto dos usuários como dos Tribunais de Contas. Visa a conferir a máxima publicidade e transparência às medidas legais adotadas pelos órgãos de regulação.

Surge a necessidade da implantação de diversos subsistemas jurídicos destinados a regular os vários setores sujeitos a delegação (transporte, energia, telecomunicações), os quais são marcados profundamente pela especialidade.

Há também a imposição da criação de novos órgãos e instrumentos de ação estatal.[155] É a necessidade da instituição de agências reguladoras independentes. O órgão regulador precisa ser dotado de autonomia, independência, especialidade e capacidade técnica para enfrentar os desafios que lhe foram impostos pela nova ordem normativa.[156]

---

[152] Para efeito deste trabalho, considera-se pessoa humana hipossuficiente aquela cuja renda individual seja inferior a um salário mínimo, devendo ser comprovada mediante a apresentação de um dos seguintes documentos: a) Carteira de Trabalho e Previdência Social com anotações atualizadas; b) contracheque de pagamento ou documento expedido pelo empregador; c) carnê de contribuição para o Instituto Nacional do Seguro Social – INSS; d) extrato de pagamento de benefício ou declaração fornecida pelo INSS ou outro regime de previdência social público ou privado; e e) documento ou carteira emitida pelas Secretarias Estaduais ou Municipais de Assistência Social ou congêneres.

[153] MARQUES NETO, op. cit., p 17.

[154] Idem, p. 16.

[155] Sobre o tema das agências reguladoras, consulte: JUSTEN FILHO, Marçal. *O Direito das Agências Reguladoras Independentes*. São Paulo: Dialética, 2002. Também se recomenda: STRINGARI, Amana Kauling. *Agência Reguladora Municipal: estrutura única de regulação dos serviços públicos*. Disponível em: <http: www.gestaopublicaonline.com.br>. Acesso em: 25 abr. 2009.

[156] Para um estudo aprofundado acerca da intervenção do Estado na ordem econômica, consulte: MOREIRA, Egon Bockmann. O Direito Administrativo Contemporâneo e a Intervenção do Estado na Ordem Econômica. *Revista Eletrônica de Direito Administrativo Econômico*, Salvador, Instituto

Para Floriano de Azevedo Marques Neto, a atividade regulatória envolve uma série de atividades altamente complexas, que exigem providências dos órgãos regulatórios, tais como "a calibração entre as taxas de retorno expectadas em uma concessão e obrigações do prestador; a adequada relação entre a política tarifária e os critérios de precificação dos serviços pelos competidores em regime de mercado; os custos de ampliação de infraestruturas com os valores cobrados pelo compartilhamento entre redes; os critérios e mecanismos que assegurem a interconexão entre redes; a introdução de mecanismos aptos a coibir a concentração econômica tanto num mesmo setor (na exploração de uma mesma modalidade de serviço) como entre elos comunicantes da cadeia econômica".[157]

Verifica-se, assim, que o Estado Regulador exige o fortalecimento da atuação pública. A complexidade das novas demandas requer dos órgãos estatais reguladores uma atuação eficiente e transparente.

2.3. A prestação de serviços públicos em regime de competição no Brasil

A titularidade do serviço público é do ente político que a Constituição estabeleceu. Por isso, a forma da sua prestação é decisão política do seu titular. A solução pode ser: a) o desempenho direto, em regime de monopólio público; ou b) a delegação a particulares, que poderão prestá-lo em regime de monopólio ou em competição.

A exclusividade implica a impossibilidade de terceiros competirem com o ente estatal titular do serviço, com o concessionário ou com o permissionário no desempenho da atividade objeto da outorga. A regra do artigo 16 da Lei n. 8.987/1995 será a ausência de exclusividade na outorga da concessão ou permissão. A imposição de exclusividade dependerá, então, de impossibilidade de desempenho do serviço público em regime de competição. Isso se dará por motivos técnicos ou econômicos.

Os motivos técnicos pressupõem a impossibilidade material do desenvolvimento simultâneo de uma mesma atividade por dois sujeitos autônomos e distintos entre si. É o caso quando a infraestrutura necessária para o desenvolvimento da atividade não pode ser operada por mais de um agente, em razão de suas características.

---

de Direito Público da Bahia, n. 1, fev. 2005. Disponível em: <http:www.direitodoestado.com.br>. Acesso em: 15 dez. 2008.

[157] MARQUES NETO, op. cit., p. 25.

Por exemplo, é inviável tecnicamente a concessão de serviço antecedida da execução de obra pública a não ser em regime de exclusividade. Não há como uma mesma rodovia ser objeto de manutenção, conservação, ampliação e exploração por mais de um concessionário. Outro exemplo de inviabilidade técnica é a prestação de serviços de abastecimento de água por mais de um prestador. É impossível tecnicamente o compartilhamento das redes de abastecimento de água.

Os motivos econômicos pressupõem viabilidade técnica de sujeitos diversos desempenhando simultaneamente a mesma atividade. Porém, a concorrência, nesse caso, impossibilita a obtenção de resultados econômicos para manter o desempenho da atividade. Sob o ângulo econômico, a viabilidade da prestação do serviço público somente é atingida caso seja em regime de exclusividade.

Nesse sentido, destaca Alexandre Wagner Nester que o monopólio natural se relaciona com a "existência de uma atividade econômica cujo desenvolvimento eficiente somente é possível se realizado por um único agente, através da utilização de uma infraestrutura de produção de grandes dimensões, cuja duplicação afigura-se economicamente e tecnicamente inviável para os concorrentes".[158]

Algumas medidas podem ser adotadas pelo titular do serviço público visando viabilizar o regime de concorrência na prestação do serviço público, como as que serão vistas a seguir.

2.3.1. Fragmentação do serviço público e dissociação entre atividades monopolizadas e concorrenciais

O serviço público pode ser diferenciado e dissociado nas várias etapas da sua prestação. É possível seccionar em vários núcleos autônomos a atuação orientada ao fornecimento das utilidades. Em cada uma das etapas pode existir tratamento jurídico diferenciado.

Pode-se citar como exemplo o serviço público de fornecimento de energia elétrica, o qual é possível seccionar em geração, transmissão e distribuição. Em cada uma das etapas da prestação do referido serviço, é juridicamente possível fixar tratamento jurídico diferenciado.

2.3.2. A dissociação entre propriedade e exploração da rede

Há estruturas que são indispensáveis à prestação do serviço público. Citam-se como exemplos: ferrovias, redes de telefonia fixa, trans-

---

[158] NESTER, op. cit., p. 38.

missão e distribuição de energia elétrica, adução e distribuição de água, coleta de esgotos, transporte de gás canalizado, rodovias.

Para prestar os serviços públicos, é imprescindível a existência das mencionadas estruturas. A duplicação delas pode ser econômica ou tecnicamente inviável. Por isso, para que seja viabilizada a competição entre os prestadores, é necessário que seja feita a dissociação entre propriedade e exploração da rede.

Desse modo, o proprietário da rede ferroviária, por exemplo, poderá permitir que terceiros, mediante indenização justa, utilizem a rede para a prestação do serviço público de transporte ferroviário. Nesse caso, independente da duplicação da rede, é possível estabelecer um regime de competição entre os prestadores, mediante o mecanismo de dissociação entre propriedade e exploração da rede.

Nesse sentido, destaca Alexandre Wagner Nester que: "[...] essa possibilidade existe não só pelo crescimento desses mercados, mas especialmente em função do avanço tecnológico, que tem propiciado soluções práticas destinadas a viabilizar a competição, inclusive através do aproveitamento de uma mesma infraestrutura ou rede (mesmo que parcialmente) por duas empresas concorrentes, de modo a se reconhecer, para determinados concorrentes, mediante o preenchimento de certos requisitos, o direito de acesso àquelas infraestruturas já estabelecidas".[159]

2.3.3. *O dever de compartilhamento compulsório e o pagamento de um preço justo ao detentor proprietário da infraestrutura*

No Brasil, é compulsório o compartilhamento das vantagens oriundas da infraestrutura. O proprietário não pode reservar o direito de usufruí-la com exclusividade. O compartilhamento obrigatório decorre dos princípios constitucionais da livre iniciativa, da livre concorrência e da função social da propriedade.[160] O compartilhamento é a forma encontrada para viabilizar a instauração da competição entre os prestadores, o que assegura maior vantagem à comunidade e aos usuários do serviço público. O fornecimento de serviço público em geral por meio de organizações em rede implica ampliação de utilidade e de redução de custo, à medida do incremento da rede.

---

[159] NESTER, op. cit., p. 44.

[160] Registra Alexandre Wagner Nester que: "há uma função a ser realizada, que corresponde (...) ao poder de dar ao bem uma determinada destinação que, no caso, coincide com a concessão de acesso a terceiros. E, mais, há uma função social, cujo objetivo reside na instituição de um regime concorrencial, o qual se pressupõe trará vantagens para o corpo social. E cumpre ao Estado, mediante o exercício da sua competência regulatória, impor as medidas necessárias à realização dessa função social da propriedade, que incide sobre a infraestrutura". Idem, p. 14.

Sobre o tema, assevera Alexandre Wagner Nester que: "Dentre as formas de que se vale o Estado para atingir essa finalidade está a aplicação da teoria das *essential facilities*, através da qual se impõe a obrigação de compartilhamento das redes e infraestruturas existentes, cuja duplicação afigura-se inviável, quer sob o prisma econômico, quer sob os aspecto fático e jurídico".[161]

A utilização da infraestrutura não é gratuita, e, sim, remunerada. O preço pago deve ser justo, não pode ser abusivo. A fixação dele deverá atentar para o princípio da proporcionalidade. Nesse sentido, assegura Alexandre Wagner Nester que: "O pagamento de um preço pela utilização da infraestrutura é indissociável do direito de acesso. É inconteste que o sujeito que pretende obter o direito de acesso a uma infraestrutura essencial deve estar disposto a arcar com o custo correspondente. O detentor da infraestrutura deverá ser ressarcido sempre que se sujeitar à obrigação de ceder acesso ao seu concorrente".[162]

Destaca ainda que o "preço deve ser suficiente para cobrir todos os custos (diretos e indiretos) que venham a recair sobre o monopolista, inclusive os investimentos realizados, e deve vir acompanhado de um lucro razoável, que remunere satisfatoriamente o monopolista pela disponibilização da *facility*. De outro, o preço a ser cobrado do terceiro não poderá ser demasiadamente alto a ponto de se tornar proibitivo.

Além do preço, eventuais despesas extraordinárias, decorrentes de alterações, adaptações ou ampliações necessárias para viabilizar a disponibilização da infraestrutura para mais um operador, assim como os custos da transação, também deverão correr por conta do terceiro ingressante".[163]

É necessário que o Estado regulador assegure para o terceiro que acessará a rede condições igualitárias para prestar o serviço público. Assim, em relação ao terceiro, não pode existir qualquer discriminação. Porém, é sua obrigação observar os padrões técnicos da infraestrutura e efetuar o pagamento do preço correspondente. Portanto, o direito de acesso deverá ser exercido de forma adequada e correta.

2.3.4. O dever de interconexão e a atenuação do efeito de rede

O proprietário da rede não pode utilizar padrões técnicos excludentes da competição. Porém, os novos concorrentes que ingressam

---

[161] NESTER, op. cit., p. 14.

[162] Idem, p. 215.

[163] Idem, p. 216.

no mercado por meio do uso de uma infraestrutura já instalada devem atender a todos os padrões técnicos já vigentes.

2.3.5. *Competência para a fixação das condições de compartilhamento*

As condições adequadas e o preço do acesso devem ser acordados pelas partes envolvidas, condicionados a aprovação pela autoridade estatal competente para regular a atividade. Na hipótese de não ser viabilizado um acordo voluntário entre as partes envolvidas, a controvérsia deverá ser resolvida pela autoridade regulatória competente, sempre de forma objetiva e transparente.

A decisão da autoridade competente deve respeitar o devido processo legal. Deve ser conferida às partes a possibilidade de manifestação e produção de provas, para que se alcance o melhor resultado possível para a concorrência.[164] No que tange ao compartilhamento de rede, tanto os atos dos órgãos de controle como os acordos firmados pelas partes envolvidas ficam, caso haja provocação, sujeitos ao controle judicial.[165]

---

[164] NESTER, op. cit., p. 224-225.

[165] Sobre o tema, o Superior Tribunal de Justiça – STJ já decidiu: "ADMINISTRATIVO. PROCESSO CIVIL. SERVIÇO PÚBLICO. TELEFONIA. TARIFAS DE INTERCONEXÃO. TAXA DE INTERCONEXÃO EM CHAMADAS DE FIXO PARA MÓVEL (VU-M). ANTECIPAÇÃO DE TUTELA. VALOR DE USO DE REDE MÓVEL (VU-M). EXISTÊNCIA DE ERRO MATERIAL NA DECISÃO EMBARGADA. CONEXÃO ENTRE RECURSOS ESPECIAIS. EXISTÊNCIA DE FATO NOVO. INTELIGÊNCIA DO ART. 462 DO CPC. PRECEDENTES. [...] 7. A indústria de telecomunicações é, essencialmente, uma indústria estruturada em rede. Assim, cada empresa que atua neste mercado relevante necessita de uma rede para funcionar, ou seja, de uma infraestrutura necessária à prestação de serviços de telecomunicações. Não obstante seja admissível a hipótese teórica de que cada empresa prestadora de serviços de telecomunicações possa possuir a sua própria infraestrutura, esta afirmação não se faz crível no mundo concreto, tendo em vista, notadamente, os altíssimos custos em que incorreriam as empresas prestadoras deste serviço público para a duplicação destas infraestruturas, o que, aliado ao fato de o nosso país possuir dimensões continentais, inviabilizaria o alcance da universalização dos serviços de telecomunicações. 8. Embora seja possível que cada player possua sua própria rede, por questões de racionalidade econômica e de políticas públicas de universalização do mercado de telecomunicações, para que os usuários das redes possam falar entre si é preciso que tenha sido implementada a interconexão entre todas as redes existentes. Assim, para o usuário de uma rede da operadora 'A' poder falar com o usuário de outra rede, por exemplo, a rede da operadora 'B', é necessário que estas duas redes estejam interconectadas. Sem esta interconexão, os usuários de uma rede ficam limitados a se comunicar tão somente com os outros consumidores da sua própria rede. 9. Por ser um ativo comercial e representar a utilização da infraestrutura alheia, no Brasil, é possível a cobrança pelo uso destas redes por parte da terceira concessionária. As taxas de interconexão, desde que não discriminatórias ou nocivas ao ambiente de liberdade de iniciativa concorrencial instaurado entre as concessionárias de telefonia, podem variar de acordo com as características da rede envolvida. De acordo com o informado pelo Conselho Administrativo de Defesa Econômica, na qualidade de amicus curiae no presente feito, duas podem ser estas taxas cobradas, quais sejam: (a) Taxa de interconexão em chamadas de móvel para fixo (TU-RL), que é a tarifa cobrada pelas concessionárias de telefonia fixa para a utilização de sua rede local para origação ou terminação por outras empresas; e, (b) Taxa de interconexão em chamadas de fixo para móvel (VU-M), devido pelas empresas de serviços de telecomunicações quando se conectam às redes de prestadoras móveis. A presente demanda diz

2.3.6. A legislação setorial

No campo das telecomunicações, vigora a Lei n. 9.472/1997, que dispõe sobre a organização desses serviços, bem como a criação e o funcionamento da Agência Nacional de Telecomunicações – ANATEL –, como ente regulador. O artigo 73 admite expressamente a possibilidade de compartilhamento de redes. O dispositivo denota, ainda, a possibilidade de compartilhamento de infraestruturas de setores diversos, como fator a ser considerado na implementação de um ambiente concorrencial. No mesmo sentido, dispõem os artigos 152, 153, 154 e 155

respeito, tão somente, ao VU-M. 10. Por integrarem as estruturas de custos das empresas atuantes no mercado de telecomunicações, é racional admitir, por hipótese, que estes valores influam – ainda que de forma indireta – nos preços praticados por estas empresas junto aos usuários. Além disso, quanto maior a possibilidade de interconexão, melhor será a qualidade dos serviços prestados, bem como o acesso de maior parte da população aos serviços de telecomunicações. 11. Este cenário – da importância das redes de interconexão para o funcionamento saudável do mercado de telecomunicações – é também reconhecido por autoridades internacionais, sendo que a tendência mundial verificada é de reduzir o preço cobrado de uma concessionária a outra, por meio do estímulo à concorrência entre os agentes econômicos. Neste sentido, podemos observar recentes notícias de que as tarifas cobradas no Brasil, a título de interconexão estão entre as mais caras do mundo, sendo que, recentemente, a Comissão Européia publicou uma recomendação orientando as operadoras da região a baixarem as tarifas a patamares entre ¬ 0,03 e ¬ 0,01 até o final de 2012. 12. Não obstante, na contramão desta tendência mundial, da análise dos elementos constantes dos autos que foram levados em consideração pelo Tribunal Regional Federal *a quo*, o que se percebe no Brasil é uma tendência de aumento destes valores cobrados a título de VU-M, com a chancela da própria ANATEL. Esta prática, no entanto, pode ter efeitos maléficos para as condições de concorrência no setor, bem como para o consumidor final. Isso porque, salvo a possibilidade expressamente prevista em lei referente à concessão de descontos, este custo é normalmente repassado para a composição da tarifa final que deve ser paga pelo usuário do sistema de telefonia. Neste sentido, na mesma orientação do parecer exarado pela então Secretaria de Direito Econômico do Ministério da Justiça – atualmente incorporada ao CADE por força da Lei 12.529/2011 – na qualidade de amicus curiae, este é o posicionamento de recente estudo publicado no sítio eletrônico do Programa de Fortalecimento da Capacidade Institucional para Gestão em Regulação (PRO-REG), ação oficial do Poder Executivo que vem sendo implementada por intermédio da Casa Civil. 13. A atuação da ANATEL é de extrema relevância para o bom desenvolvimento deste setor econômico, sendo o órgão estatal dotado de competência expressa para tanto. Essa competência – já é bom frisar desde já – é privativa, mas não exclusiva, razão pela qual seus regulamentos não são imunes à eventual análise, quanto a aspectos de legalidade, por este Poder Judiciário. Neste ponto, é bom que se deixe claro: em nenhuma hipótese, se pretende afastar a regulação que vem sendo promovida pela ANATEL no mercado de interconexão entre telefonia móvel e fixa. Muito pelo contrário, reconhece-se que esta regulação não engloba somente os valores cobrados, os quais estão submetidos à relativa liberdade de iniciativa, mas também aspectos técnicos que têm por vistas melhorar a qualidade do serviço oferecido ao consumidor pelas concessionárias de telefonia. 14. Assim, o fato de haver discussão quanto ao preço não afasta a incidência da regulação da ANATEL, reiterando--se que os valores cobrados pelas empresas podem ser discutidos no Poder Judiciário, justamente porque às concessionárias de telefonia foi conferida a liberdade para fixar estes valores, desde que não firam, com isso, os interesses difusos e coletivos envolvidos. 15. Embargos de declaração opostos pela GLOBAL VILLAGE TELECOM LTDA acolhidos para, em EFEITOS INFRINGENTES, anular a decisão embargada tão somente no que determinou a adoção dos parâmetros estipulados pela ANATEL, restabelecendo, neste ponto, o acórdão prolatado pelo Tribunal Regional Federal da 1ª Região. Prejudicada a análise das alegações dos embargos de declaração opostos pela TIM CELULAR S/A. BRASIL. *Superior Tribunal de Justiça.* Embargos de Declaração no REsp 1171688/DF, Rel. Min. Mauro Campbell Marques, julgado pelo Superior Tribunal de Justiça em 27.11.2012, DJU 4.12.2012. Disponível em: <http://www.stj.jus.br>. Acesso em: 4 abr. 2014.

da referida norma legal federal. Esses dispositivos estabelecem apenas as regras gerais, mas não são suficientes para resolver as dificuldades, o que é feito pelo Regulamento Geral de Interconexão, aprovado pela Resolução n. 410, de 11 de julho de 2005, da ANATEL.

As Leis Federais n. 9.074/1995 e 9.648/1998 estabelecem normas para outorga e prorrogações das concessões e permissões de serviços públicos. Em nível infralegal, vigora o Decreto n. 2.655, de 2 de julho de 1998, da Aneel. Todos dispõem acerca do dever de compartilhamento de infraestruturas.

2.4. O marco regulatório dos serviços públicos

A reforma constitucional desencadeada na década de 1990, com a edição de diversas emendas constitucionais, alterou significativamente esse panorama. Por meio dessa onda reformadora, promoveu-se a flexibilização dos monopólios das telecomunicações (EC n. 9/95 – artigo 21, XI e XII), da distribuição de gás canalizado pelos Estados (EC n. 5/95 – artigo 25, § 2º), do petróleo e gás natural (EC n. 9/95 – artigo 177), bem como o fim da reserva de mercado na navegação de cabotagem (EC n. 7/95 – artigo 178) e o fim da reserva de mercado no setor de mineração (EC n. 6/95 – artigos 170, IX, e 176, § 1º).

Estabeleceu-se, no Brasil, um novo paradigma, de abertura do mercado à livre iniciativa e à livre competição, com o qual não se coadunam as ideias de monopólio e reserva de mercado. Fixou-se a livre iniciativa como propulsora da economia e do novo papel do Estado, como agente planejador, fomentador, fiscalizador e coibidor das anormalidades do mercado.

A União editou as Leis n. 8.987, de 13.2.1995, e n. 9.074, de 7.7.1995. A primeira contém normas de caráter nacional, como as dos Capítulos I e IV; e normas aplicáveis apenas à esfera federal, como as dos Capítulos II e III. Tanto a licitação para concessão de serviço público quanto o respectivo contrato são regidos por essas leis, e também pela Lei n. 8.666/1993 (artigo 124 c/c artigo 14 da Lei n. 8.897/1995). A existência de lei nacional não exclui a existência de lei estadual e municipal disciplinando o serviço público.

2.5. Para um conceito de serviço público

Segundo Marcelo Harger, não há uma definição de serviço público cuja validade seja universal. Cada Estado nacional, respeitando as premissas normativas inseridas em seu ordenamento jurídico e de acordo com a sua experiência histórica, desenvolveu o seu próprio conceito. Para o referido autor, nada impede que algumas noções de serviço público elaboradas no exterior possam ser utilizadas no Brasil, desde que compatíveis com o sistema jurídico nacional.[166]

Para Antônio Carlos Cintra do Amaral, "O conceito de 'serviço público' é um conceito jurídico-positivo. Serviço público é o que o ordenamento jurídico de um dado país diz que é. No Brasil serviço público é o que o Direito Brasileiro define como tal. A Constituição Federal atribui determinadas atividades ao Poder Público. Entre essas atividades estão os 'serviços públicos'. Outras atividades, ditas 'atividades econômicas', são por ela atribuídas à iniciativa privada. São atividades comerciais, industriais, agropecuárias e de prestação de serviços em geral. Um terceiro grupo de atividades, como as relativas à saúde e à educação, é atribuído simultaneamente ao Poder Público e à iniciativa privada. Ex: o serviço de gás canalizado é considerado pela Constituição como serviço público de titularidade dos Estados, que podem explorá-lo diretamente ou mediante concessão (§ 2º do art. 25). Já o fornecimento de gás liquefeito de petróleo (GLP) inclui-se na categoria geral de atividade econômica, simplesmente regulada pelo Poder Público".[167]

A Constituição Federal, no Brasil, é o principal marco para que seja construído o conceito de serviço público. Ela contém uma minuciosa disciplina das atividades estatais, porém, é importante ressaltar que a referida nomenclatura não é utilizada com precisão no texto constitucional. Nos artigos 145, II, e 175, a expressão *serviço público* é mencionada em sentido apenas econômico; no artigo 37, é empregada como sinônimo de Administração Pública; no artigo 198, é destinada a tratar do serviço público de saúde, prestado pelo Estado. Outras vezes, refere-se apenas a serviços (e. g., artigo 21) e a serviços de relevância pública (e. g., artigos 121 e 197). A Constituição Federal não oferece, portanto, um conceito de serviço público, pois o referido termo não é utilizado com rigor técnico apropriado.

Registra Alexandre dos Santos Aragão que: "O que deve guiar o jurista no mister de elaborar um conceito jurídico são dois fatores: a operacionalidade do conceito a ser alcançado, de forma que ele seja realmente capaz de dar maior organização à ciência do Direito, podendo dele se extrair um regime jurídico mínimo comum a diversas mani-

---

[166] HARGER, Marcelo. *Consórcios Públicos na Lei n. 11.107/05*. Belo Horizonte: Fórum, 2007, p. 55.

[167] AMARAL, Antônio Carlos Cintra do. *Concessão de Serviço Público*. 2. ed. São Paulo: Malheiros, 2006, p. 17.

festações jurídicas; e atendimento aos objetivos metodológicos visados pelo seu autor, sendo o instrumento mais eficiente possível para responder aos pontos de indagação científica que ele pretende responder".[168]

O conceito de serviço público precisa ser operacional e instrumental. Para que seja relevante ao ordenamento jurídico, o conceito precisa assumir a sua função de organização e agregação de um fenômeno jurídico.

Os doutrinadores oferecem uma série de conceitos jurídicos. Examinam-se alguns deles. Para Alexandre dos Santos Aragão, serviços públicos são "as atividades de prestação de utilidades econômicas a indivíduos determinados, colocadas pela Constituição ou pela Lei a cargo do Estado, com ou sem reserva de titularidade, e por ele desempenhadas diretamente ou por seus delegatários, gratuita ou remuneradamente, com vistas ao bem-estar da coletividade".[169]

Marcelo Harger conceitua o serviço público como "a atividade de oferecimento de uma utilidade ou comodidade material aos cidadãos em geral, prestada pelo Estado ou por quem lhe faça as vezes, por intermédio de delegação, com o objetivo de atender a interesses individuais ou coletivos referentes à dignidade dos cidadãos ou evitar que os particulares que as desempenhem exerçam um poder excessivo sobre o restante da coletividade, e que, por essa razão, sujeitam-se a um regime jurídico especial, de Direito Público, mais rígido, que derroga as normas de Direito Privado".[170]

Marçal Justen Filho define serviço público como "uma atividade pública administrativa de satisfação concreta de necessidades individuais ou transindividuais, materiais ou imateriais, vinculadas diretamente a um direito fundamental, destinada a pessoas indeterminadas e executada sob regime de Direito Público".[171]

Para Celso Antonio Bandeira de Mello, o serviço público é "toda atividade de oferecimento de utilidade ou comodidade material destinada à satisfação da coletividade em geral, mas fruível singularmente pelos administrados, que o Estado assume como pertinente a seus

---

[168] ARAGÃO, op. cit., p. 126-127.

[169] Idem, p. 157.

[170] HARGER, Marcelo. *Consórcios Públicos na Lei n. 11.107/05*. Belo Horizonte: Fórum, 2007, p. 59.

[171] JUSTEN FILHO, Marçal. *Curso de Direito Administrativo*. 2. ed. rev. e atual. São Paulo: Saraiva, 2006, p. 478.

deveres e presta por si mesmo ou por quem lhe faça as vezes, sob regime de Direito Público".[172]

É comum, nos diversos conceitos jurídicos trazidos pela doutrina nacional a respeito dos serviços públicos, a presença dos seguintes elementos: (a) prestação de utilidade econômica; (b) benefício direto dos indivíduos (ficam excluídos os serviços *uti universi*); (c) criação pela Constituição ou pela Lei; (d) desempenho direto pelo Estado (ou por quem lhe faça as vezes); (e) prestação de forma gratuita ou remunerada; (f) objetivo de bem-estar da coletividade;[173] e (g) sujeição ao regime de direito público.

A doutrina reconhece que a noção de serviço público abarca três aspectos fundamentais: subjetivo, material e formal.

Sob o aspecto subjetivo, trata-se de atuação desenvolvida pelo Estado (ou quem lhe faça as vezes).

No aspecto material ou objetivo, o serviço público consiste numa atividade de satisfação de necessidades de interesse geral, público ou coletivo, que sejam essenciais aos indivíduos. É a prestação consistente no oferecimento, aos administrados em geral, de utilidades ou comodidades materiais (água, luz, gás, telefone, transporte coletivo) que o Estado assume como próprias, por serem reputadas imprescindíveis. A oferta é feita aos administrados em geral.

Já quanto ao critério formal, configura-se o serviço público pela aplicação do regime jurídico de direito público – o regime jurídico-administrativo.[174] Por isso, nele prevalecem princípios fundamentais como a possibilidade de constituição de obrigações por ato unilateral,

---

[172] MELLO, Celso Antonio Bandeira de. *Curso de Direito Administrativo*. 15. ed. São Paulo: Malheiros, 2006, p. 612.

[173] Idem, p. 164-166.

[174] Sobre a temática, escreve Marcelo Harger: "De acordo com o aspecto material, haveria um grupo de atividades que teriam em sua essência algo que as designasse como serviço público. Essa essência é normalmente apontada como o atendimento aos interesses da coletividade, ou ainda, interesses essenciais da coletividade. De acordo com o aspecto subjetivo, privilegia-se a posição do prestador da atividade, que deve ser o próprio Estado ou quem lhe faça as vezes. Finalmente, de acordo com o aspecto formal, verifica-se que o serviço público submete-se a um regime jurídico especial, qual seja, o regime jurídico público. É sob o aspecto material que se deve erigir um conceito de serviço público. Faz-se essa afirmação, porque somente se atribui uma atividade ao Estado e se faz com que essa atividade se submeta a um regime jurídico de Direito Público, porque o conteúdo dessa atividade possui certas características especiais. São essas características que fazem com que a atividade seja atribuída ao Estado e se submeta a um regime jurídico especial. Isso não significa negar importância aos elementos subjetivo e formal. Apenas se afirma que o elemento material prepondera sobre os demais, porque é ele que determina se uma atividade pode ser atribuída ao Estado e prestada sob o regime jurídico de Direito Público. Esse critério, contudo, jamais pode ser considerado isoladamente, porque somente há sentido em construir uma noção de serviço público se, em consequência disso, se puder identificar um regime jurídico específico a ela aplicável". HARGER, op. cit., p. 35-36.

a presunção de legitimidade dos atos praticados, sua autoexecutoriedade. Registra Jacintho Arruda Câmara que "nos serviços públicos haverá a adoção de um regime jurídico peculiar, em comparação com as demais atividades econômicas. A primeira dessas peculiaridades é a de eleger tal atividade como um dever do Estado. Mesmo quando houver prestação por particulares de serviços públicos, juridicamente é o Estado que estará desempenhando tal atividade através de delegatário, ou seja, toda uma série de medidas que seriam impróprias para o regime comum de desenvolvimento de atividades econômicas passa a ser de adoção normal pelo titular do serviço (o próprio Estado)".[175]

O importante para este estudo é que os conceitos de serviços públicos trazidos pela doutrina deixam evidentes elementos essenciais, que compreendem: a) a sua natureza de prestação dirigida à coletividade, mas usufruídos, de modo singular, pelos usuários; b) o dever jurídico do Estado de realizá-los (obrigação de fazer), pois são vinculados diretamente à satisfação da dignidade da pessoa humana; e c) a sujeição total ao regime de direito público, razão pela qual devem ser objeto de constante regulação, fiscalização e controle pelo ente estatal titular do serviço público, a fim de que o referido instituto jurídico cumpra a sua função constitucional, que consiste na satisfação dos direitos fundamentais.

2.5. A crise do serviço público no direito brasileiro

Os serviços públicos, no curso da sua existência, foram submetidos a duas crises. Durante o Estado Social, os pressupostos teóricos daqueles serviços foram ameaçados pelo aumento exagerado da intervenção estatal na economia, ocasionando a sua primeira crise.

Para Alexandre Santos de Aragão, essa crise dos serviços públicos apresentou duas causas evidentes: (1) o aumento da intensidade da intervenção estatal sobre atividades econômicas privadas, funcionalizando-as ao interesse público; e (2) o exercício direto pelo Estado de uma série de atividades econômicas, sem correlação direta com o atendimento de necessidades coletivas.[176]

Já a segunda crise dos serviços públicos se manifestou pelo aumento da atuação da iniciativa privada na economia. O Estado interventor, em função da crise fiscal e financeira a que foi submetido, passou a

---

[175] CÂMARA, Jacintho Arruda. *Tarifa nas Concessões*. São Paulo: Malheiros, 2009, p. 25.
[176] ARAGÃO, op. cit., p. 241.

SERVIÇO PÚBLICO NA CONSTITUIÇÃO FEDERAL

devolver ao mercado uma série de atividades econômicas que estavam sob o seu controle e execução direta.[177]

Para Marcelo Harger, o tema do serviço público está diretamente "relacionado às diferentes concepções acerca das missões a serem desempenhadas pelo Estado. Uma mudança nessas missões influencia o próprio conceito de serviço público".[178] Então, a crise dos serviços públicos depende muito da opção ideológica assumida pelo intérprete.

A questão da crise dos serviços públicos envolve uma disputa eminentemente ideológica entre juristas de perfil liberal e de perfil social.

Os liberais defendem que tais serviços são um mal necessário. Consideram que devem ser empreendidos mecanismos legais e institucionais para liberalizá-los à iniciativa privada, a fim de ser instalada a concorrência entre os prestadores. Sustentam que esse é o caminho natural e suficiente para assegurar benefícios materiais à coletividade de usuários.

Já os de perfil social postulam que os serviços públicos são mecanismos úteis para a concretização dos direitos fundamentais, cabendo ao Estado assegurá-los e dirigi-los a qualquer custo, devendo as questões de ordem econômica ser relegadas para segundo plano. Os serviços públicos são, na visão dos referidos juristas, a salvaguarda da realização da dignidade da pessoa humana.

Assim, é travada, no campo dos serviços públicos, uma disputa entre os juristas que possuem preocupações liberais em relação ao mercado e aqueles que defendem que aquele instituto deve ser destinado a assegurar o bem-estar social da coletividade.

Para Alexandre Santos de Aragão, a Constituição Federal "[...] positivou tanto as preocupações liberais do mercado, como as preocupações intervencionistas do bem-estar social. Cabe, em primeiro plano,

---

[177] ARAGÃO, op. cit., p. 243-244. A respeito da temática da crise dos serviços públicos, escreve Fernanda Schuhli Bourges: "Anteriormente, podia-se afirmar que a crise estava relacionada com o crescimento e diversificação da atuação estatal. Há algum tempo tem-se questionado esta atuação demasiada e o modelo de Estado de Bem-Estar Social, eminentemente prestador, de forma que a crise atual diz respeito à tentativa de alteração do modelo de Estado, mediante a chamada Reforma do Estado ou Administrativa. Assim, aliada às modificações tecnológicas, crises fiscais e outros fatores, presencia-se a busca e a tentativa de reduzir o espaço destinado ao Estado no tocante à prestação de serviços públicos e, por conseguinte, algumas atividades estão sendo devolvidas à iniciativa privada e outras, dentre as quais os serviços públicos, cada vez mais vem sendo prestadas por particulares, sob as mais variadas modalidades. A crise também pode ser atribuída às modificações introduzidas pela Comunidade Europeia, em especial no que se refere ao 'abandono' da noção de serviço público e à 'adoção' da noção de serviços de interesse geral, as quais se refletiram no Brasil". BOURGES, Fernanda Schuhli. Aspectos da Noção de Serviço Público no Contexto Brasileiro. In: COSTALDELLO, Angela Cassia (coord.). *Serviço Público – Direitos Fundamentais, Formas Organizacionais e Cidadania*. Curitiba: Juruá, 2007, p. 72.

[178] HARGER, op. cit., p. 41.

ao Legislador, intérprete primeiro da Constituição e ponderador preferencial dos seus valores, definir quais preocupações devem prevalecer, sem, contudo, ignorar as demais. Nenhum princípio constitucional axiológico é *a priori* superior a outro. Ao revés, devem eles ser calibrados para, em um mandado de otimização, serem conjuntamente aplicados, com o máximo de eficácia possível de cada um".[179]

O autor Gaspar Ariño Ortiz sustenta que é totalmente inútil tentar manter viva a noção de serviço público. Ele prega o fim do referido instituto jurídico "A situação hoje é outra, quase inversa. São os fatos que mandam, mais que a ideologia e a política, e os pressupostos econômicos, sociais, políticos e culturais sobre os quais a instituição do serviço público nasceu e se desenvolveu se modificaram radicalmente".[180]

Já Fernanda Schuhli Bourges defende que o serviço público não foi suprimido com as crises reveladas anteriormente. Sustenta a referida autora que aquele instituto jurídico "acompanhou e se adaptou às modificações ocorridas em razão do crescimento e da diversificação de atuação do Estado".[181]

O instituto do serviço público não desapareceu. As crises pelas quais passou não causaram o seu fim, como prega, por exemplo, o autor Gaspar Ariño Ortiz. Todos os institutos jurídicos precisam adequar-se às novas exigências sociais e econômicas. Eles não são imunes às mudanças ocorridas no mundo do dever-ser. Isso não é diferente com o serviço público. A atualização e a adaptação dele deve ser uma constante.[182] Há que ficar sempre aberto à recepção das modificações impostas pela nova conjuntura econômica e tecnológica.[183] Mas isso não implica a sua inutilidade ou desaparecimento.[184]

---

[179] ARAGÃO, op. cit., p. 16-17.

[180] ORTIZ, Gaspar Ariño. Significado Actual de la Noción des Servicio Público. In: ORTIZ, Gaspar Ariño. GARCÍA-MORATO, Lucía López de Castro (coor.d). *El Nuevo Servicio Público*. Madrid: Marcial Pons, 1997, p. 23.

[181] BOURGES, op. cit., p. 67.

[182] Para Marcelo Harger, "Tais conceitos apresentam uma grande peculiaridade: evoluem com o tempo, não são estáticos. É essa a característica que permite a evolução do ordenamento jurídico". HARGER, op. cit., p. 43.

[183] Para Fernanda Schuhli Bourges, "Pode-se verificar que a crise representa, em verdade, uma possível transformação e adaptação, até mesmo uma certa turbulência, mas não significa a supressão do instituto serviço público; pelo contrário, é possível que propicie a sua evolução. Sem dúvida, o serviço público está diretamente relacionado ao modelo estatal, à expectativa da sociedade em relação ao Estado e às opções políticas". BOURGES, op. cit., p. 73. Apregoando que os serviços públicos não deixarão de existir, escreve Alexandre Santos de Aragão: "os serviços públicos continuam existindo e não há nada que possa nos levar a crer que, em um futuro razoavelmente próximo, desaparecerão, o que não ilide, contudo, que já tenham sofrido e, atualmente mais uma vez, estejam sofrendo notáveis modificações. Nota corretamente a doutrina que 'o serviço público, ainda que viva momentos de expansão e de retração, não vai deixar de existir. Poderá variar a sua titularidade, seu objeto, seu regime jurídico, e até as formas de sua prestação, dando maior

Sobre a temática, registra Jacintho Arruda Câmara que "logo após o surgimento do direito administrativo vem se repetindo, ciclicamente, o que pode ser chamado de um lugar-comum: o de que o conceito de serviço público está em crise.

A partir da utilização desse conceito como critério definidor do próprio direito administrativo, surge, de tempos em tempos, a afirmação quase que peremptória segundo a qual a noção de serviço público estaria passando por uma crise. Por 'crise' se quer identificar uma possível falta de utilidade do conceito, pelo fato de não estar mais atendendo às finalidades para as quais fora criado originalmente, deixando de ser, por consequência, uma referência formal útil para explicar situações típicas do direito administrativo".[185]

Prossegue o referido autor "Atualmente, a nova crise é imputada às mudanças na organização estatal. Isto vem ocorrendo na Europa, em países de cultura jurídica romano-germânica, onde a visão tradicional de serviço público está sendo confrontada por uma acentuada alteração legislativa, que vem sendo implantada para proporcionar uma abertura maior destes setores à iniciativa privada; introduzindo, inclusive, instrumentos até então notabilizados pela sua vinculação às atividades econômicas (como é o caso do regime de competição na prestação desses serviços). [...]

Parece possível afirmar que não só no presente momento, mas nas já superadas crises imputadas ao conceito de serviço público, o problema residia e reside, fundamentalmente, na subsunção de uma nova realidade (econômica, social ou política) às abstratas construções doutrinárias empregadas para explicar o conceito. Nos casos até então vislumbrados, apesar das mudanças, a noção de serviço público acaba por permanecer no sistema jurídico. A mudança no ordenamento jurídico exigiu apenas a adaptação de algumas lições doutrinárias construídas sob a influência de uma fenomenologia distinta".[186]

Conclui Jacintho: "Feitos os ajustes necessários na descrição do instituto, não resta dúvida de que o conceito formal de serviço público prosseguirá sendo utilizado no direito público nacional".[187]

Portanto, o serviço público não deixará de existir no ordenamento jurídico brasileiro. Porém, a sua feição deve ser modelada. É preciso

---

protagonismo aos operadores privados. Todavia, o substrato público do instituto sempre se manterá". ARAGÃO, op. cit., p. 240.

[184] ARAGÃO, op. cit., p. 262.

[185] CÂMARA, op. cit., p. 14.

[186] Idem, p. 15.

[187] Idem, p. 16.

atualizá-lo constantemente, mas sem perder de vista o cumprimento da sua principal finalidade, que é vinculá-lo cada vez mais à concretização dos direitos fundamentais. O serviço somente pode ser qualificado como público quando diretamente voltado à coesão social e geográfica de determinado país e da dignidade dos seus cidadãos.

2.6. A diferenciação entre o serviço público e outros institutos jurídicos

Para o prosseguimento adequado desta investigação, é fundamental efetivar a diferenciação entre o serviço público e outros institutos afins, para dissipar eventuais confusões ou dúvidas de ordem terminológica, de forma bastante objetiva e direta.

2.6.1. Serviço público e obra pública

A obra pública é um produto estático; é uma coisa. É a construção, reparação, edificação ou ampliação de um bem imóvel pertencente ou incorporado ao domínio público. O gozo da obra pública não depende de qualquer prestação, salvo se ela for utilizada para a execução de um serviço público.

Já o serviço público é uma atividade; é algo dinâmico. Envolve uma prestação que é apropriada aos seus usuários, para a satisfação das suas necessidades vitais.[188]

O gozo da obra independe de uma prestação, é captada diretamente; já a fruição do serviço é o gozo da própria prestação.

As duas figuras submetem-se a regimes jurídicos distintos quanto às fontes de custeio. As obras públicas somente podem ser custeadas mediante a instituição da contribuição de melhoria. Já os serviços públicos podem ser mantidos por meio de taxas ou tarifas públicas.[189]

2.6.2. Serviço público e poder de polícia

A característica essencial dos serviços públicos é o desenvolvimento de uma atividade consistente no fornecimento de utilidade ou comodidade material para indivíduos indeterminados, cuja fruição é individual. Em relação aos serviços públicos, a Administração toma ela mesma o encargo.

---

[188] MELLO, op. cit., p. 645.
[189] HARGER, op. cit., p. 37.

Já o poder de polícia consiste basicamente na limitação da liberdade e da propriedade em benefício da coletividade. É o Estado que edita atos de natureza preventiva e repressiva, para manter a ordem social no seu território. São exemplos de exercício de poder de polícia: a execução de sanções, a fiscalização e arrecadação tributárias, os serviços de segurança pública (interna e externa).

O poder de polícia atua na base da prescrição (condiciona e limita o exercício da liberdade e da propriedade dos administrados) e é indelegável, por envolver poder de coerção jurídica, que é de titularidade privativa e exclusiva do Estado.

Nota-se, de plano, a diferença entre serviço público e poder de polícia. Enquanto o primeiro é focalizado na prestação de utilidades ou comodidades aos usuários, o segundo é destinado precipuamente à limitação legítima da esfera jurídica dos entes privados,[190] para assegurar a ordem e a coesão social.

2.6.3. Serviço público e a atividade de fomento

O serviço público é uma obrigação de fazer atribuída ao Estado ou quem lhe faça às vezes, para o oferecimento de comodidades aos usuários. O sujeito ativo envolvido na execução daquele serviço possui o dever de prestá-lo aos usuários (dada a sua obrigatoriedade).

Já o fomento consiste numa obrigação de dar. O Estado, para promover o desenvolvimento econômico e social, incentiva os particulares mediante a adoção de medidas estatais de fomento do setor produtivo. A diferença básica entre os referidos institutos fica no âmbito da natureza das obrigações.

2.6.4. Serviço público e atividades econômicas exploradas pelo Estado

A atividade econômica é um gênero que contém duas espécies: o serviço público e a atividade econômica (em sentido restrito).

---

[190] Para Alexandre Santos de Aragão, "O conceito de serviço público contempla apenas as atividades prestacionais do Estado pelas quais o Poder Público proporciona aos indivíduos a satisfação de alguma das suas necessidades, excluindo as atividades que visam imediatamente ao Estado (ou à coletividade indistintamente considerada), como a segurança nacional e a diplomacia, assim como as atividades que, ao invés de concederem utilidades aos particulares, restringem o seu âmbito de atuação (poder de polícia)". ARAGÃO, op. cit., p. 166-167. A seguir, finaliza o referido autor: "Não estão incluídas, portanto, no conceito de serviço público as funções públicas soberanas, indelegáveis, como a defesa nacional, a diplomacia, a tributação, o poder de polícia administrativa etc.". Idem, p. 168.

A Constituição Federal distingue claramente o serviço público da atividade econômica explorada pelo Estado. O serviço público é atividade econômica reservada, ao Estado ou aos particulares, mediante prévia delegação (artigo 175 da CRFB/1988), cuja principal finalidade é o fornecimento de utilidades vinculadas diretamente à satisfação das necessidades vitais dos usuários (por exemplo, água, saneamento básico, energia elétrica, telefonia e transporte coletivo). O serviço público é uma intervenção estatal no domínio econômico.

Já as atividades econômicas exploradas pelo Estado, em regime de monopólio ou não, ainda que sejam revestidas de interesse público, encontram-se desvinculadas da satisfação de necessidades ou utilidades coletivas (artigos 176 e 177 da CRFB/1988). As razões para o desempenho estatal são de ordem fiscal, estratégica ou econômica (por exemplo, petróleo, loterias, etc.).

A exploração de outras atividades econômicas, além daquelas sujeitas ao monopólio estatal, somente é permitida em regime de concorrência com a iniciativa privada e desde que seja necessária aos imperativos da segurança nacional e ao atendimento de relevante interesse coletivo (artigo 173 da CRFB/1988).

Pelo artigo 177 da CRFB/1988, constituem monopólio da União: (a) a pesquisa e a lavra das jazidas de petróleo e gás natural e outros hidrocarbonetos fluidos; (b) a refinação do petróleo nacional ou estrangeiro; (c) a importação e a exportação dos produtos e derivados básicos resultantes das atividades previstas nos itens anteriores; (d) o transporte marítimo do petróleo bruto de origem nacional ou de derivados básicos de petróleo produzidos no País, bem assim o transporte, por meio de conduto, de petróleo bruto, seus derivados e gás natural de qualquer origem; (e) a pesquisa, a lavra, o enriquecimento, o reprocessamento, a industrialização e o comércio de minérios e minerais nucleares e seus derivados.

A União poderá contratar com empresas estatais ou privadas a realização das atividades previstas nos incisos I a IV do artigo 177, observadas as condições estabelecidas em lei.

A Constituição Federal de 1988 estabelece que a atuação caracterizadora de serviço público subordina-se ao âmbito do Direito Público. Já a atividade econômica propriamente dita se enquadra nos limites do Direito Privado.

2.6.5. Serviços públicos privativos e não privativos do Estado

Os serviços públicos privativos são aqueles cuja prestação é reservada com exclusividade ao Estado, podendo ser prestados de forma direta ou indireta. Nesse caso, a prestação será feita mediante a outorga de concessão ou permissão a entidades privadas (artigo 175 da CRFB/1988). O regime jurídico aplicável aos serviços públicos privativos é o de direito público, e a titularidade do serviço é sempre estatal.

Já os serviços públicos não privativos são atividades econômicas que tanto podem ser desenvolvidas pelo Estado quanto pelo setor privado. Caso sejam prestados pelo Estado, são considerados serviços públicos, sujeitos ao regime jurídico de direito público. Entretanto, se forem executados por particulares, constituem uma modalidade de atividade econômica, cujo regime jurídico aplicável é o de direito privado.

Aos particulares é lícito desempenhá-los, independente de concessão, pois são investidos na autonomia de desenvolverem, sob regime de direito privado (fortemente regulado). Exemplos tradicionais de serviços públicos não privativos são as hipóteses de prestação de serviços de educação (artigo 209 da CRFB/1988), de saúde (artigo 199 da CRFB/1988)[191] e de previdência privada (artigo 202 da CRFB/1988).

Ressalta Alexandre Santos de Aragão que a consequência da qualificação dessas atividades como serviços públicos, quando prestados pelo Estado, é excluí-las da vedação de concorrência desleal do ente estatal com a iniciativa privada (artigo 173, §§ 1º e 2º, CRFB/1988).[192]

2.7. A qualificação de uma atividade como serviço público

A qualificação de uma atividade como serviço público exclui a aplicação do regime próprio de direito privado e acarreta a redução da órbita da livre iniciativa. A instituição de um serviço público depende de reconhecimento jurídico – ato de publicização legislativa – da perti-

---

[191] GRAU, Eros Roberto. Constituição e Serviço Público. In: *Direito Constitucional: estudos em homenagem a Paulo Bonavides*. São Paulo: Malheiros, 2003, p. 252. Sobre a temática escreveu Carlos Ari Sundfeld: "os serviços públicos importam na criação de utilidades e comodidades fruíveis direta e individualmente pelos particulares, em setores reservados exclusivamente ao Estado". Já "os serviços sociais são, à semelhança dos serviços públicos, atividades cuja realização gera utilidades ou comodidades que os particulares fruem direta e individualmente. No entanto, diferenciam-se daqueles por não serem exclusivos do Estado (...). A prestação de tais serviços é dever inafastável do Estado, tendo os indivíduos o direito subjetivo de usufruí-los. O objetivo do Constituinte ao outorgar tais competências ao Poder Público não foi a de reservá-las, mas sim a de obrigar o seu exercício. Os particulares exploram os serviços sociais independentemente de qualquer delegação estatal. Tais serviços se desenvolvem, portanto, em setores não reservados ao Estado, mas livres aos particulares. Daí uma importante consequência: quando prestados pelo Poder Público, submetem-se ao regime de Direito Público; quando prestados pelos particulares, sujeitam-se ao regime de Direito Privado. Tal dualidade se justifica, porquanto os serviços sociais são, ao mesmo tempo, atividade estatal e atividade dos particulares". SUNDFELD, Carlos Ari. *Fundamentos de Direito Público*. São Paulo: Malheiros, 1992, p. 83.

[192] ARAGÃO, op. cit., p. 188.

nência daquela atividade para a satisfação dos direitos fundamentais. Deve existir um ato estatal formal – lei – para qualificar a atividade como serviço público.

Haverá serviço público somente se presentes alguns requisitos específicos e determinados: (a) oferecimento de utilidades a pessoas indeterminadas; e (b) exploração permanente da atividade e outros requisitos fixados em lei ordinária.

Não se pode reputar que todos os possíveis serviços públicos teriam sido referidos exaustivamente na dimensão constitucional. Excluídos dois campos – aquilo que é obrigatoriamente serviço público e aquilo que não pode ser serviço público –, existe a possibilidade de o legislador infraconstitucional determinar outras atividades como tais, respeitados os princípios constitucionais.

Alguns serviços são considerados públicos por determinação constitucional. A Constituição Federal de 1988 expressamente indicou alguns serviços como da alçada do Poder Público Federal: serviço postal, correio aéreo nacional, serviços de telecomunicações, serviços de radiodifusão sonora e de sons e imagens, serviços e instalações de energia elétrica, infraestrutura aeroportuária, transporte ferroviário e aquaviário entre portos brasileiros e fronteiras nacionais, transporte rodoviário interestadual e internacional de passageiros, exploração dos portos marítimos, fluviais e lacustres.

A Constituição determinou que as atividades referidas no artigo 21, X a XII, serão qualificadas como serviço público quanto estiver presente o pressuposto necessário: a satisfação imediata de direitos fundamentais. Por exemplo, suponha-se o caso da energia elétrica. Considerando o atual estágio tecnológico e cultural, é indispensável à dignidade da pessoa humana a ligação de cada residência à rede de energia elétrica, de modo a assegurar o acesso a utilidades fundamentais.

Portanto, a infraestrutura necessária ao atendimento a essa exigência e à prestação dessas utilidades configura serviço público. Mas isso não significa que toda e qualquer atividade relacionada à geração ou à oferta de energia elétrica caracterizará necessariamente serviço público (por exemplo, se o sujeito produz energia elétrica para o próprio consumo, a atividade não configurará serviço público).

A enumeração dos serviços que o texto constitucional considera públicos não é exaustiva. Muitos serviços serão da alçada de Estados, Distrito Federal e Municípios (por exemplo, artigo 30, V, CRFB/1988).

Cabe à lei ordinária determinar a publicização de certa atividade e as hipóteses em que configurará serviço público. Isso não equivale a reconhecer uma autonomia ilimitada para o legislador ordinário.

2.8. A criação e a organização administrativa dos serviços públicos

A fixação da competência para o ente federativo criar o serviço público é feita pela Constituição Federal. Esta admite a existência de serviços públicos federais (por exemplo, emissão de moeda e serviço postal), estaduais (por exemplo, transporte intermunicipal) e municipais (por exemplo, distribuição de água tratada). É permitida também a configuração de serviços públicos privativos de cada um dos entes federados.

Já o ato de criação daqueles serviços é sempre feito por meio de lei editada pelo ente federativo competente.[193] A organização dos serviços é realizada na esfera administrativa, que pode ser efetivada de forma direta (órgão da administração direta) ou indireta (órgão da administração indireta), tudo no cumprimento de um dever legal.

A execução do serviço público pode ser feita das seguintes formas: (1) pela atuação direta da administração pública; (2) por entidades da administração indireta; (3) por intermédio de delegação de serviços públicos a particulares; ou (4) por intermédio da gestação associada de serviços públicos.[194] Nesses termos, ressalta César A. Guimarães Perei-

---

[193] Registra César A. Guimarães Pereira: "A criação e a organização de um serviço público são instrumentos para a realização dos valores constitucionais e refletem escolhas políticas, formuladas pelos órgãos detentores da competência para manifestar a vontade democrática, de acordo com as pautas materiais da Constituição". PEREIRA, op. cit., p. 262.

[194] Sobre o tema da gestão compartilhada dos serviços públicos, decidiu recentemente o Supremo Tribunal Federal – STF: "Ação direta de inconstitucionalidade. Instituição de região metropolitana e competência para saneamento básico. Ação direta de inconstitucionalidade contra Lei Complementar n. 87/1997, Lei n. 2.869/1997 e Decreto n. 24.631/1998, todos do Estado do Rio de Janeiro, que instituem a Região Metropolitana do Rio de Janeiro e a Microrregião dos Lagos e transferem a titularidade do poder concedente para prestação de serviços públicos de interesse metropolitano ao Estado do Rio de Janeiro. 2. Preliminares de inépcia da inicial e prejuízo. Rejeitada a preliminar de inépcia da inicial e acolhido parcialmente o prejuízo em relação aos arts. 1º, *caput* e § 1º; 2º, *caput*; 4º, *caput* e incisos I a VII; 11, *caput* e incisos I a VI; e 12 da LC 87/1997/RJ, porquanto alterados substancialmente. 3. Autonomia municipal e integração metropolitana. A Constituição Federal conferiu ênfase à autonomia municipal ao mencionar os municípios como integrantes do sistema federativo (art. 1º da CF/1988) e ao fixá-la junto com os estados e o Distrito Federal (art. 18 da CF/1988). A essência da autonomia municipal contém primordialmente (i) autoadministração, que implica capacidade decisória quanto aos interesses locais, sem delegação ou aprovação hierárquica; e (ii) autogoverno, que determina a eleição do chefe do Poder Executivo e dos representantes no Legislativo. O interesse comum e a compulsoriedade da integração metropolitana não são incompatíveis com a autonomia municipal. O mencionado interesse comum não é comum apenas aos municípios envolvidos, mas ao Estado e aos municípios do agrupamento urbano. O caráter compulsório da participação deles em regiões metropolitanas, microrregiões e aglomerações urbanas já foi acolhido pelo Pleno do STF (ADI 1841/RJ, Rel. Min. Carlos Velloso, DJ 20.9.2002; ADI 796/ES, Rel. Min. Néri da Silveira, DJ 17.12.1999). O interesse comum inclui funções públicas e serviços que atendam a mais de um município, assim como os que, restritos ao território de um deles, sejam de algum modo dependentes, concorrentes, confluentes ou integrados de funções públicas, bem como serviços supramunicipais. 4. Aglomerações urbanas e

ra: "A disponibilidade efetiva de um serviço para o usuário pressupõe uma decisão normativa, no âmbito de competência da pessoa política, e uma atuação material".[195]

A prestação de serviços públicos deve ser prevista em lei e organizada administrativamente. Na lei, devem ser ponderados todos os interesses em disputa de forma clara e objetiva, sempre atentando para

---

saneamento básico. O art. 23, IX, da Constituição Federal conferiu competência comum à União, aos estados e aos municípios para promover a melhoria das condições de saneamento básico. Nada obstante a competência municipal do poder concedente do serviço público de saneamento básico, o alto custo e o monopólio natural do serviço, além da existência de várias etapas – como captação, tratamento, adução, reserva, distribuição de água e o recolhimento, condução e disposição final de esgoto – que comumente ultrapassam os limites territoriais de um município, indicam a existência de interesse comum do serviço de saneamento básico. A função pública do saneamento básico frequentemente extrapola o interesse local e passa a ter natureza de interesse comum no caso de instituição de regiões metropolitanas, aglomerações urbanas e microrregiões, nos termos do art. 25, § 3º, da Constituição Federal. Para o adequado atendimento do interesse comum, a integração municipal do serviço de saneamento básico pode ocorrer tanto voluntariamente, por meio de gestão associada, empregando convênios de cooperação ou consórcios públicos, consoante o arts. 3º, II, e 24 da Lei Federal 11.445/2007 e o art. 241 da Constituição Federal, como compulsoriamente, nos termos em que prevista na lei complementar estadual que institui as aglomerações urbanas. A instituição de regiões metropolitanas, aglomerações urbanas ou microrregiões pode vincular a participação de municípios limítrofes, com o objetivo de executar e planejar a função pública do saneamento básico, seja para atender adequadamente às exigências de higiene e saúde pública, seja para dar viabilidade econômica e técnica aos municípios menos favorecidos. Repita-se que este caráter compulsório da integração metropolitana não esvazia a autonomia municipal. 5. Inconstitucionalidade da transferência ao estado-membro do poder concedente de funções e serviços públicos de interesse comum. O estabelecimento de região metropolitana não significa simples transferência de competências para o estado. O interesse comum é muito mais que a soma de cada interesse local envolvido, pois a má condução da função de saneamento básico por apenas um município pode colocar em risco todo o esforço do conjunto, além das consequências para a saúde pública de toda a região. O parâmetro para aferição da constitucionalidade reside no respeito à divisão de responsabilidades entre municípios e estado. É necessário evitar que o poder decisório e o poder concedente se concentrem nas mãos de um único ente para preservação do autogoverno e da autoadministração dos municípios. Reconhecimento do poder concedente e da titularidade do serviço ao colegiado formado pelos municípios e pelo estado federado. A participação dos entes nesse colegiado não necessita de ser paritária, desde que apta a prevenir a concentração do poder decisório no âmbito de um único ente. A participação de cada Município e do Estado deve ser estipulada em cada região metropolitana de acordo com suas particularidades, sem que se permita que um ente tenha predomínio absoluto. Ação julgada parcialmente procedente para declarar a inconstitucionalidade da expressão 'a ser submetido à Assembleia Legislativa' constante do art. 5º, I; e do § 2º do art. 4º; do parágrafo único do art. 5º; dos incisos I, II, IV e V do art. 6º; do art. 7º; do art. 10; e do § 2º do art. 11 da Lei Complementar n. 87/1997 do Estado do Rio de Janeiro, bem como dos arts. 11 a 21 da Lei n. 2.869/1997 do Estado do Rio de Janeiro. 6. Modulação de efeitos da declaração de inconstitucionalidade. Em razão da necessidade de continuidade da prestação da função de saneamento básico, há excepcional interesse social para vigência excepcional das leis impugnadas, nos termos do art. 27 da Lei n. 9.868/1998, pelo prazo de 24 meses, a contar da data de conclusão do julgamento, lapso temporal razoável dentro do qual o legislador estadual deverá reapreciar o tema, constituindo modelo de prestação de saneamento básico nas áreas de integração metropolitana, dirigido por órgão colegiado com participação dos municípios pertinentes e do próprio Estado do Rio de Janeiro, sem que haja concentração do poder decisório nas mãos de qualquer ente". BRASIL. *Supremo Tribunal Federal.* ADI n. 1.842/RJ, Rel. Min. Gilmar Mendes, julgado pelo Supremo Tribunal Federal em 6.3.2013, DJU 16.9.2013. Disponível em: <http://www.stf.jus.br>. Acesso em: 7 abr. 2014.

[195] PEREIRA, op. cit., p. 251-252.

a preservação do interesse público da coletividade. Já no âmbito administrativo, é fundamental que sejam estruturados mecanismos para que se busque constantemente a prestação de serviços públicos de forma eficiente e adequada.

É importante saber que nem todos os serviços públicos encontram-se previstos na Constituição Federal.[196] Assim, é possível a criação deles a partir de leis editadas pelos entes federativos, desde que a atividade qualificada como serviço público encontre-se vinculada à satisfação dos direitos e valores fundamentais.

Nesse caso, segundo Marcelo Harger, a Constituição estabelece implicitamente uma série de limites e parâmetros à instituição de novos serviços públicos ou à regulamentação dos já existentes no ordenamento jurídico.[197] Ele aponta os seguintes: (a) a impossibilidade de o legislador ordinário tornar privativos os serviços públicos estabelecidos pela Constituição Federal como não privativos do Estado; (b) a inviabilidade de um ente da federação instituir serviços públicos que sejam da esfera de competência de outra pessoa política; (c) a impossibilidade de serem consideradas serviço público as atividades de limitação à liberdade e à propriedade; e (d) a impossibilidade de o legislador infraconstitucional transformar uma atividade econômica em serviço público.[198]

Também, conforme registra Marcelo Harger, "poderão ser consideradas serviços públicos aquelas atividades cuja prestação por um particular acarrete a este um poder excessivo".[199]

Em função disso, anota Alexandre Santos de Aragão que é comum um ente federativo editar leis que afetam ilegitimamente os serviços públicos, cuja competência para a instituição e prestação é de outra pessoa política.[200] Destaca o referido autor que "De grande importância

---

[196] Registra Marcelo Harger que "A enumeração dos serviços públicos feita pela Constituição Federal, contudo, não é exaustiva. Outros podem ser instituídos pelo legislador ordinário. O elenco constitucional serve para que se possa estabelecer uma diretriz a ser seguida por este ao instituir novos serviços públicos". HARGER, Marcelo. *Consórcios Públicos na Lei n. 11.107/05*. Belo Horizonte: Fórum, 2007, p. 44.

[197] Ressalta Alexandre Santos de Aragão que "O fundamento último da qualificação jurídica de determinada atividade como serviço público é ser pressuposto da coesão social e geográfica de determinado país e da dignidade dos seus cidadãos. Os serviços públicos constituem prestações sem as quais, em determinada cultura, as pessoas se vêem desvirtuadas daquele mínimo que se requer para a viabilização adequada de suas vidas". ARAGÃO, op. cit., 2007, p. 531.

[198] HARGER, op. cit., p. 54-55.

[199] Idem, p. 55.

[200] Sobre o tema, já decidiu o Supremo Tribunal Federal – STF: "Ação direta de inconstitucionalidade. 2. Lei estadual n. 13.921/2007, de Santa Catarina. 3.Serviço público de telecomunicações. 4. Telefonias fixa e móvel. 5. Vedação da cobrança de tarifa de assinatura básica. 6. Penalidades. 7. Invasão da competência legislativa da União. 7. Violação dos artigos 21, XI, 22, IV, e 175, parágrafo

é a análise da Constituição Federal à luz da competência legislativa dos entes da federação para legislar sobre serviços públicos, já que é muito comum a edição de leis com incidência sobre serviços públicos da competência material, ou seja, prestacional, de outros entes".[201]

O Supremo Tribunal Federal já julgou pela total inconstitucionalidade de normas jurídicas que implicavam invasão na esfera jurídica de outro ente federativo, cuja titularidade material lhe foi reservada para instituição dos serviços públicos.

O argumento central encontrado nas decisões do Supremo Tribunal Federal é de que o ente que possui a competência para prestar, direta ou indiretamente, o serviço público é que fica incumbido de sua plena regulamentação, restando vedada às demais pessoas políticas a edição de leis disciplinando o referido serviço, que não é da sua jurisdição administrativa e legal.

Por outro lado, pode um ente federativo editar normas jurídicas que causem reflexos na prestação de serviços públicos da competência de outra pessoa política da Federação. O legislador municipal é competente para estabelecer, por exemplo, que, em determinadas zonas da cidade, os fios de instalação dos serviços públicos em geral deverão ser subterrâneos.[202] Isso corresponderia ao exercício da competência legislativa urbanística, que causaria uma consequência indireta na prestação do serviço público de outro ente.

único, da Constituição Federal. Precedentes. 8. Ação direta de inconstitucionalidade julgada procedente" (BRASIL. Supremo Tribunal Federal. ADI n. 3.847/SC, Rel. Min. Gilmar Mendes, julgado pelo Supremo Tribunal Federal em 1.9.2011, DJU 8.3.2012. Disponível em: <http://www.stf.jus. br>. Acesso em: 7 abr. 2014. No mesmo sentido: "AÇÃO DIRETA DE INCONSTITUCIONALIDADE. ESTADO DE SANTA CATARINA. DISTRIBUIÇÃO DE ÁGUA POTÁVEL. LEI ESTADUAL QUE OBRIGA O SEU FORNECIMENTO POR MEIO DE CAMINHÕES-PIPA, POR EMPRESA CONCESSIONÁRIA DA QUAL O ESTADO DETÉM O CONTROLE ACIONÁRIO. DIPLOMA LEGAL QUE TAMBÉM ESTABELECE ISENÇÃO TARIFÁRIA EM FAVOR DO USUÁRIO DOS SERVIÇOS. INADMISSIBILIDADE. INVASÃO DA ESFERA DE COMPETÊNCIA DOS MUNICÍPIOS, PELO ESTADO-MEMBRO. INTERFERÊNCIA NAS RELAÇÕES ENTRE O PODER CONCEDENTE E A EMPRESA CONCESSIONÁRIA. INVIABILIDADE DA ALTERAÇÃO, POR LEI ESTADUAL, DAS CONDIÇÕES PREVISTAS NO CONTRATO DE CONCESSÃO DE SERVIÇO PÚBLICO LOCAL. AÇÃO JULGADA PROCEDENTE. I – Os Estados-membros não podem interferir na esfera das relações jurídico-contratuais estabelecidas entre o poder concedente local e a empresa concessionária, ainda que esta esteja sob o controle acionário daquele. II – Impossibilidade de alteração, por lei estadual, das condições que se acham formalmente estipuladas em contrato de concessão de distribuição de água. III – Ofensa aos arts. 30, I, e 175, parágrafo único, da Constituição Federal. IV – Ação direta de inconstitucionalidade julgada procedente". BRASIL. *Supremo Tribunal Federal*. ADI n. 2.340/SC, Rel. Min. Ricardo Lewandowski, julgado pelo Supremo Tribunal Federal em 6.3.2013, DJU 9.5.2013. Disponível em: <http://www.stf.jus.br>. Acesso em: 7 abr. 2014.

[201] ARAGÃO, op. cit., p. 314.

[202] O exemplo é colhido em Alexandre Santos de Aragão. Idem, p. 316.

Mas o que é vedado é um ente federativo legislar afetando diretamente a relação contratual fixada pela pessoa política titular da prestação do serviço. Exemplo típico disso é o caso da concessão de isenções para usuários por meio de leis de um ente quando os serviços são instituídos e mantidos por outro,[203] sendo exemplo típico a lei estadual que confere desconto na tarifa do transporte coletivo urbano para os membros do magistério estadual.

2.8. A iniciativa legislativa para a instituição de serviços públicos

A competência para apresentar projetos de lei sobre serviços públicos é privativa do Chefe do Poder Executivo. A iniciativa parlamentar, nesse caso, é vedada, pois deve ser observado o disposto no artigo 61, § 1º, II, "e", da Constituição Federal. A instituição de serviço público impõe a regulamentação das atribuições da Administração Pública. A lei terá que disciplinar a forma de prestação (opção entre a direta ou a indireta).

Ainda que o serviço não esteja sendo prestado por qualquer órgão público e que o projeto de lei disponha que a execução seja delegada à iniciativa privada, a iniciativa não pode ser dos membros do Poder Legislativo. É que a titularidade do serviço é primariamente da Administração Pública. E, nesse caso, conforme registra Alexandre Santos de Aragão, "ao se dispor sobre serviço público, estar-se-á sempre, direta ou indiretamente, atual ou virtualmente, presente ou futuramente, dispondo sobre funções da Administração Pública".[204]

---

[203] "Ação Direta de Inconstitucionalidade contra a expressão 'energia elétrica', contida no caput do art. 1º da Lei n. 11.260/2002 do Estado de São Paulo, que proíbe o corte de energia elétrica, água e gás canalizado por falta de pagamento, sem prévia comunicação ao usuário. Este Supremo Tribunal Federal possui firme entendimento no sentido da impossibilidade de interferência do Estado-membro nas relações jurídico-contratuais entre Poder concedente federal e as empresas concessionárias, especificamente no que tange a alterações das condições estipuladas em contrato de concessão de serviços públicos, sob regime federal, mediante a edição de leis estaduais. Precedentes. Violação aos arts. 21, XII, *b*, 22, IV, e 175, *caput* e parágrafo único, incisos I, II e III da Constituição Federal. Inconstitucionalidade. Ação Direta de Inconstitucionalidade julgada procedente". BRASIL. *Supremo Tribunal Federal*. ADI 3.729, Rel. Min. Gilmar Mendes, julgamento em 19.9.07, DJU de 29.8.03. Disponível em: <www.stf.jus.br>. Acesso em: 15 jan. 2009. No mesmo sentido: "Lei estadual, máxime quando diz respeito à concessão de serviço público federal e municipal, como ocorre no caso, não pode alterar as condições da relação contratual entre o poder concedente e os concessionários sem causar descompasso entre a tarifa e a obrigação de manter serviço adequado em favor dos usuários". BRASIL. *Supremo Tribunal Federal*. ADI 2.299-MC, Rel. Min. Moreira Alves, julgamento em 28.3.01, DJU de 29.8.03. Disponível em: <www.stf.jus.br>. Acesso em: 15 jan. 2009.

[204] ARAGÃO, op. cit., p. 318.

Por isso, a iniciativa do projeto de lei nesta matéria é reservada à Chefia do Poder Executivo do ente federativo titular do serviço público, sob pena de a lei ser declarada inconstitucional em função do vício formal decorrente da usurpação de competência.

2.9. A finalidade dos serviços públicos no direito brasileiro

Os serviços públicos encontram-se vinculados diretamente à satisfação dos fins e objetivos fundamentais do Estado. Assim, a sua finalidade, no Brasil, é atuar na promoção da dignidade da pessoa humana e possibilitar a concretização dos objetivos fundamentais do Estado Democrático de Direito na construção de uma sociedade livre, justa e solidária, de erradicação da pobreza e marginalização e da redução das desigualdades regionais e sociais.

Por isso, todas as medidas administrativas do ente titular do serviço público devem ser voltadas à melhoria de suas condições de prestação. É fundamental a sua constante adaptação e atualização, principalmente tecnológica, para assegurar um serviço público adequado, eficiente, regular e acessível aos seus destinatários.

Implantada determinada qualidade e quantidade na prestação dos referidos serviços, restará vedada a diminuição do nível de sua prestação, conforme registra Alexandre Santos de Aragão "Deve-se, com algumas relativizações, aplicar aos serviços públicos a teoria da vedação do retorno ao *status quo ante* ou da vedação do retrocesso na efetivação de direitos fundamentais, aplicável não apenas ao atendimento do mínimo existencial, mas a toda a extensão do direito fundamental que tiver sido, legislativa ou administrativamente, implementada".[205]

A existência do serviço público deverá, portanto, estar sempre vinculada ao cumprimento da sua finalidade essencial, que é a promoção constante e intensa dos direitos fundamentais, vedada qualquer forma de retrocesso.[206]

---

[205] ARAGÃO, op. cit., p. 542.

[206] Nesse sentido, registra Luís Roberto Barroso que "A vedação do retrocesso é uma derivação da eficácia negativa, particularmente ligada aos princípios que envolvem os direitos fundamentais. Ela pressupõe que esses princípios sejam concretizados através de normas infraconstitucionais (...) e que, com base no direito constitucional em vigor, um dos efeitos gerais pretendidos por tais princípios é a progressiva ampliação dos direitos fundamentais". BARROSO, Luís Roberto; BARCELLOS, Ana Paula de. O Começo da História. A Nova Interpretação Constitucional e o Papel dos Princípios no Direito Brasileiro. In BARROSO, Luis Roberto (org.). *A Nova Interpretação Constitucional*. Rio de Janeiro: Renovar, 2003, p. 370.

2.10. O regime jurídico aplicável aos serviços públicos

O elemento essencial da prestação de um serviço público são os seus usuários. É um dever do Estado a promoção daqueles serviços de forma adequada e eficiente. Isso deve ser assegurado mediante a aplicação de um regime jurídico que viabilize a tutela dos interesses e direitos da coletividade envolvida nesse tipo de relação jurídica.

Nesses termos, esclarece Marcelo Harger que a proteção dos usuários deve ser "[...] não somente em relação a terceiros que queiram obstá-la, mas também do próprio Estado e seus delegatários. Deve-se evitar que estes atuem abusivamente, prejudicando ou sacrificando direitos dos usuários do serviço, seja por intermédio de atos comissivos ou omissivos".[207]

O regime de direito público aplicável aos serviços públicos é marcado pelos seguintes princípios e diretrizes fundamentais: (a) responsabilidade objetiva do Estado ou de quem lhe faça as vezes, prestando o serviço público (artigo 37, § 6°, da CRFB/1988);[208] (b) obediência aos princípios constitucionais da legalidade, da moralidade, da publicidade, da impessoalidade e da eficiência (artigo 37, *caput*, da CRFB/1988); (c) o serviço público deve ser marcado pela regularidade, generalidade,

---

[207] HARGER, op. cit., p. 59-60.

[208] A respeito, já decidiu o Supremo Tribunal Federal: "O § 6° do artigo 37 da Magna Carta autoriza a proposição de que somente as pessoas jurídicas de direito público, ou as pessoas jurídicas de direito privado que prestem serviços públicos, é que poderão responder, objetivamente, pela reparação de danos a terceiros. Isto por ato ou omissão dos respectivos agentes, agindo estes na qualidade de agentes públicos, e não como pessoas comuns. Esse mesmo dispositivo constitucional consagra, ainda, dupla garantia: uma, em favor do particular, possibilitando-lhe ação indenizatória contra a pessoa jurídica de direito público, ou de direito privado que preste serviço público, dado que bem maior, praticamente certa, a possibilidade de pagamento do dano objetivamente sofrido. Outra garantia, no entanto, em prol do servidor estatal, que somente responde administrativa e civilmente perante a pessoa jurídica a cujo quadro funcional se vincular". BRASIL. *Supremo Tribunal Federal*. RE n. 327904, Rel. Min. Carlos Britto, julgado em 15.8.2006, DJU 8.9.2006. Disponível em: <http://www.stf.jus.br>. Acesso em: 22 out. 2008. O Código do Consumidor, instituído pela Lei Federal n. 8.078, de 11 de setembro de 1990, que também se aplica aos serviços públicos, prevê a responsabilidade objetiva do prestador de serviços. São os termos do artigo 14 da citada norma federal: "Art. 14. O fornecedor de serviços responde, independentemente da existência de culpa, pela reparação dos danos causados aos consumidores por defeitos relativos à prestação dos serviços, bem como por informações insuficientes ou inadequadas sobre sua fruição e riscos. § 1° O serviço é defeituoso quando não fornece a segurança que o consumidor dele pode esperar, levando-se em consideração as circunstâncias relevantes, entre as quais: I – o modo de seu fornecimento; II – o resultado e os riscos que razoavelmente dele se esperam; III – a época em que foi fornecido. § 2° O serviço não é considerado defeituoso pela adoção de novas técnicas. § 3° O fornecedor de serviços só não será responsabilizado quando provar: I – que, tendo prestado o serviço, o defeito inexiste; II – a culpa exclusiva do consumidor ou de terceiro". BRASIL. *Congresso Nacional*. Lei Federal n. 8.078/1990. Disponível em: <http://www.presidencia.gov.br>. Acesso em: 13 abr. 2014.

cortesia e modicidade das tarifas; (d) os usuários possuem o direito ao recebimento de informações,[209] de escolher entre os vários prestadores de serviço e de optar entre seis datas opcionais para o vencimento de seus débitos para com o Poder Público; (e) é assegurada a participação dos usuários na gestão dos serviços públicos,[210] especialmente para realizar reclamações relativas à qualidade e à regularidade da sua prestação, ficando garantida a sua avaliação periódica (artigo 37, § 3º, I e II, da CRFB/1988); (f) o poder concedente deverá realizar a plena regulação e fiscalização da prestação do serviço público concedido, a fim de manter a qualidade e a eficiência exigidas;[211] e (g) ausência de direito adquirido

---

[209] A Lei Federal n. 11.445, de 5 de janeiro de 2007, assegura direitos aos usuários do serviço público de saneamento. São os termos dos artigos 26 e 27 da mencionada norma federal: "Art. 26. Deverá ser assegurado publicidade aos relatórios, estudos, decisões e instrumentos equivalentes que se refiram à regulação ou à fiscalização dos serviços, bem como aos direitos e deveres dos usuários e prestadores, a eles podendo ter acesso qualquer do povo, independentemente da existência de interesse direto. § 1º Excluem-se do disposto no caput deste artigo os documentos considerados sigilosos em razão de interesse público relevante, mediante prévia e motivada decisão. § 2º A publicidade a que se refere o caput deste artigo deverá se efetivar, preferencialmente, por meio de sítio mantido na rede mundial de computadores – internet. Art. 27. É assegurado aos usuários de serviços públicos de saneamento básico, na forma das normas legais, regulamentares e contratuais: I – amplo acesso a informações sobre os serviços prestados; II – prévio conhecimento dos seus direitos e deveres e das penalidades a que podem estar sujeitos; III – acesso a manual de prestação do serviço e de atendimento ao usuário, elaborado pelo prestador e aprovado pela respectiva entidade de regulação; IV – acesso a relatório periódico sobre a qualidade da prestação dos serviços". BRASIL. *Congresso Nacional*. Lei Federal n. 11.445/2007. Disponível em: <http://www.presidencia.gov.br>. Acesso em: 20 abr. 2014.

[210] A Lei Federal n. 12.587, de 3 de janeiro de 2012, estabelece os direitos dos usuários do sistema nacional de mobilidade urbana. Assim, estabelece o artigo 14 da referida norma legal federal: "Art. 14. São direitos dos usuários do Sistema Nacional de Mobilidade Urbana, sem prejuízo dos previstos nas Leis n. 8.078, de 11 de setembro de 1990, e 8.987, de 13 de fevereiro de 1995: I – receber o serviço adequado, nos termos do art. 6º da Lei n. 8.987, de 13 de fevereiro de 1995; II – participar do planejamento, da fiscalização e da avaliação da política local de mobilidade urbana; III – ser informado nos pontos de embarque e desembarque de passageiros, de forma gratuita e acessível, sobre itinerários, horários, tarifas dos serviços e modos de interação com outros modais; e IV – ter ambiente seguro e acessível para a utilização do Sistema Nacional de Mobilidade Urbana, conforme as Leis n. 10.048, de 8 de novembro de 2000, e 10.098, de 19 de dezembro de 2000. Parágrafo único. Os usuários dos serviços terão o direito de ser informados, em linguagem acessível e de fácil compreensão, sobre: I – seus direitos e responsabilidades; II – os direitos e obrigações dos operadores dos serviços; e III – os padrões preestabelecidos de qualidade e quantidade dos serviços ofertados, bem como os meios para reclamações e respectivos prazos de resposta". BRASIL. *Congresso Nacional*. Lei Federal n. 12.587/2012. Disponível em: <http://www.presidencia.gov.br>. Acesso em: 20 abr. 2014.

[211] Destaca Egon Bockmann Moreira que "É por meio da regulação e da fiscalização que a Administração Pública preserva a eficiente prestação do serviço. Sob este aspecto é que se pode tratar do dever administrativo de garantir o adequado fornecimento dos serviços públicos concedidos". MOREIRA, Egon Bockmann. *Direito das Concessões de Serviço Público Inteligência da Lei 8.987/1995 (Parte Geral)*. São Paulo: Malheiros, 2010, p. 172. Prossegue Egon Bockmann Moreira que "Os deveres estatutários do concedente impõem a supervisão, prévia e ativa, das prestações atribuídas ao concessionário, bem como a participação cooperativa na evolução do projeto. O poder de fiscalizar é instrumental ao dever de garantir a adequada prestação do serviço – esta é a razão de sua existência". Idem, p. 173.

dos concessionários e dos usuários à manutenção das condições do contrato.[212]

Todos esses comandos normativos visam a assegurar que o serviço público seja voltado ao cumprimento da sua missão constitucional, que é sempre se pautar pela promoção da dignidade da pessoa humana.

2.11. As concessões de serviços públicos no direito brasileiro

Historicamente, na fase de implantação dos serviços públicos, a concessão foi o instrumento jurídico utilizado pelo Estado para transferir aos particulares a possibilidade de implantação daqueles serviços com exclusividade.[213]

Nesse caso, era transferido ao empreendedor o privilégio da exploração exclusiva do serviço, visando, assim, a assegurar a recuperação do capital investido no empreendimento. A concessão de serviços públicos foi caracterizada, portanto, pela monopolização da prestação por empresas particulares. Posteriormente, na maior fase de desenvolvimento dos serviços públicos, o monopólio da prestação foi transferido para as empresas estatais.

A partir da Lei Federal n. 8.985/1995, a concessão de serviços públicos assumiu novo conceito, passando a privilegiar a exploração concorrencial desses serviços por empresas privadas. Assim, introduziu-se a competição entre prestadores privados, ficando a exclusividade reservada à impossibilidade material ou econômica de desempenho do serviço público em regime de competição. A justificativa econômica é

---

[212] Destaca Egon Bockmann Moreira que "Tal regime jurídico especial traz consigo a mutabilidade como dever estatal, a fim de assegurar a contínua prestação do melhor serviço possível. O que também significa ausência de direito adquirido dos prestadores e dos usuários à manutenção das condições anteriores ou originais. Esta é premissa indissociável da ideia de serviço público. Afinal, se as necessidades sociais experimentam evolução, é de se ter como consequência inexorável o permanente progresso do serviço dirigido para supri-las". Idem, p. 244.

[213] Para Marçal Justen Filho, "A delegação de serviço público à iniciativa privada consiste numa alternativa de intervenção do Estado na ordem econômica. Ou seja: a concessão de serviço público é um instrumento de que se vale o Estado para conformar o modelo econômico existente, interferindo sobre as atividades econômicas para implementar certas políticas e promover determinados valores. Assim o é porque a delegação de serviço público produz uma alteração nos processos econômicos de distribuição de riqueza pública e privada. A ausência de concessão (especialmente quando os serviços públicos são prestados diretamente sem exigência de pagamento de taxa ou tarifa) reflete o custeio da atividade por toda a sociedade. Quando se promove a delegação, condicionando-se a fruição do serviço à remuneração pelo usuário, altera-se radicalmente a situação sob o prisma econômico. A partir de então, os encargos necessários à existência e manutenção dos serviços são arcados pelos seus usuários, de modo proporcional à intensidade da utilização". JUSTEN FILHO, Marçal. Concessões de Rodovias – A Experiência Brasileira. In: SUNDFELD, Carlos Ari (coord.). *Parcerias Público-Privadas*. São Paulo: Malheiros, 2005, p. 236-237.

de que a concorrência estimula a eficiência, possibilitando a prestação de serviços públicos com qualidade e tarifas acessíveis.[214]

O monopólio da infraestrutura necessária para a prestação dos serviços públicos não afasta a possibilidade de competição. É que o titular dos referidos bens deve permitir o acesso (mediante remuneração apropriada) dos demais competidores à própria rede, para viabilizar a disputa entre os prestadores dos serviços públicos concedidos.

Para Dinorá Adelaide Musetti Grotti, prevalece a ideia de que "[...] o concessionário tem que competir com outros prestadores que são incentivados pelo Estado, com direito sobre a própria rede daquele que absorveu a estrutura da empresa estatal, para desenvolverem atividade competitiva. O sentido e importância dessa norma traduz uma nova concepção da função social da propriedade, que é a de servir como instrumento de competição, com a dissociação entre propriedade e exploração da rede".[215]

Nessa nova perspectiva, a disputa entre os concessionários é altamente competitiva. Para se manter no mercado, o prestador de serviços terá que ser eficiente, sob pena de ser excluído da competição.

Os serviços públicos concedidos à iniciativa privada não perdem a sua natureza pública. Ela é incumbida apenas da prestação de serviço adequado e eficiente aos usuários,[216] ficando o serviço público sob a titularidade estatal exclusiva (artigo 175 da CRFB/1988).

---

[214] Registra Rodrigo Valgas dos Santos que o instituto da concessão de serviços públicos deve ser compreendido sob as luzes do novo texto constitucional, o qual "[...] procura conciliar os interesses da Administração, dos usuários e das concessionárias numa estrutura cooperatória com vistas a melhor prestação do serviço. O desempenho de serviço público mediante concessão caminha nas tendências mais atuais de prestação de serviço público, que conjuga a iniciativa privada e o Poder Público no atendimento das necessidades de interesses coletivos. A prestação do serviço mediante concessão não coloca necessariamente o setor privado numa relação de conflito com o Poder Público. Deve prevalecer uma relação de simbiose entre poder concedente e concessionário, jamais uma relação parasitária, seja do primeiro para o segundo, ou vice-versa. É da boa convivência entre os dois pólos que se alcançará o melhor serviço para os usuários, detentores do interesse coletivo primário". SANTOS, Rodrigo Valgas dos. Concessão de serviço público: a prorrogação do prazo de exploração para recomposição do equilíbrio econômico-financeiro do contrato. *Revista de Interesse Público n. 38,* jul/agosto 2006, p. 85-111. Porto Alegre: Notadez, 2006, p. 94-95.

[215] GROTTI, Dinorá Adelaide Musetti Grotti. Redefinição do papel do Estado na prestação de serviços públicos: realização e regulação diante do princípio da eficiência e da universalidade. *Revista de Interesse Público n. 40,* nov./dez. 2006, p. 37-69. Porto Alegre: Notadez, 2006, p. 85.

[216] Sobre o tema relativo à finalidade da concessão, destaca Egon Bockmann Moreira que "Para o Direito Brasileiro a 'obrigação de manter serviço adequado' tem fonte primária no texto constitucional (art. 175, parágrafo único, I). (...) O pressuposto, aqui, é a finalidade a ser atingida, é o objetivo primário da concessão: esta deve existir se e somente se puder resultar na prestação de serviço adequado ao universo de usuários. Os esforços devem ser desenvolvidos no sentido de atingir este escopo, que transcende a esfera subjetiva individual tanto da Administração como dos empresários e das pessoas que receberão a prestação (concedente, concessionário e usuários)". MOREIRA, op. cit., p. 245. E prossegue: "serviço adequado é aquele prestado com qualidade (hu-

As concessões de serviços públicos (artigo 175 da CRFB/1988) podem ser divididas em três possíveis espécies: comum, patrocinada, e administrativa. Nesse sentido, destaca Fernando Vernalha Guimarães "[...] a partir do advento da Lei n. 11.079/2004, ao introduzirem-se as figuras da concessão patrocinada e da concessão administrativa, adotando para sua disciplina o modelo-base das concessões de serviços públicos, delimitou-se uma classe-gênero das concessões, a qual passou a abrigar três espécies: a (1) concessão (comum) de serviços públicos; a (2) concessão patrocinada; e a (3) concessão administrativa".[217]

A diferença entre as referidas espécies é quanto à forma de remuneração, conforme será visto a seguir.

2.11.1. A concessão comum

Para Carlos Ari Sundfeld, a concessão comum é aquela em que o poder concedente não realiza o pagamento de "contraprestação em pecúnia ao concessionário. A remuneração deste poderá incluir a cobrança de tarifas como outras receitas alternativas (Lei das Concessões, art. 11)".[218] Ressalta o referido autor que as concessões comuns[219] não estão incluídas nos contratos de Parceria Público-Privada instituídas pela Lei Federal n. 11.079/2004.

Para Egon Bockmann Moreira, "A concessão comum de serviço público é relação jurídica administrativa típica, unitária e complexa, por meio da qual o Poder Público transfere a execução de determinado serviço público ao particular selecionado em prévia licitação, que assumirá, por prazo certo e por sua conta e risco, a gestão de projeto concessionário autossustentável".[220]

---

mana e técnica), a preço acessível a todos os usuários, em cumprimento aos deveres e obrigações legais, regulamentares e contratuais". Idem, p. 250. Finalizando: "[...] tanto mais adequado será o serviço quanto mais universal for sua prestação. Não se pode compactuar com um conceito restritivo de serviço adequado, a privilegiar pequeno número de usuários. A ampliação do universo prestacional (subjetivo e geográfico) é um dos princípios basilares do setor de concessões de serviços públicos, tal como positivado na Lei 8.987/1995". Idem, p. 262.

[217] GUIMARÃES, op. cit., p. 50.

[218] SUNDFELD, op.cit., p. 27.

[219] Alexandre Santos de Aragão conceitua a concessão comum nos seguintes termos: "É a delegação contratual e remunerada da execução de serviço público a particular para que por sua conta e risco o explore de acordo com as disposições contratuais e regulamentares por determinado prazo, findo o qual os bens afetados à prestação do serviço, devidamente amortizados, voltam ou passam a integrar o patrimônio público". ARAGÃO, op. cit., p. 111.

[220] MOREIRA, op. cit., p. 89.

Destaca o mesmo autor que: "É relação administrativa complexa porque derivada da justaposição de três elementos de natureza díspar entre si: um ato administrativo de outorga, um regime estatutário exclusivo e um contrato administrativo especial. É a fusão destes três elementos que resulta a constituição da concessão de serviço público (cada um deles será fonte normativa para os atos das partes)".[221]

No direito positivo brasileiro, há definição legal de concessão comum. No inciso II do artigo 2º da Lei Federal n. 8.987/1995, é definida a concessão de serviço público como a "delegação de sua prestação, feita pelo poder concedente, mediante licitação, na modalidade de concorrência, à pessoa jurídica ou consórcio de empresas que demonstre capacidade para seu desempenho, por sua conta e risco e por prazo determinado".[222]

Já no inciso III do mesmo artigo, a concessão de serviço público precedida da execução de obra pública é definida como a "construção, total ou parcial, conservação, reforma, ampliação ou melhoramento de quaisquer obras de interesse público, delegada pelo poder concedente, mediante licitação, na modalidade de concorrência, à pessoa jurídica ou consórcio de empresas que demonstre capacidade para a sua realização, por sua conta e risco, de forma que o investimento da concessionária seja remunerado e amortizado mediante a exploração do serviço ou da obra por prazo determinado".[223]

A delegação de serviços públicos pela sistemática da concessão comum deve obedecer à lógica da rentabilidade e da sustentabilidade econômica da exploração do serviço. Somente aqueles serviços cuja exploração seja suficiente para remunerá-los integralmente é que são suscetíveis à delegação por concessão comum.[224]

Nesses termos, registra Pedro de Menezes Niebuhr que a referida concessão exime as "estruturas públicas do encargo financeiro e técnico que essas atividades importam. Com o socorro à prestação privada, busca-se ganho de eficiência e desoneração estatal, mediante a economia de recursos públicos".[225] Portanto, a regra na concessão comum é o

---

[221] MOREIRA, op. cit., p. 93.

[222] BRASIL. *Congresso Nacional*. Lei Federal n. 8.987/1995. Disponível em: <http://www.presidencia.gov.br>. Acesso em: 20 jan. 2009.

[223] Idem.

[224] Registra Celso Antonio Bandeira de Mello que, "Para o concessionário, a prestação do serviço é um meio através do qual obtém o fim que almeja: o lucro. Reversamente, para o Estado, o lucro que propicia ao concessionário é meio por cuja via busca sua finalidade, que é a boa prestação do serviço. Nada há de estranho nesta afirmação". MELLO, op. cit., p. 545.

[225] NIEBUHR, Pedro de Menezes. *Parcerias Público-Privadas – Perspectiva constitucional brasileira*. Belo Horizonte: Fórum, 2008, p. 190. No mesmo sentido, registra José Anacleto Abduch Santos:

concessionário ser remunerado exclusivamente pelas tarifas pagas pelos usuários e/ou outras receitas alternativas (artigo 11 da Lei Federal n. 8.985/1995).

Pela sistemática da concessão, o ente estatal transfere a prestação do serviço público para um agente privado, o qual explorará a atividade mediante o pagamento de tarifas pelos usuários em razão da fruição do serviço. A tarifa exigida dos usuários pela fruição dos serviços terá que ser suficiente para manutenção do serviço e obtenção do lucro do concessionário.

Assim, o custeio dos serviços é transferido para os usuários,[226] que terão que arcar com as despesas necessárias para implantação e manutenção dos serviços. Desse modo, o Estado fica exonerado da obrigação de fornecer diretamente o serviço concedido, aproveitando, nesse caso, a eficiência empresarial para alcançar melhores resultados (serviços públicos com qualidade mediante tarifas módicas).[227]

Acertadamente, defende Egon Bockmann Moreira que, nas concessões comuns, é vedado qualquer espécie de subsídio estatal "As

---

"A prestação de serviços públicos mediante contrato de concessão tem sua gênese íntima e indissociavelmente ligada à noção de desoneração do Poder Público, que, embora permaneça como titular do serviço durante o prazo da concessão, desobriga-se de prestá-lo diretamente, por seus próprios meios, e de, em regra, prover o seu custeio, que passa a ser decorrência da própria estrutura financeira do instituto: a remuneração do serviço pelo usuário constitui, portanto, o núcleo e a essência vital de todo o sistema de concessão de serviço público, especialmente quando, como já dito, a concessão se apresenta como a única maneira de prestar o serviço de forma eficaz e eficiente". SANTOS, José Anacleto Abduch. *Contratos de Concessão de Serviços Públicos – Equilíbrio Econômico-Financeiro.* Curitiba: Juruá, 2007, p. 155.

[226] A remuneração do concessionário, pelos usuários, somente poderá ocorrer após a efetiva disponibilidade do serviço (mínimo de estrutura que assegure a fruição dos serviços), conforme destaca Egon Bockmann Moreira: "Na justa medida em que a concessão comum existe em vista de projetos autossustentáveis, os quais abdicam de verba pública e pressupõem o aporte de recursos privados, é inadmissível que o financiamento inicial – o primeiro de todos – seja realizado pelos futuros usuários. Isto é, não se pode exigir a cobrança de tarifa sem prestação do serviço público (ou a respectiva obra). Se assim fosse, haveria a desnaturação da tarifa cobrada – que deixaria de ser contraprestação ao serviço e assumiria configuração próxima dos tributos indiretos. Aliás, o STF já decidiu que: 'A circunstância de a exploração do serviço de instalação de rede coletora de esgoto haver sido concedida a entidade de direito privado, conquanto organizada como sociedade de economia mista, não acarreta para o usuário o dever de financiar o custo da implantação, cumprindo-lhe tão somente o pagamento da taxa ou tarifa correspondente ao serviço posto à sua disposição'". MOREIRA, op. cit., p. 353-354.

[227] Para Marçal Justen Filho, a Constituição Federal editou uma nova concessão de serviço público: "Existe conjugação de antigos conceitos com princípios jurídicos que dão identidade à Constituição Federal, conduzindo à alteração de concepções incompatíveis com uma ordem democrática. A nova concessão se diferencia pela noção de comunhão entre Estado, concessionário, cidadão e usuário (efetivo ou em potencial). Não se admite a simples invocação de um interesse público abstrato como fundamento para sacrifício de direitos e interesses privados. Os concessionários têm de aprimorar a qualidade de seus serviços e a eficiência de sua gestão. Os usuários devem ter a consciência de que o êxito da concessão refletir-se-á na manutenção de serviços adequados e tarifas módicas". JUSTEN FILHO, op. cit., p. 139.

concessões regidas exclusivamente pela Lei Geral não podem albergar transferência de verba pública para o concessionário, nem mesmo a título de subsídio. Em termos gerais, subsídios são auxílios em dinheiro efetivados pelo Poder Público para manter o preço pago pelo consumidor num nível abaixo do real. Esta espécie de favores dá-se de modo ativo, a implicar desembolso e transferência de verba pública que ingressa como receita para o concessionário, com a finalidade de o custo da prestação não ser arcado integralmente pelos usuários (mas em parte pelos contribuintes). Ocorre em projetos que não são autossustentáveis. Isso importa dizer que nas concessões comuns não são mais permitidos os ingressos que tomem a forma concreta de contraprestação pecuniária pública".[228]

No final da concessão, os bens afetados ao serviço revertem ao poder concedente. A reversão envolve tanto os bens cuja posse é transferida ao concessionário no momento da concessão quanto os que são incorporados durante a execução do contrato.

2.11.1.1. Características essenciais das concessões comuns

As concessões comuns apresentam características essenciais, que podem ser assim relacionadas:

a) A obrigatoriedade da licitação

A concessão de serviço público pressupõe prévia e indispensável licitação,[229] conforme disposto no artigo 175 da Constituição Federal.[230]

---

[228] MOREIRA, op. cit., p. 329.

[229] Há hipóteses em que é possível dispensar ou inexigir a licitação pública para concessão de serviço público, conforme anota Antônio Carlos Cintra do Amaral: "o termo 'sempre', contido no dispositivo constitucional, não significa que não se possa dispensar ou declarar inexigível a licitação em casos concretos. Há situações em que não cabe licitar. Cito duas delas, a título de exemplo: a) se à licitação para outorga de uma dada concessão não acodem interessados, a Administração pode dispensá-la, nos termos do art. 24, V, da Lei 8.666/93; b) se a adequada prestação do serviço exige a opção por uma nova metodologia, cujo domínio seja de uma única empresa, podendo inclusive ter sido por ela patenteado, caracteriza-se a inviabilidade de competição, que, nos termos do art. 25, *caput*, da mesma lei, justifica a inexigibilidade de licitação". AMARAL, op. cit., 2006, p. 27.

[230] O Supremo Tribunal Federal, na condição de intérprete da Constituição, é firme no sentido da exigibilidade de licitação pública para concessão de serviços públicos. São os termos das decisões: "MANDADO DE SEGURANÇA. LINHAS DE SERVIÇO DE TRANSPORTE RODOVIÁRIO INTERESTADUAL E INTERNACIONAL DE PASSAGEIROS. DECRETO PRESIDENCIAL DE 16 DE JULHO DE 2008. PRIVATIZAÇÃO. DESESTATIZAÇÃO. ARTIGO 2º, PARÁGRAFO 1º, ALÍNEA B, DA LEI 9.491/97. TRANFERÊNCIA PARA A INICATIVA PRIVADA DA EXECUÇÃO DE SERVIÇOS PÚBLICOS DE RESPONSABILIDADE DA UNIÃO. ART. 21, INCISO XII, ALÍNEA E, DA CONSTITUIÇÃO FEDERAL. POSSIBILIDADE DE DESESTATIZAÇÃO DE SERVIÇOS PÚBLICOS DE RESPONSABILIDADE DA UNIÃO JÁ EXPLORADOS POR PARTICULARES. DENEGAÇÃO DA ORDEM. 1. A titularidade dos serviços de transporte rodoviário interestadual

Portanto, o dispositivo constitucional fixa a obrigatoriedade da licitação pública. Tal preceito constitucional possui eficácia plena, imediata e automática, vinculando todos os entes da federação.

b) A manutenção do serviço como público

A concessão de serviço público não enseja a transformação do seu regime jurídico. A titularidade continua estatal. O Estado não renuncia ao direito de prestar diretamente os serviços concedidos e também não transfere o direito de disciplinar a prestação dos serviços públicos concedidos. Pode intervir nas atividades de prestação, bem como alterar o regulamento de prestação dos serviços, e retomá-los, desde que o interesse público assim exija, o que pode ser feito a qualquer tempo e independente do prazo da concessão.

c) Temporariedade da delegação

A concessão de serviço público pressupõe contratos com prazo certo. Para Marçal Justen Filho: "A existência de prazo desempenha duas funções fundamentais: delimitação do período pelo qual o particular desenvolverá o serviço (atingindo o termo avençado, o serviço retornará ao poder concedente); e reside na garantia de que a extinção antecipada, sem culpa do concessionário, acarretará ampla indenização a ele".[231]

d) A natureza trilateral da relação jurídica de concessão

Na concessão de serviço público, há atuação interligada do Estado e da Sociedade Civil.[232] O poder concedente, o concessionário e as

---

e internacional de passageiros, nos termos do art. 21, XII, e, da Constituição Federal, é da União. 2. É possível a desestatização de serviços públicos já explorados por particulares, de responsabilidade da União, conforme disposto no art. 2°, § 1°, *b*, parte final, da Lei 9.491/97. 3. Inexistência de concessão ou de permissão para a utilização de algumas linhas, além da iminente expiração do prazo de concessão ou permissão de outras linhas. 4. Existência de decisões judiciais proferidas em ações civis públicas propostas pelo Ministério Público Federal que determinam a imediata realização de certames das linhas em operação. 5. Possibilidade de adoção da modalidade leilão no caso em apreço, nos termos do art. 4°, § 3°, da Lei 9.491/97. 6. Necessidade de observância do devido processo licitatório, independentemente da modalidade a ser adotada (leilão ou concorrência). 7. Ordem denegada". BRASIL. *Supremo Tribunal Federal*. MS n. 27516/DF, Rel. Min. Ellen Gracie, julgado em 22.10.2008, DJU 5.12.2008. Disponível em: <http://www.stf.jus.br>. Acesso em: 22 out. 2008. No mesmo sentido: "CONCESSÃO – TRANSPORTE INTERMUNICIPAL – PRORROGAÇÃO – IMPOSSIBILIDADE – LICITAÇÃO. O artigo 175 da Carta de República, ao preconizar o procedimento licitatório como requisito à concessão de serviços públicos, possui normatividade suficiente para invalidar a prorrogação de contratos dessa natureza, formalizados antes de 5 de outubro de 1988". BRASIL. *Supremo Tribunal Federal*. AGR n. 603530/MT, Rel. Marco Aurélio, julgado em 24.9.2013, DJU 14.10.2013. Disponível em: <http://www.stf.jus.br>. Acesso em: 9 abr. 2014.

[231] JUSTEN FILHO, op. cit., p. 56.

[232] Destaca Egon Bockmann Moreira que, "Na justa medida em que existe o dever público de fiscalizar e garantir o serviço, ao Estado é cometido seu atendimento. Há específico múnus, no sentido de a Administração adotar determinada conduta comissiva com vistas ao cumprimento do estatuto daquela concessão ou permissão. Este encargo envolve também a edição do regulamento

instituições representativas da comunidade de usuários[233] formam uma relação jurídica trilateral. Porém, a validade dos atos estatais não depende da ratificação das associações de usuários.[234]

2.11.1.2. Objeto da concessão de serviço público

Toda concessão de serviço público pressupõe a existência de um objeto, conforme destaca Egon Bockmann Moreira: "O objeto da concessão de serviço público é a execução da atividade substancial definida pelo ato de outorga: materialização da obra, a gestão do serviço concedido e sua prestação aos usuários (*dare*, *facere*, *prestare*). É a prestação decorrente do negócio jurídico. Variará de acordo com o contrato: se concessão de obras (a execução da obra pública), de serviços (a prestação do serviço público) ou de serviços precedidos de obras (o objeto é misto: obras e serviços públicos)".[235]

A concessão de serviço público pode ter como objeto:

a) O serviço público (exclusivamente): o particular assume o dever de promover a prestação, para os usuários, de utilidades materiais que conferem identidade ao serviço público objeto da concessão.

---

que discipline a supervisão da concessão e a composição da comissão de representantes do concedente, concessionária e usuários (Lei n. 8.987/1995, art. 30, parágrafo único). Exige-se conduta proativa". MOREIRA, op. cit., p. 174.

[233] O artigo 47 da Lei Federal n. 11.445, de 5 de janeiro de 2007, estabelece a possibilidade, no âmbito dos serviços públicos de saneamento, de participação efetiva dos usuários, inclusive nos órgãos colegiados. É o que fixa o referido dispositivo legal: "Art. 47. O controle social dos serviços públicos de saneamento básico poderá incluir a participação de órgãos colegiados de caráter consultivo, estaduais, do Distrito Federal e municipais, assegurada a representação: I – dos titulares dos serviços; II – de órgãos governamentais relacionados ao setor de saneamento básico; III – dos prestadores de serviços públicos de saneamento básico; IV – dos usuários de serviços de saneamento básico; V – de entidades técnicas, organizações da sociedade civil e de defesa do consumidor relacionadas ao setor de saneamento básico". BRASIL. *Congresso Nacional*. Lei Federal n. 11.445/2007. Disponível em: <http://www.presidencia.gov.br>. Acesso em: 20 abr. 2014.

[234] Sobre o tema, destaca Egon Bockmann Moreira que: "O conteúdo do contrato de concessão é o feixe de direitos e deveres (recíprocos e em favor de terceiros) constituídos pela específica relação jurídica posta entre o concedente e o concessionário, tal como estampada no regime estatutário e cláusulas uniformes". MOREIRA, op. cit., p. 98. Depois, continua o referido autor: "O contrato de concessão é bilateral quanto à sua formação e no que diz respeito aos sujeitos dele integrantes (não obstante cada um dos polos contratuais possa ser ocupado por mais de uma pessoa jurídica) e plurilateral quanto aos seus efeitos, numa exceção à tradicional máxima da relatividade da força vinculante quanto às pessoas contratantes (*res inter alios acta, allis nec prodest nec nocet*). Os efeitos bilaterais entre os contratantes nascem quando da celebração do contrato entre as pessoas 'concedente' e 'concessionário'; já os efeitos plurilaterais para com as pessoas 'usuários' e 'terceiros' nascem quando da execução do contrato, nos termos do estatuto da concessão (lei e regulamento)". Idem, p. 98. Prossegue: "O contrato (bilateral) e o ato de outorga (unilateral) são reciprocamente complementares e dão origem a sem-número de potenciais relações jurídicas, que se consolidarão no exercício do projeto concessionário". Idem, p. 101.

[235] Idem, p. 96.

Pode-se citar como exemplo a concessão de transporte coletivo urbano municipal.

b) A concessão de serviço público precedida da implantação de obra pública: para que o serviço público seja devidamente implantado, é imprescindível que seja executada anteriormente uma obra pública. Um exemplo é a concessão para geração de energia elétrica produzida a partir de uma usina hidrelétrica. Antes da implantação do serviço público de energia elétrica, serão necessários investimentos para que seja edificada a usina.

c) A concessão de exploração de obra pública a ser implantada: primeiro, o concessionário terá que implantar a obra pública, a qual passará a ser utilizada pelos usuários. Nesse caso, inexistirá um serviço público a ser prestado aos usuários. Estes, pela utilização da obra pública, realizarão a remuneração do concessionário, para que este possa realizar amortização dos investimentos aplicados na execução do empreendimento.[236]

d) A concessão da exploração de obras já edificadas: nesse caso, é outorgada ao particular a faculdade de exploração de bens públicos já existentes. O concessionário fica obrigado a realizar a reforma, manutenção ou ampliação da obra pública objeto da concessão. Em contrapartida, os usuários terão que pagar tarifa ao concessionário pela fruição da obra pública.

2.11.1.3. *A concessão e a permissão de serviço público: similitudes e distinções*

A concessão e a permissão[237] possuem características comuns. Ambas são: (a) modalidades de prestação indireta de serviços públicos;

---

[236] Destaca Egon Bockmann Moreira que "Esta modalidade exige empreitada prévia que contemple obrigação de resultado: a entrega da obra pública no prazo certo (CC, arts. 610 a 620), a ser construída por conta do concessionário e depois usufruída diretamente pelos particulares. Simultaneamente, outorga-se ao concessionário o direito de exploração exclusiva do imóvel construído, em longo prazo e a risco próprio, a ser remunerada pelos usuários daquele bem. Não se trata da atribuição de serviço a pessoa privada, mas, sim, do domínio do bem público construído pelo concessionário, que cobra de terceiros o uso – com o quê obtém a remuneração e a amortização do investimento. Explora-se o imóvel ou a instalação previamente construída, não um serviço público". MOREIRA, op. cit., p. 135. Sobre a remuneração do concessionário, assevera que "A remuneração (o preço a ser pago pela obra) poderá ter limite cronológico e/ou financeiro. O concessionário terá direito de explorar o imóvel ou no prazo máximo de 'x' anos e/ou até receber o pagamento do valor 'y'. Sempre haverá prazo certo, mas, caso a receita atinja seu teto antes do termo, isso poderá resultar na extinção do contrato. Não há bem público depois de ter sido remunerado. Somente em casos excepcionais, que porventura contemplem investimento significativo e riscos proporcionais, se poderia cogitar desse bônus extraordinário". Idem, p. 138.

[237] Egon Bockmann Moreira conceitua permissão como "o contrato de adesão, precedido de licitação, por meio do qual a Administração, ao mesmo tempo em que permite o exercício de de-

(b) passíveis de licitação prévia; e (c) firmadas com o ente titular do serviço mediante contrato administrativo.[238]

Porém, ambos os institutos possuem distinções, a saber: (a) a permissão é precária, razão pela qual pode ser extinta unilateralmente, a qualquer tempo e sem direito a indenização; já a concessão não pode ser extinta sem que o concessionário seja devidamente indenizado pelo rompimento precoce do contrato; (b) enquanto a licitação para concessão exige adoção da modalidade concorrência pública, a permissão pode ser feita por qualquer modalidade de licitação; (c) a concessão é outorgada a pessoa jurídica ou consórcio de empresas, enquanto a permissão pode ser outorgada a pessoa física.[239]

Destaca Marçal Justen Filho que: "A concessão é instituto adequado às situações em que a transferência do serviço para a iniciativa privada importa atuação de médio e longo prazo, exigindo inclusive (mas não necessariamente) investimentos em bens reversíveis ao patrimônio público. Sempre que a delegação impuser ao particular a realização de prestações de execução complexa, com aplicação de recursos relevantes e perspectiva de compensação por meio de exploração continuada no tempo, a única alternativa será a concessão".[240]

Já a permissão, segundo o mesmo autor: "[...] é utilizável para delegações em que a remuneração obtida em curto prazo é suficiente para compensar o particular. Não haverá investimentos de maior monta nem haverá bens que reverterão para o patrimônio público. O contrato destina-se a prazos curtos de vigência. A possibilidade de revogação unilateral a qualquer tempo e sem qualquer indenização não acarretaria consequências econômicas prejudiciais para o permissionário. É ato unilateral e precário".[241]

Na mesma linha, destaca Egon Bockmann Moreira que: "Estão excluídos do regime permissionário os negócios jurídicos que: (i) exijam a execução de obras públicas; (ii) sejam investimentos de longa maturação (significativo aporte de recursos num primeiro momento e renta-

---

terminado serviço público pelo particular, regula essa atividade ao instalar certas obrigações contratuais. A proposta do particular em nada inova ou acresce, mas tão somente adere ao modelo prefixado no edital. O conteúdo e o objeto do contrato são fixados à exaustão no ato convocatório. Ao aderir ao contrato elaborado de forma unilateral pelo permitente (consentindo integralmente aos seus termos), o permissionário assume, ao lado dos deveres estatutários, as obrigações de serviço público lá definidas. A outorga do serviço traduz-se nas cláusulas do contrato de adesão". MOREIRA, op. cit., p. 165.

[238] AMARAL, op. cit., p. 15-17.

[239] Idem, p. 15-17.

[240] JUSTEN FILHO, op. cit., p. 114.

[241] Idem, p. 114.

bilidade projetada em prazos amplos, com termo final certo); (iii) sejam outorgados sem licitação (...); (iv) permitam apresentação do projeto básico por parte dos interessados; (v) exijam aportes de recursos públicos; (vi) sejam instrumentalizados por meio de ato unilateral; (vii) possibilitem proposta que traga novos aportes aos termos do edital e modelo de contrato, inovando-os ou preenchendo suas lacunas (econômicas, técnicas, etc.)".[242]

A prestação de serviços públicos de saneamento básico, por exemplo, não pode ser objeto de permissão. É que a Lei Federal n. 11.445, de 5 de janeiro de 2007, fixou, em seu artigo 10, que tal serviço público, caso seja prestado por entidade que não integre a administração do titular, é sujeito à concessão, sendo vedada, portanto, a utilização de qualquer outro instrumento de natureza precária.

Há a figura da permissão "condicionada" ou "qualificada". Nessa espécie de permissão, o Poder Público fixa em norma legal o prazo de sua vigência e/ou assegura outras vantagens ao permissionário, como incentivo para a execução do serviço. A permissão condicionada não pode ser revogada unilateralmente sem indenização. O regime aplicável à permissão qualificada é idêntico à concessão.

2.11.2. As concessões patrocinadas e administrativas

A Lei Federal n. 11.079/2004 instituiu, no Brasil, as Parcerias Público-Privadas,[243] assegurando a possibilidade jurídica de serem viabilizadas parcerias com entes privados,[244] para a prestação de serviço ou

---

[242] MOREIRA, op. cit., p. 164-165.

[243] Alexandre Santos de Aragão conceitua as parcerias público-privadas como sendo "os contratos de delegação da construção, ampliação, reforma ou manutenção de determinada infraestrutura e da gestão da totalidade ou parte das atividades administrativas prestadas por seu intermédio, mediante remuneração de longo prazo arcada total ou parcialmente pelo Estado, fixada em razão da quantidade ou qualidade das utilidades concretamente propiciadas pelo parceiro privado à Administração Pública ou à população". ARAGÃO, op. cit., p. 127.

[244] Destaca Adilson de Abreu Dallari: "As parcerias público-privadas servem, exatamente, para conferir viabilidade econômica a serviços públicos essenciais mas de baixa rentabilidade econômica, ou seja, em situações nas quais, sabidamente, não existe possibilidade de assegurar a sustentabilidade do serviço exclusivamente pelo pagamento de tarifas por parte de seus usuários. Não se trata de, incidentalmente ou eventualmente, pagar um subsídio para compensar diferenças eventuais ou episódicas. Trata-se, sim, de se estabelecer no próprio momento de celebração do contrato entre o particular e o Poder Público, que este vai, necessariamente, efetuar pagamentos ao particular executante, seja para completar o volume de recursos demandados pelo empreendimento, seja para remunerar, em todo ou em parte, os serviços prestados". DALLARI, Adilson Abreu; BRANCO, Adriano Murgel. *O financiamento de obras e de serviços públicos.* São Paulo: Paz e Terra, 2006, p. 129.

edificação de obras públicas, mediante a garantia estatal de adicional de tarifa, a ser adimplido pelo poder concedente.[245]

Registra Carlos Ari Sundfeld que: "[...] no regime da Lei de Concessões já era viável que, além das tarifas cobradas dos usuários, o concessionário tivesse outras fontes de receita, inclusive adicionais pagos pela Administração. Mas, se esses contratos já eram juridicamente possíveis, sua viabilidade prática estava dependendo da criação de um adequado sistema de garantias, que protegesse o concessionário contra o inadimplemento do concedente".[246]

Segundo Fernando Vernalha Guimarães, as parcerias público-privadas "Configuram um novo modelo de arranjar financeiramente as operações contratuais da Administração, permitindo-lhe utilizar de uma lógica econômico-financeira que pressupõe a promoção antecipada de investimentos pelo capital privado para a execução e administração de empreendimentos (obras e serviços), com pagamento diferido ao longo do prazo de execução dos serviços".[247]

A Lei Federal n. 8.987/1995 já permitia que o poder concedente complementasse, direta ou indiretamente, o valor arrecadado com as tarifas para viabilizar a prestação de serviços públicos pela iniciativa privada.[248] O problema é que inexistia a segurança jurídica necessária para delegações de serviços públicos com apoio financeiro do Poder Público.

Os contratos de Parcerias Público-Privadas destinam-se ao atendimento dos serviços públicos que não são economicamente autossusten-

---

[245] Registra Jacintho Arruda Câmara que "As novas espécies de concessões, introduzidas formalmente no ordenamento jurídico brasileiro por meio da Lei das PPPs, trazem como ponto comum a previsão de que a Administração responda financeiramente pelo custo do empreendimento a ser delegado a particulares. Ou seja, o particular constrói a obra ou presta o serviço, adquire com isso o direito de explorar economicamente o empreendimento por período determinado, mas sua remuneração não recairá exclusivamente nos usuários do serviço, como tradicionalmente se dá. As concessões definidas como PPPs prevêem que o Poder Público assumirá (total ou parcialmente) a obrigação de remunerar o investidor privado (prestador do serviço ou mantenedor da obra pública). É justamente essa peculiaridade que aponta o campo de aplicação propício para esse modelo contratual". CÂMARA, Jacintho Arruda. A Experiência Brasileira nas Concessões de Serviço Público e as Parcerias Público-Privadas. In: SUNDFELD, op. cit., 2005, p. 178.

[246] SUNDFELD, op. cit., p. 21.

[247] GUIMARÃES, op. cit., p. 52.

[248] Registra Dinorá Adelaide Musetti Grotti que "quando a exploração se faça pela cobrança de tarifas aos usuários, não há impedimento a que o concedente subsidie parcialmente o concessionário para composição do equilíbrio econômico-financeiro do contrato. A interpretação a contrario sensu do art. 17 leva a conclusão de que inexiste impedimento para o estabelecimento do subsídio pelo Poder Público, desde que haja previsão legal e esteja à disposição de todos os concorrentes". GROTTI, Dinorá Adelaide Musetti Grotti. A Experiência Brasileira nas Concessões de Serviço Público. *Revista de Interesse Público*, n. 42 maio/jun 2007, p. 77-125. Porto Alegre: Notadez, 2007, p. 99.

táveis. Se o empreendimento tiver sustentabilidade econômica, o ente estatal terá que adotar a concessão comum, que é a menos onerosa para os cofres públicos.

As parcerias público-privadas são cabíveis em três hipóteses: (a) quando, nos serviços públicos ou obras públicas, a rentabilidade econômica do empreendimento é insuficiente para gerar receita tarifária necessária para amortização dos investimentos demandados; (b) quando os usuários não dispõem de capacidade financeira para o pagamento de tarifas; e (c) quando os empreendimentos são de elevados riscos (casos que exigem altos investimentos em curto prazo, com incerteza quanto à obtenção de resultados necessários).

As parcerias público-privadas foram divididas em duas espécies: (1) as concessões patrocinadas; e (2) as concessões administrativas.

Nas concessões patrocinadas, o concessionário será remunerado pelas tarifas cobradas dos usuários, acrescidas da contraprestação pecuniária devida pelo parceiro público. A amortização do investimento feito pelo concessionário é realizada concomitantemente pelas tarifas e recursos financeiros do próprio erário.[249]

Já nas concessões administrativas,[250] a cobrança de tarifas é inviável, sendo que a contraprestação devida ao concessionário será feita exclusivamente com recursos do Estado. A concessão administrativa é um investimento privado amortizável em longo prazo, findo o qual os bens construídos, reformados ou mantidos pelo particular revertem ao

---

[249] Destaca Fernando Vernalha Guimarães que "a concessão patrocinada é um contrato administrativo de concessão que pressupõe necessariamente o sistema tarifário integrado por contraprestações pecuniárias da Administração. Configura-se como uma concessão (comum) de obra (execução de obra pública seguida de serviços exploráveis economicamente pelo concessionário) ou de serviço público (delegação da gestão de serviço público remunerada por tarifas pagas pelos usuários, precedida ou não da execução da obra) desde que adicionada à receita tarifária cobrada dos usuários contraprestação pecuniária do parceiro público ao parceiro privado". GUIMARÃES, op. cit., p. 89. Prossegue o referido autor: "[...] o tipo legal da concessão patrocinada abarca o tipo da concessão comum de serviços públicos – adicionando-lhe o atributo da contraprestação pecuniária provida cronicamente pela Administração Pública como parcela da remuneração do concessionário. A compreensão da hipótese legal da concessão patrocinada depende, por isso e em certa medida, da compreensão dos característicos da hipótese da concessão comum de serviços públicos. Para além disso, é relevante investigar o traço adicional que a singulariza relativamente à concessão comum de serviços públicos: a integração da contraprestação pecuniária provida pela Administração na remuneração do concessionário". Idem, p. 90.

[250] Para Carlos Ari Sundfeld, a concessão administrativa de serviços públicos "é aquela em que, tendo por objeto os serviços públicos a que se refere o art. 175 da CF, estes sejam prestados diretamente aos administrados sem a cobrança de qualquer tarifa, remunerando-se o concessionário por contraprestação versada em pecúnia pelo concedente (em conjunto, ou não, com outras receitas alternativas). Nesse caso, embora os administrados sejam os beneficiários imediatos das prestações, a Administração Pública será havida como usuária indireta, cabendo a ela os direitos e responsabilidades econômicas que, de outro modo, recairiam sobre eles". SUNDFELD, op. cit., p. 29.

Poder Público. A única diferença é que essa amortização se fará com recursos públicos, sem qualquer participação de tarifas dos usuários.

As concessões administrativas podem envolver serviços públicos sociais (por exemplo, a educação, a saúde, a cultura); serviços públicos econômicos (por exemplo, construção de rodovia, saneamento básico); atividades preparatórias ou de apoio ao exercício do poder de polícia (por exemplo, construção e administração de um presídio).[251]

2.11.2.1. O objeto da concessão patrocinada

O objeto da concessão patrocinada é idêntico ao da concessão comum. Conforme já visto, essa modalidade concessória pressupõe delegação de serviço público pelo poder concedente a concessionário. Este será remunerado pelas tarifas pagas pelos usuários, acrescido de contraprestação pecuniária paga pelo ente estatal concedente. Poderá, assim, ser objeto de concessão patrocinada: (a) concessão (exclusivamente) de serviço público; (b) concessão de obra pública associada à prestação de serviço público; e (c) concessão de exploração de obra pública.

2.11.2.2. A finalidade da concessão patrocinada

A concessão patrocinada constitui instrumento jurídico colocado à disposição da Administração Pública para criação, recuperação e expansão da infraestrutura necessária à prestação dos serviços públicos.

Destaca Fernando Vernalha Guimarães que a concessão patrocinada serve a dois propósitos imediatos: "(a) vestir juridicamente arranjos contratuais que tenham por objeto concessões de serviços públicos cuja receita tarifária e outras receitas ancilares se mostrem insuficientes

---

[251] Sobre a temática, destaca Jacintho Arruda Câmara: "Também é possível vislumbrar a outorga de concessão administrativa de serviços públicos. Essa espécie pode ser adotada, por exemplo, quando houver dificuldade para estabelecer uma relação individualizada com os destinatários finais dos serviços, o que inviabilizaria a cobrança por meio de tarifa. Seria o caso dos serviços de iluminação pública ou de limpeza urbana. Em tais serviços a dificuldade para caracterizar a singular fruição do serviço pelos usuários finais, na prática, acabou se tornando uma barreira à outorga dos serviços mediante concessão. Sem a individualização, que seria pressuposto para a cobrança, o único remédio seria a Administração pagar pelos serviços – e, nesse caso, ter-se-ia afastado, em princípio, o regime de concessão. Com a concessão administrativa esse problema resta superado, uma vez que seria plenamente possível considerar a Administração como beneficiária indireta do serviço a ser delegado, arcando, assim, com a obrigação de remunerar o concessionário". CÂMARA, Jacintho Arruda. A Experiência Brasileira nas Concessões de Serviço Público e as Parcerias Público-Privadas. In: SUNDFELD, Carlos Ari (coord.). *Parcerias Público-Privadas*. São Paulo: Malheiros, 2005, p. 180-181.

a custear a prestação do serviço público (o que supõe considerar o custo operacional da concessão mais o lucro do concessionário), recorrendo-se às contraprestações pecuniárias da Administração como meio a permitir viabilidade econômico-financeira da concessão concretamente projetada; (b) calibrar o nível de risco envolvido em certos projetos estruturantes e de serviço público, permitindo, com a participação do Poder Público (como garante, por exemplo, de certa parcela dos riscos) na remuneração do concessionário, mitigar riscos que tornariam as possibilidades de financiamento pelo capital privado pouco atrativas".[252]

Portanto, a concessão patrocinada cumpre dupla finalidade, que é viabilizar, mediante a contraprestação pecuniária pelo Poder Público, a prestação de serviços públicos cuja tarifa cobrada dos usuários é insuficiente para sustentar economicamente a concessão; e mitigar os riscos dos projetos de serviço público, os quais poderiam, sem a participação e garantia do Poder Público, afastar os investidores privados.

2.11.2.3. A concessão patrocinada como instrumento de políticas públicas

A concessão patrocinada é um instrumento de políticas públicas voltadas à socialização e à racionalização do serviço público. A sua utilização pressupõe escolhas acerca da instituição de políticas tarifárias. O Poder Público pode, visando a promoção do acesso aos serviços públicos concedidos, optar pela adoção de tarifas sociais.

Nesse caso, os serviços públicos oferecidos aos usuários serão suportados, ainda que parcialmente, pela coletividade, mediante a utilização de recursos financeiros estatais. Acerca do tema, anota Fernando Vernalha Guimarães que: "[...] Optar pela concessão patrocinada como via a preencher as deficiências de financiamento do serviço público é reputar que parte dos encargos destinados a custear o serviço público será suportada pela coletividade em geral (usuários e não usuários) – em complementação à outra parte, custeada pelos usuários do serviço".[253]

Prossegue o autor sustentando que: "[...] a hipótese pelo custeio do serviço público por receitas gerais advindas (também e principalmente) de impostos retrata a transferência de riqueza dos não usuários para os usuários, uma vez que só estes contribuem para o consumo do

---

[252] GUIMARÃES, op. cit., p. 99.
[253] Idem, p. 105.

serviço público. Desse modo, os não usuários passam a financiar o custeio do serviço público sem usufruir de seu consumo".[254]

Portanto, a concessão patrocinada pode ser um instrumento jurídico para viabilizar, mediante subsídios estatais, a socialização do acesso aos serviços públicos concedidos.[255]

2.11.2.4. O sistema remuneratório da concessão patrocinada

O sistema remuneratório da concessão patrocinada é um misto de retribuição: contraprestação pecuniária do Estado mais tarifas arrecadadas diretamente dos usuários dos serviços e (eventualmente) receitas alternativas à concessão.

Sobre o tema, assevera Fernando Vernalha Guimarães que: "[...] um elemento essencial à configuração da hipótese normativa da concessão patrocinada está na existência conjugada de tarifação e contraprestações pecuniárias providas pelo Poder Público na estruturação econômico-financeira do ajuste concessório. Haverá necessariamente tarifa cobrada dos usuários, a cuja receita se adicionarão, de modo crônico e formativo da configuração econômico-financeira originária da concessão, contraprestações pecuniárias do Poder Público".[256]

A contraprestação financeira paga pelo poder concedente terá que ser obrigatoriamente precedida da disponibilização do serviço.[257] O parceiro público somente poderá participar na remuneração do concessionário quando ocorrer a disponibilização do serviço para os usuários.

Nesse sentido, destaca Fernando Vernalha Guimarães: "Quis o legislador reservar a aplicação dos recursos públicos ao subsídio ou ao custeio do serviço propriamente, fazendo pesar sobre o concessionário o financiamento da infraestrutura necessária à sua fruição. A condição

---

[254] GUIMARÃES, op. cit., p. 106.

[255] Idem, p. 109.

[256] Sustenta Fernando Vernalha Guimarães que: "[...] as concessões patrocinadas pressupõem a prática de tarifas módicas quando descoincidentes da tarifa técnica, tendo-se como resultado um preço político, porque subsidiado (no sentido econômico – e não jurídico – da expressão) pela Administração Pública mediante contraprestações pecuniárias". Idem, p. 145.

[257] Nesse sentido, dispõe o artigo 7º da Lei Federal n. 11.079/2004: "Art. 7º A contraprestação da administração pública será obrigatoriamente precedida da disponibilização do serviço objeto do contrato de parceria público-privada. § 1º É facultado à administração pública, nos termos do contrato, efetuar o pagamento da contraprestação relativa a parcela fruível do serviço objeto do contrato de parceria público-privada. § 2º O aporte de recursos de que trata o § 2º do art. 6º, quando realizado durante a fase dos investimentos a cargo do parceiro privado, deverá guardar proporcionalidade com as etapas efetivamente executadas". BRASIL. *Congresso Nacional.* Lei Federal n. 11.079/2004. Disponível em: <http://www.presidencia.gov.br>. Acesso em: 20 abr. 2014.

que autoriza o implemento da contraprestação do parceiro público será a disponibilização de parcela fruível do serviço".[258]

2.11.2.5. O objeto da concessão administrativa

Para Fernando Vernalha Guimarães, a concessão administrativa é o "[...] contrato administrativo concessório celebrado entre a Administração Pública e terceiro (parceiro privado), que tenha por objeto a prestação de serviços de que a Administração Pública seja a usuária direta ou indireta, ainda que envolva execução de obra ou fornecimento e instalação de bens".[259]

No contrato de concessão administrativa, o parceiro privado disponibilizará infraestrutura necessária para a prestação do serviço público. Em contrapartida, será remunerado diretamente pela Administração, que, obrigatoriamente, terá que pagá-lo pelo serviço público disponibilizado e o custo da obra previamente executada pelo parceiro privado.

O objeto da concessão administrativa envolve prestação de serviços de que a Administração seja usuária direta ou indireta, podendo abranger a execução de obra ou fornecimento e instalação de bens. Os serviços podem ser prestados direta ou indiretamente à Administração. No primeiro caso, o poder concedente será o tomador direto dos serviços. No segundo, os serviços serão prestados diretamente aos administrados, figurando a Administração, nessa hipótese, como usuária indireta.

Podem ser objeto de concessão administrativa serviços administrativos prestados diretamente à Administração. Nesse caso, destaca Fernando Vernalha Guimarães que: "A concessão administrativa de serviços administrativos tem por objeto atividades que tecnicamente são prestadas diretamente à Administração. Podem envolver serviços de uso restrito pela Administração Pública ou outros de que se utiliza indiretamente a coletividade.

Figure-se o exemplo da concessão administrativa para a construção e manutenção de estabelecimento prisional, associada à exploração de serviços administrativos gerais, como gestão da hotelaria, envolvendo atividades de restaurante, lavanderia, limpeza, manutenção da estrutura, etc. Tais serviços não podem ser considerados fruíveis pelos administrados, os presidiários, *in casu*, que se põem na condição

---

[258] GUIMARÃES, op. cit., p. 161.

[259] Idem, p. 166.

de custodiados do Estado. Há atividade prestada diretamente à Administração. Outro exemplo está na concessão administrativa para a construção de estabelecimento de educação (e/ou seu aparelhamento), associada à exploração de serviços de restaurante e de manutenção da infraestrutura. São, por igual, atividades prestadas diretamente à Administração, pressupondo-se a gestão pelo parceiro privado de certas atividades-meio".[260]

Pode ser objeto da concessão administrativa a delegação de serviços públicos econômicos, que são tomados indiretamente pela Administração, conforme aponta Fernando Vernalha Guimarães: "Outra modalidade de concessão administrativa envolve como objeto os serviços públicos tarifáveis ou econômicos. Há, aqui, plena condição técnica de operar-se a concessão comum de serviços públicos ou a concessão patrocinada, mas, por uma decisão política do Estado, opta-se pela desoneração dos usuários do serviço, com financiamento inteiramente custeado pela Administração.

Nessa hipótese, configurará um ajuste cujo objeto é em tudo similar à concessão comum de serviços públicos, na acepção de envolver a delegação da gestão de um serviço público pelo parceiro privado, que o prestará diretamente aos usuários. A Administração figurará aqui como usuária indireta. O diferencial dessa espécie de concessão administrativa relativamente à concessão comum de serviços públicos está em que a remuneração naquela não advirá do pagamento de tarifas pelos usuários, mas será provida pela Administração, podendo, ainda, envolver fontes alternativas de custeio (art. 11 da Lei n. 8.987/95)".[261]

Também pode ser objeto da concessão administrativa a delegação da gestão de serviços sociais e serviços públicos não econômicos.

Sobre essa temática, destaca Fernando Vernalha Guimarães que: "Essa modalidade de concessão administrativa presta-se a arranjar ajustes que tenham por objeto o desempenho de serviços sociais pelo concessionário, com delegação do controle gerencial sobre essa atividade. Há, nessa hipótese, uma configuração triangular da relação jurídica de concessão, envolvendo parceiro público, parceiro privado e usuário do serviço. Assim como ocorre na concessão administrativa de serviços públicos, as atividades objeto são tomadas pela Administração indiretamente, na qualidade de usuária indireta, pois estão diretamente endereçadas aos usuários".[262]

---

[260] GUIMARÃES, op. cit., p. 170.

[261] Idem, p. 174.

[262] Idem, p. 176.

Depois, prossegue o referido autor: "Duas hipóteses mais evidentes podem ser lembradas a configurar ajustes de concessão administrativa nesse terreno: o trespasse da gestão de atividades de saúde e da gestão de atividades educacionais. São serviços a que a Constituição reservou a gratuidade da prestação (relativamente ao usuário), como se infere do § 1º do art. 198 e do inciso IV do art. 206. Bem por isso, não são considerados passíveis do sistema concessório convencional. Mas o surgimento da concessão administrativa traz nova alternativa no que diz com o seu modo de prestação, viabilizando a gestão descentralizada (à atividade privada) daquelas atividades, que, titularizadas pela Administração, estão marcadas por uma missão de universalização e socialização".[263]

2.11.2.6. O sistema remuneratório da concessão administrativa

Na concessão administrativa, não existe tarifa cobrada dos usuários para ressarcimento do concessionário. O pagamento do contrato será efetivado exclusivamente pela Administração Pública. É claro que o concessionário também pode complementar o pagamento recebido do ente público com receitas alternativas, conforme previsto no artigo 11 da Lei Federal n. 8.987/1995.

Sobre o tema, destaca Vera Monteiro que: "Essa diferenciação entre subsídio tarifário e contraprestação pecuniária é útil para se ter em mente que a concessão comum subsidiada não se confunde com a concessão patrocinada, nem com a concessão administrativa. Enquanto na primeira os recursos recebidos pelo concessionário são a título de indenização pela implementação de políticas públicas (como, por exemplo, pelas gratuidades concedidas a certa classe de usuários pelo poder concedente), na concessão patrocinada e na administrativa os recursos são repassados a título de pagamento pelos serviços prestados. A consequência dessa distinção está na impossibilidade de se transformar uma concessão comum em uma concessão patrocinada ou administrativa, porque, estando em curso uma concessão comum, não foram cumpridos os requisitos fiscais prévios e obrigatórios no momento da licitação, conforme exigência do artigo 10 da Lei 11.079/2004".[264]

---

[263] GUIMARÃES, op. cit., p. 176.

[264] MONTEIRO, Vera. *Concessão*. São Paulo: Malheiros, 2010, p. 164.

2.12. A concretização de direitos fundamentais mediante a prestação de serviços públicos

Ao longo dessa exposição, já é ponto pacífico que o serviço público está voltado à satisfação das necessidades coletivas e dos interesses públicos. Para Thiago Lima Breus, os serviços públicos cumprem função instrumental à proteção e concretização dos direitos fundamentais.[265] Todas as atividades estatais encontram-se voltadas à satisfação e à promoção dos referidos direitos.[266]

Ao implicar o fornecimento de utilidades ou comodidades aos usuários, o serviço público cumpre função primordial à dignidade humana. Ele está intimamente relacionado ao cumprimento de um dever ligado a um direito fundamental. As suas prestações materiais são voltadas definitivamente à satisfação de necessidades vitais para o desenvolvimento da pessoa humana.[267]

---

[265] BREUS, Thiago Lima. Da Prestação de Serviços à Concretização de Direitos: O Papel do Estado na Efetivação do Mínimo Existencial. In: COSTALDELLO, Angela Cassia (coord.). *Serviço Público – Direitos Fundamentais, Formas Organizacionais e Cidadania*. Curitiba: Juruá, 2007, p. 263. No mesmo sentido, registra César A. Guimarães Pereira que: "Vinculando-se o conceito de serviço público à concretização de direitos fundamentais e de outros valores constitucionais, afasta-se a idéia de que seria inteiramente facultativa a criação dos serviços públicos. O Estado tem o dever de perseguir a realização da dignidade humana, dos direitos e valores fundamentais da Constituição. Assim, a criação de ao menos uma parcela dos possíveis serviços públicos é objeto de um dever de legislar. Isso tem direta conexão com a finalidade de concretização de direitos fundamentais que se pode vislumbrar nos serviços públicos". PEREIRA, op. cit., p. 273-274.

[266] A respeito, escreve Romeu Felipe Bacellar Filho: "A existência da Administração Pública, como aparelhamento do Estado preordenado à execução de seus objetivos, só se justifica pela prestação de atividades que sejam de interesse comum, de interesse público. A concepção originária da Administração não se desprende da ideia de prestação de serviços à coletividade". BACELLAR FILHO, Romeu Felipe. *Direito Administrativo*. São Paulo: Saraiva, 2005, p. 150.

[267] A Lei Federal n. 11.445, de 5 de janeiro de 2007, em seu artigo 2º, deixa absolutamente clara a função dos serviços públicos de saneamento para a realização dos direitos fundamentais. São os termos do referido dispositivo legal: "Art. 2º Os serviços públicos de saneamento básico serão prestados com base nos seguintes princípios fundamentais: I – universalização do acesso; II – integralidade, compreendida como o conjunto de todas as atividades e componentes de cada um dos diversos serviços de saneamento básico, propiciando à população o acesso na conformidade de suas necessidades e maximizando a eficácia das ações e resultados; III – abastecimento de água, esgotamento sanitário, limpeza urbana e manejo dos resíduos sólidos realizados de formas adequadas à saúde pública e à proteção do meio ambiente; IV – disponibilidade, em todas as áreas urbanas, de serviços de drenagem e de manejo das águas pluviais adequados à saúde pública e à segurança da vida e do patrimônio público e privado; [...] VI – articulação com as políticas de desenvolvimento urbano e regional, de habitação, de combate à pobreza e de sua erradicação, de proteção ambiental, de promoção da saúde e outras de relevante interesse social voltadas para a melhoria da qualidade de vida, para as quais o saneamento básico seja fator determinante; VII – eficiência e sustentabilidade econômica; VIII – utilização de tecnologias apropriadas, considerando a capacidade de pagamento dos usuários e a adoção de soluções graduais e progressivas; IX – transparência das ações, baseada em sistemas de informações e processos decisórios institucionalizados; X – controle social; XI – segurança, qualidade e regularidade; XII – integração das infra-estruturas e serviços com a gestão eficiente dos recursos hídricos; XIII – adoção de medi-

Os serviços públicos encontram-se sempre vinculados a valores relevantes que merecem a tutela de outras normas constitucionais. Em função disso, o referido instituto ocupa posição jurídica destacada no ordenamento nacional,[268] sendo considerado por Mônica Spezia Justen como um instrumento relevante "para construção de uma solidariedade social e de uma coesão social".[269]

A autora destaca que: "Essa nova forma de compreender os serviços públicos implica a recondução desse instituto tipicamente de Direito Administrativo ao plano mais nobre em que um instituto jurídico pode existir: o plano do direito constitucional".[270] É no plano constitucional que se encontra um programa de direitos fundamentais voltados à efetivação plena da cidadania e da dignidade da pessoa humana. Tal programa não fica à livre disposição dos órgãos constitucionais.

Para Alexandre Santos de Aragão, não há um direito fundamental de acesso aos serviços públicos. Entretanto, o referido autor reconhece que: "O acesso aos serviços públicos é seguramente importante para a 'capacidade de funcionar' na sociedade. Além disso, é um fator de identidade que contribui para o sentimento de fazer parte de uma comunidade'. Em outras palavras, os serviços públicos não são em si um direito fundamental, mas meios de realização de direitos fundamentais autonomamente considerados".[271]

Portanto, os direitos fundamentais são concretizados mediante a fruição pelos usuários de serviços públicos, os quais devem ser obrigatoriamente disponibilizados pelo ente estatal competente. Seguramente, o serviço público constitui elemento para a coesão e a solidariedade social.

Nesse sentido, defende César A. Guimarães Pereira: "Vincula-se o serviço público à realização material da dignidade da pessoa humana. Atribui-se ao serviço público o caráter da garantia constitucional material de direitos fundamentais, de modo que a sua supressão equivaleria a tornar materialmente inexistente esses direitos".[272]

---

das de fomento à moderação do consumo de água". BRASIL. *Congresso Nacional*. Lei Federal n. 11.445/2007. Disponível em: <http://www.presidencia.gov.br>. Acesso em: 20 abr. 2014.

[268] Sobre o tema, anotou Alexandre Santos de Aragão: "Os serviços públicos constituem prestações sem as quais, em determinada cultura, as pessoas se vêem desvestidas daquele mínimo que se requer para a viabilização adequada das suas vidas". ARAGÃO, op. cit., p. 520.

[269] JUSTEN, Mônica Spezia. *A Noção de Serviço Público no Direito Europeu*. São Paulo: Dialética, 2003, p. 231.

[270] Idem, p. 231.

[271] ARAGÃO, op. cit., p. 532-531.

[272] PEREIRA, op. cit., p. 7-8.

Toda atuação estatal tem a dignidade humana como fundamento e justificação. Como os serviços públicos são o meio material pelo qual o Estado assegura o cumprimento da sua elevada missão constitucional, é incontestável que cumpre ao ente estatal assegurar o mínimo existencial daquela utilidade, para que os cidadãos assegurem uma existência digna.[273]

A seguir, será objeto de estudo a tutela constitucional da equação do equilíbrio econômico-financeiro do contrato de concessão.

---

[273] PEREIRA, op. cit., p. 311.

3. A tutela constitucional da equação econômico-financeira do contrato de concessão

3.1. As tarifas cobradas dos usuários de serviços públicos

A tarifa é o valor pecuniário que os usuários são obrigados a pagar ao concessionário, quando da utilização de serviço público.[274]

A tarifa paga pelos usuários é o mecanismo financeiro utilizado para o investidor obter o retorno financeiro do empreendimento. Por meio dela, é assegurado o pagamento dos bens que possibilitaram a execução do serviço. A tarifa, portanto, representa a rentabilidade dirigida ao acionista e a amortização dos bens próprios da concessão.[275]

O seu valor financeiro, na concessão comum, deve ser suficiente para manter a prestação do serviço de forma adequada e eficiente (renovação e ampliação das técnicas e insumos necessários ao serviço, incrementar a eficiência do trabalho, constituir reservas técnicas); amortizar todo o capital investido; e obtenção do lucro desejado. A tarifa resulta de cálculos realizados pelas partes envolvidas na concessão,[276] ou seja, não é aleatória ou fixada unilateralmente.

Na concessão comum, o custo do serviço público pode ser adimplido pela tarifa exigida do usuário, bem como pelas fontes alternativas de receita, previstas no artigo 11 da Lei Federal n. 8.987/1995.

Na concessão patrocinada, o poder concedente arcará parcialmente com o custo do serviço público disponibilizado. Parte dele virá da cobrança das tarifas dos usuários e/ou das receitas alternativas.

---

[274] Registra Antônio Carlos Cintra do Amaral que: "Quando o serviço é prestado indiretamente, mediante concessão, ele é remunerado pelo usuário mediante tarifa. Para que isso ocorra o serviço também deve ser específico e divisível". AMARAL, op. cit., p. 20.

[275] MOREIRA, op. cit., p. 159.

[276] Idem, p. 263.

SERVIÇO PÚBLICO NA CONSTITUIÇÃO FEDERAL

Já nas concessões administrativas, o pagamento do custo da prestação do serviço será de responsabilidade integral do poder concedente.

O regime da prestação do serviço público (concorrência ou monopólio) determina a forma da fixação da tarifa. Na hipótese de concorrência,[277] as tarifas deverão ser fixadas conforme os mecanismos de mercado.

Nesse sentido, esclarece Marçal Justen Filho: "A demanda e a oferta funcionarão como instrumentos autônomos para determinar os preços, incumbindo ao poder concedente uma função mais restrita – consistente em evitar práticas ofensivas à livre competição".[278]

Já nos casos de monopólio (natural ou não), a remuneração deverá ser fixada pelo poder concedente.

Embora constitua, assim, um dos elementos centrais da equação do equilíbrio econômico-financeiro dos contratos de concessão, o valor pecuniário da tarifa é mutável por parte do poder concedente.[279] Entretanto, a alteração do valor tarifário enseja impacto direto na proporção fixada pela referida equação, devendo ser apontadas, assim, as medidas administrativas para restabelecê-la.[280]

---

[277] No âmbito dos serviços de telecomunicação, dispõe o artigo 104 da Lei Federal n. 9.472/1997, quanto à definição das tarifas: "Art. 104. Transcorridos ao menos três anos da celebração do contrato, a Agência poderá, se existir ampla e efetiva competição entre as prestadoras do serviço, submeter a concessionária ao regime de liberdade tarifária. § 1° No regime a que se refere o caput, a concessionária poderá determinar suas próprias tarifas, devendo comunicá-las à Agência com antecedência de sete dias de sua vigência. § 2° Ocorrendo aumento arbitrário dos lucros ou práticas prejudiciais à competição, a Agência restabelecerá o regime tarifário anterior, sem prejuízo das sanções cabíveis". BRASIL. *Congresso Nacional.* Lei Federal n. 9.472/1997. Disponível em: <http://www.presidencia.gov.br>. Acesso em: 15 dez. 2008.

[278] JUSTEN FILHO, op. cit., p. 351.

[279] Destaca José Anacleto Abduch Santos que: "Se o Estado contemporâneo – especialmente no tocante aos países periféricos em desenvolvimento –, para prestar serviços públicos em consonância com os princípios constitucionais (isonomia, eficiência etc.) depende da colaboração dos particulares, que assumirão a prestação mediante o regime de concessão, parece evidente que a tutela do regime tarifário não possa estar desvinculada da pessoa pública. A ela competirá aferir, dentro do corpo social, o grau de demanda e o grau de possibilidade econômica que assiste aos usuários, de modo que a universalidade do serviço não reste violada sob um regime tarifário que não seja razoável e economicamente suportável". SANTOS, Rodrigo Valgas dos. Concessão de serviço público: a prorrogação do prazo de exploração em recomposição do equilíbrio econômico-financeiro do contrato. *Revista de Interesse Público n. 38,* jul./ago. 2006, p. 85-111. Porto Alegre: Notadez, 2006, p. 213.

[280] Em igual sentido, defende Celso Antonio Bandeira de Mello: "O contratual – e que, por isso, não pode ser modificado pelo poder público – é o valor resultante do equilíbrio econômico-financeiro, de que a tarifa é uma expressão, entre outras. Donde, ao concedente é lícito alterar, como convenha, a grandeza dela, contanto que, ao fazê-lo, mantenha incólume a igualdade matemática substancial já estabelecida e da qual o valor da tarifa se constitui em um dos termos, conquanto não necessariamente no único deles. Logo, não há impediente jurídico a que o poder público adote um sistema de tarifas subsidiadas, se a tanto for levado para manter-lhes a necessária modicidade". MELLO, op. cit., p. 654. No mesmo sentido, ressalta César A. Guimarães Pereira: "a definição da tarifa não faz parte do núcleo imutável da concessão – que é composto pela equação econômi-

A tarifa pela utilização de serviço público não é considerada tributo. Por isso, é insuscetível de ser submetida ao regime constitucional-tributário e é isenta, por exemplo, da incidência do princípio da anterioridade tributária. Ela corresponde à remuneração pelos usuários de serviços públicos objeto de concessão, prestados indiretamente, na forma do artigo 175 da Constituição Federal.

A tarifa é fixada por ato administrativo, conforme esclarece César A. Guimarães Pereira: "Ainda que derivem da proposta do concessionário na licitação, são fixados por ato administrativo (no mínimo homologatório). Portanto, derivam de ato infralegal. Não são preços privados, mas remuneração estipulada de acordo com os princípios e parâmetros comuns da atuação administrativa, inclusive quanto à subordinação à lei".[281]

A tarifa, portanto, é de natureza contratual e voluntária, cumprindo ao poder concedente a sua fixação,[282] e pode ser criada e alterada por atos administrativos. O valor financeiro da tarifa pode sofrer alterações com efeitos imediatos, sem qualquer necessidade de respeito ao princípio da anterioridade.[283]

---

co-financeira, não pelos elementos dessa equação – e pode ser alterada no curso da concessão, desde que integralmente preservada a equação contratual. Desse modo, sua estipulação pressupõe a conjugação dos inúmeros interesses conflitantes que se submetem à apreciação administrativa. Sofre a influência do conjunto de princípios que disciplinam a ação da Administração Pública. Reflete opções administrativas sobre a condução dos serviços públicos em questão – o que pode resultar, p. ex., na estipulação de tarifas inferiores ao custo do serviço, complementadas mediante o aporte de recursos gerais disponíveis para a Administração". PEREIRA, op. cit., p. 370-371. Na mesma linha, aponta Jacintho Arruda Câmara que: "É ponto de convergência a respeito da matéria a possibilidade de alteração unilateral do regime tarifário desde que, ao final, seja respeitado o equilíbrio econômico-financeiro da concessão como um todo. [...] Há de se concluir, portanto, que, muito embora as tarifas façam parte da equação econômico-financeira das concessões, elas podem vir a ser alteradas unilateralmente pelo poder concedente, assumindo, por este prisma, caráter regulamentar, e não contratual". CÂMARA, Jacintho de Arruda. *Tarifa nas Concessões*. São Paulo: Malheiros, 2009, p. 48.

[281] PEREIRA, Cesar A. Guimarães. *Usuários de Serviços Públicos*. 2. ed., ver. e amp. São Paulo: Saraiva, 2008, p. 354.

[282] José Anacleto Abduch Santos consigna que: "Ainda que a deliberação quanto ao valor da tarifa conte com a iniciativa, ou com a participação do concessionário, a definição final do montante não prescinde de homologação pelo Poder Público. Decorre do poder regulamentar a que está submetido o regime tarifário, que a Administração poderá reduzir as tarifas de ofício, sem o consentimento do concessionário, e mesmo contra a sua vontade. Poderá ainda determinar que permaneça inalterada, independentemente de ser ou não suficiente para cobrir os gastos de exploração do serviço, sem que assista direito ao concessionário de insurgir-se contra tal conduta, o que não significa, [...], que não assista direito do concessionário ao equilíbrio econômico-financeiro do contrato, que será recomposto pela adoção de outras modalidades jurídicas que não o aumento da tarifa, como, por exemplo, pela utilização de fontes de receitas alternativas, complementares, acessórias ou derivadas de projetos associados ao do objeto da concessão". SANTOS, José Anacleto Abduch. *Contratos de Concessão de Serviços Públicos – Equilíbrio Econômico-Financeiro*. Curitiba: Juruá, 2007, p. 212.

[283] CÂMARA, op. cit., p. 33-34.

Há uma discussão acerca da forma de remuneração (taxa ou tarifa) do serviço público sujeito à concessão. Para Alexandre Santos de Aragão, os serviços públicos objeto de concessão devem ser remunerados por tarifa pública (artigo 175 da CRFB/1988; artigo 9°, § 1°, 2ª parte, da Lei Federal n. 8.987/1995).[284] Já os serviços prestados diretamente pelo Poder Público devem ser remunerados pelo usuário mediante o pagamento de taxa. Essa é uma espécie do gênero tributo, exigível pelo ente público pela utilização, efetiva ou potencial, de serviços públicos específicos e divisíveis, prestados ao contribuinte ou postos à sua disposição (artigo 145, II, CRFB/1988).

O regime constitucional-tributário é incompatível com a sistemática da concessão de serviços públicos previstos no artigo 175 da Constituição Federal.[285] A sujeição ao regime de taxa, que é espécie tributária, implica obediência aos princípios constitucionais da legalidade e da anterioridade.

Pelo princípio da estrita legalidade tributária, a criação e a fixação de valor da taxa somente serão admitidas quando realizadas por intermédio de lei. Já pelo princípio da anterioridade tributária, é vedada a cobrança de tributo criado num mesmo exercício orçamentário.

A sujeição das taxas ao princípio da anterioridade acaba inviabilizando, por exemplo, o restabelecimento do equilíbrio da equação econômico-financeira dos contratos de concessão. Um desequilíbrio ocorrido durante determinado exercício financeiro somente poderá ser corrigido no subsequente. É que dependerá de lei aprovada e publicada

---

[284] Registra Alexandre Santos de Aragão que "o art. 175 da CF representa uma exceção ao regime tributário pela Constituição para os serviços públicos remunerados por taxa, de forma que, sempre que o serviço público (compulsório ou não) tiver sido concedido, a sua remuneração se dará por tarifa. É o que também se infere do art. 9°, §1°, 2ª parte, da Lei n. 8.987/95, que dispõe, a contrario sensu, que a cobrança da tarifa poderá se dar independentemente da existência de serviço alternativo e gratuito para o usuário". ARAGÃO, op. cit., p. 610.

[285] Sob esse aspecto, esclarece Floriano de Azevedo Marques Neto: "Parece-me que a Constituição se refere às duas acepções de serviço público. No art. 145, II, parece-me que o termo 'serviços públicos' passíveis de suportar a instituição de taxas trata-se de seu sentido amplo e impróprio, esvaziando dos serviços públicos estritos (v.g., aqueles passíveis de exploração econômica). Já no art. 175, dentro, pois do Capítulo da Ordem Econômica, o constituinte lançou mão do termo no sentido restrito (ou sentido próprio), prevendo a prestação de serviços públicos passíveis de exploração pela iniciativa privada, mediante delegação específica. Só assim se justifica a previsão, no inciso III do parágrafo único deste art.175 de que a Lei estabelecerá a 'política tarifária'. Dito doutro modo, os serviços públicos referidos na ordem tributária são aqueles desprovidos de natureza econômica (porquanto sinônimos de atuação estatal, impassível de delegação), remuneráveis pela espécie tributária taxa. Já os serviços públicos referidos na Ordem Econômica são aqueles passíveis de exploração econômica (ou seja, espécie do gênero atividade econômica), cuja exploração pode ser trespassada à iniciativa privada e cuja remuneração não poderia ter natureza tributária, sendo remunerados por tarifa (espécie do gênero preço público)". MARQUES NETO, op. cit., p. 18.

no exercício em que ocorreu a anomalia para ser aplicada apenas no ano posterior.

Essa demora poderá ensejar, por exemplo, a quebra do concessionário, causando enorme prejuízo ao interesse público tutelado pela concessão.[286]

Por essas razões, resta assegurada a incompatibilidade da cobrança de taxa com o dever do poder concedente de assegurar e restabelecer o equilíbrio econômico-financeiro do contrato de concessão de serviço público. A tarifa é plenamente compatível com a preservação do equilíbrio econômico-financeiro do contrato de concessão de serviço público, devendo, para a sua manutenção, ser revista ou reajustada, dependendo do seu pressuposto fático.

Registra César A. Guimarães Pereira que a existência de contraprestação por parte do usuário, mediante tarifa, não é essencial para a configuração da relação jurídica de serviço público. Há serviços públicos gratuitos, prestados sem a participação pecuniária direta do usuário.

Nesse caso, os serviços oferecidos são custeados por receitas de outra natureza, percebidas pelo prestador dos serviços. É o caso específico do serviço de radiodifusão sonora e de sons e imagens, cujo custo da sua prestação é mantido pela comercialização de propagandas e anúncios.[287]

Já os serviços públicos de saúde e de educação, quando prestados pelo Estado, são gratuitos. A gratuidade diz respeito apenas à exigência de contraprestação direta do usuário. Porém, quem arca com os seus custos são todos os contribuintes, por meio de impostos, e não diretamente por quem deles usufrua.

Assevera César A. Guimarães Pereira: "Pode-se afirmar corretamente, à luz do conceito estrito de serviço público, (a) que o serviço

---

[286] Nesse sentido, defende Antonio Carlos Cintra do Amaral: "Evidentemente, esse equilíbrio poderia ser rompido a qualquer tempo, em consequência de um fato superveniente e imprevisível, fazendo surgir o dever do poder concedente de rever a tarifa, a fim de assegurá-lo – restabelecendo-o –, de acordo com o preceito constitucional. Se essa medida dependesse de aprovação de lei (princípio da legalidade), que – mais ainda – só entraria em vigor no exercício seguinte ao de sua publicação (princípio da anualidade), também me parecia evidente que dificilmente o equilíbrio econômico-financeiro poderia ser restabelecido antes que a situação concreta se tornasse irremediável". AMARAL, op. cit., p. 24.

[287] PEREIRA, op. cit., p. 337. No mesmo sentido, destaca Jacintho Arruda Câmara que "não há necessidade absoluta de que a tarifa seja paga diretamente pelo usuário para caracterizar um legítimo regime de concessão. Em primeiro lugar, a legislação admite receitas alternativas que podem compor o total das receitas das concessionárias, e em dados serviços chega a eliminar a necessidade de cobrança de tarifa de usuários (é o caso da radiodifusão). Além disso, há tarifas cobradas pelo poder concedente e repassadas às concessionárias, bem como tarifas pagas por outras prestadoras de serviço (prática geralmente acompanhada de segmentação dos serviços)". CÂMARA, op. cit., p. 57-58.

SERVIÇO PÚBLICO NA CONSTITUIÇÃO FEDERAL

público envolve um usuário que integra uma relação jurídica com o prestador; (b) que todo serviço público tem custos e, portanto, é mensurável economicamente e (c) que em todo serviço público é possível, em tese, imputar ao usuário uma parcela desse custo".[288]

Há os casos em que os usuários dos serviços públicos são hipossuficientes, razão pela qual não possuem capacidade contributiva para o pagamento das tarifas exigidas em decorrência da concessão de serviço público. Por outro lado, sem a fruição dos referidos serviços, restaria, nesse caso, frustrada a dignidade dos usuários, já que se trata de serviços essenciais.

Diante disso, o ente estatal precisa encontrar medidas – o que será objeto dos tópicos seguintes – para viabilizar o acesso daqueles incapacitados economicamente, para que possam usufruir das utilidades necessárias a sua sobrevivência.

3.2. Os critérios para fixação da tarifa dos serviços públicos

A escolha do regime tarifário que será adotado nas concessões de serviços públicos depende de uma decisão política. A fixação do valor financeiro da tarifa não depende apenas de dados objetivos e técnicos, que visem à fixação de um valor pecuniário justo para a prestação do serviço público concedido. É que a tarifa é um instrumento fundamental na implementação de políticas públicas.[289]

Nesse caso, teremos tarifas que não são suficientes para o pagamento dos serviços públicos prestados pelo concessionário.[290] Por isso,

---

[288] PEREIRA, op. cit., p. 338.

[289] Destaca Egon Bockmann Moreira que "Há, quando menos, dois ângulos nos quais deve ser analisada a tarifa ótima nas concessões comuns: (i) se ela permite a instalação de projeto autossustentável; (ii) se ela é equânime, no sentido de promover a distribuição adequada dos custos e benefícios entre concessionário e usuários. As tarifas não podem ser nem muito baixas (sob pena não só de inviabilizar a autossustentabilidade do projeto, mas especialmente em vista da frustração do incentivo para que os usuários consumam adequadamente o serviço) nem muito altas (sob pena de inviabilizar o acesso ao serviço público ao maior número de usuários). Por conseguinte, a fixação da tarifa ótima é antes dever estatal que prerrogativa privada. Ela é estabelecida em vista do que se pretende politicamente daquele projeto de interesse público primário – não em razão das perspectivas dos investidores. Por isso se pode afirmar que a definição do regime tarifário é mais estatutária que contratual, mais administrativa que empresarial – enfim, mais política que jurídica. Este regime jurídico que advém de uma decisão política deve ser mantido estável durante toda a relação contratual". MOREIRA, op. cit., p. 331-332.

[290] No âmbito do transporte coletivo urbano, o artigo 9º da Lei Federal n. 12.587, de 3 de janeiro de 2012, estabelece: "Art. 9º O regime econômico e financeiro da concessão e o da permissão do serviço de transporte público coletivo serão estabelecidos no respectivo edital de licitação, sendo a tarifa de remuneração da prestação de serviço de transporte público coletivo resultante do processo licitatório da outorga do poder público. § 1º A tarifa de remuneração da prestação do serviço

quando o Poder Público deixar de adotar tarifas técnicas, o subsídio estatal será inevitável, a fim de assegurar a justa remuneração do concessionário.[291]

Para a fixação da tarifa técnica é imprescindível a disponibilização de informações econômicas para as partes envolvidas na concessão, tais como obra e serviço a serem executados, volume de investimento, prazo, perfil dos usuários, liquidez do mercado, nível de risco.[292]

O artigo 9º da Lei Federal n. 8.987/1995 estabelece adoção de diversos critérios de julgamento. Em todos os critérios, o valor da tarifa aparece como variável relevante para a definição da proposta vencedora.

Uma das hipóteses é o julgamento da licitação em função do mais baixo valor proposto para a tarifa. O licitante que oferecer o menor valor financeiro para a tarifa, assumindo todos os compromissos estabelecidos no edital, no contrato e no regulamento da prestação do serviço, será o vencedor do certame licitatório. Nessa hipótese, o valor da tarifa será fixado pela proposta vencedora, que é a menor entre as ofertadas pelos licitantes.

Há também critérios de julgamento em que o valor oferecido como tarifa não constitui o fator exclusivo de julgamento. Nessas hipóteses legais, o critério "menor tarifa" pode ser conjugado com outras medidas adotadas na Lei Federal n. 8.987/1995, como o da maior

---

de transporte público coletivo deverá ser constituída pelo preço público cobrado do usuário pelos serviços somado à receita oriunda de outras fontes de custeio, de forma a cobrir os reais custos do serviço prestado ao usuário por operador público ou privado, além da remuneração do prestador. § 2º O preço público cobrado do usuário pelo uso do transporte público coletivo denomina-se tarifa pública, sendo instituída por ato específico do poder público outorgante. § 3º A existência de diferença a menor entre o valor monetário da tarifa de remuneração da prestação do serviço de transporte público de passageiros e a tarifa pública cobrada do usuário denomina-se deficit ou subsídio tarifário. § 4º A existência de diferença a maior entre o valor monetário da tarifa de remuneração da prestação do serviço de transporte público de passageiros e a tarifa pública cobrada do usuário denomina-se superavit tarifário. § 5º Caso o poder público opte pela adoção de subsídio tarifário, o deficit originado deverá ser coberto por receitas extratarifárias, receitas alternativas, subsídios orçamentários, subsídios cruzados intrassetoriais e intersetoriais provenientes de outras categorias de beneficiários dos serviços de transporte, dentre outras fontes, instituídos pelo poder público delegante. § 6º Na ocorrência de superavit tarifário proveniente de receita adicional originada em determinados serviços delegados, a receita deverá ser revertida para o próprio Sistema de Mobilidade Urbana". BRASIL. *Congresso Nacional*. Lei Federal n. 12.587/2012. Disponível em: <http://www.presidencia.gov.br>. Acesso em: 20 abr. 2014.

[291] Destaca Jacintho Arruda Câmara que: "Com as tarifas, o papel do Estado é bem diferente, mostrando-se muito mais intervencionista. Cabe ao Poder Público (mesmo quando o serviço é prestado por particulares) estabelecer o modelo de fixação dos valores cobrados. Controla suas alterações, homologando reajustes e revisões. O Estado encontra no modelo tarifário, para resumir todo seu poder de intervenção, um reconhecido instrumento de implementação de políticas públicas. Trata-se, a toda evidência, de instituto de direito público, com características marcantes e inafastáveis que são próprias deste ramo do Direito". CÂMARA, op. cit., p. 32.

[292] MOREIRA, op. cit., p. 329-330.

SERVIÇO PÚBLICO NA CONSTITUIÇÃO FEDERAL

oferta pela outorga da concessão (artigo 15, III) e o da melhor técnica (artigo 15, V).

Existe também a possibilidade de o valor da tarifa não ser extraído de oferta realizada pelo licitante vencedor. São as hipóteses em que se permite adoção do critério de julgamento a maior oferta pela outorga de concessão (artigo 15, II) e, ainda, a melhor oferta, após uma qualificação de propostas técnicas (artigo 15, VII).

Portanto, a Lei Federal n. 8.987/1995 traz as seguintes diretrizes para a fixação do valor da tarifa: (a) a necessidade de inclusão no termo contratual; (b) a possibilidade de alteração unilateral; (c) admite a fixação de tarifa com base em proposta lançada pelo licitante vencedor do certame; e (d) possibilidade de fixação da tarifa pelo próprio poder concedente.

3.3. As políticas públicas voltadas aos usuários hipossuficientes para a fruição adequada dos serviços públicos essenciais

Conforme define Maria Paula Dallari Bucci, as políticas públicas[293] são conceituadas como "programas de ação governamental visando a coordenar os meios à disposição do Estado e as atividades privadas, para a realização de objetivos socialmente relevantes e politicamente determinados".[294]

Trata-se do conjunto de planos e programas de ação governamental voltados à intervenção no domínio econômico e social, por meio dos quais são traçadas as diretrizes e as metas a serem fomentadas pelo Estado, sobretudo na realização dos direitos fundamentais.[295]

No Estado constitucional, a função fundamental da Administração Pública é a concretização dos direitos fundamentais positivos,

---

[293] Para um estudo aprofundado acerca das políticas públicas, consulte: CRISTÓVAM, José Sérgio da Silva. Breves considerações sobre o conceito de políticas públicas e seu controle jurisdicional. *Jus Navigandi*, Teresina, ano 9, n. 797, 8 set. 2005. Disponível em: <http://jus2.uol.com.br/doutrina/texto.asp?id=7254>. Acesso em: 4 jan. 2009. Ainda pode ser consultado: COSTA, Maurício Mesurini da. *Controle judicial de políticas públicas: procedimento, justificação e responsabilidade*. Dissertação de Mestrado. Centro de Pós-Graduação em Direito – CPGD. Florianópolis: UFSC, 2008.

[294] BUCCI, Maria Paula Dallari. *Direito Administrativo e Políticas Públicas*. São Paulo: Saraiva, 2006, p. 241.

[295] Registra César A. Guimarães Pereira: "O direito a políticas públicas, implementadas mediante programas razoáveis, que reflitam as pautas constitucionais na fixação de prioridades, deve ser coordenado com o direito subjetivo a prestações mínimas. Em certos casos, a proteção dos direitos exige providências concretas, que não se prendem às restrições orçamentárias nem podem aguardar deliberações legislativas". PEREIRA, op. cit., p. 266.

mediante a concretização de políticas públicas, as quais são orientadas por princípios e regras dispostos na Constituição Federal.

Nesse sentido, destaca César A. Guimarães Pereira que os direitos fundamentais sociais "exigem do Estado a criação de planos de ação, de soluções amplas, de políticas públicas. Sua eficácia não se exaure, portanto, naquilo que se pode reconhecer como direito a prestações concretas. Esses planos de ação deverão ser configurados pelo legislador, em cumprimento da Constituição – o que será passível de avaliação pelo Poder Judiciário".[296]

Todas as políticas públicas devem ser orientadas à garantia da cidadania (artigo 1°, II, CRFB/1988), da dignidade da pessoa humana (artigo 1°, II, CRFB/1988), da igualdade (artigo 5°, *caput*, CRFB/1988) e com os objetivos fundamentais da República Federativa do Brasil (artigo 3°): (a) construir uma sociedade livre, justa e solidária (princípio da solidariedade); (b) garantir o desenvolvimento nacional; (c) erradicar a pobreza e a marginalização e reduzir as desigualdades sociais e regionais (princípio distributivo); (d) promover o bem de todos, sem preconceitos de origem, raça, sexo, cor, idade e quaisquer outras formas de discriminação.

Devem também ser levados em conta os princípios constitucionais estruturantes da ordem econômica, basicamente, a justiça social (artigo 170, *caput*) e a redução das desigualdades sociais e regionais (artigo 170, VIII).

O Estado, por meio de políticas públicas, deve ser um promotor do bem-estar coletivo, sendo esse um requisito fundamental da sua legitimidade, conforme ressalta Dinorá Adelaide Musetti Grotti: "Sua legitimidade consiste, antes de tudo, na promoção do bem comum, pelo desempenho de uma atividade programada nos mais diversos setores".[297]

No que tange aos serviços públicos essenciais,[298] a Constituição Federal estabeleceu a necessidade de ser viabilizada política pública voltada à universalização da sua prestação (artigo 175).

---

[296] PEREIRA, op. cit., p. 266.

[297] GROTTI, Dinorá Adelaide Musetti Grotti. Redefinição do papel do Estado na prestação de serviços públicos: realização e regulação diante do princípio da eficiência e da universalidade. *Revista de Interesse Público n. 40*, nov./dez. 2006, p. 37-69. Porto Alegre: Notadez, 2006, p. 46.

[298] Não há, na legislação brasileira, um conceito de serviço público essencial. Entretanto, para efeito deste trabalho, considera-se serviço público essencial aquele que é fundamental, primordial, indispensável ao ser humano. Assim, a energia elétrica, o abastecimento de água e esgoto, o transporte coletivo urbano, a saúde, a educação, são considerados serviços públicos essenciais, pois, sem a fruição deles, a vida humana perde o seu valor de dignidade. Para Antonio Carlos Cintra do Amaral, "Se uma determinada atividade foi definida pelo ordenamento jurídico como 'serviço público', ela é essencial à comunidade. Não há serviços públicos essenciais e serviços

Reconhecer a essencialidade de um serviço público implica a necessidade de sua total universalização, conforme defende Leila Cuéllar: "A essencialidade importa, por conseguinte, a necessidade de existência e manutenção do serviço a todos, ou seja, a universalização (e também a consequente isonomia) e a continuidade do serviço público".[299]

Assim, é preciso empreender medidas concretas voltadas à inclusão social dos hipossuficientes para fruição dos serviços públicos essenciais, conforme destaca Dinorá Adelaide Musetti Grotti "Significa, portanto, que os mesmos devem atender a todos que deles necessitem, indistintamente, independentemente do poder aquisitivo, satisfeitas as condições para sua obtenção. Sua manutenção se constitui num dever legal, podendo ser exigidos tanto daqueles que tenham a competência para instituí-los quanto daqueles que os executem".[300]

Ninguém pode ser excluído da fruição dos serviços públicos essenciais. As políticas públicas relativas àqueles serviços devem ser voltadas a sua plena universalização, a fim de ser possibilitado o acesso de todos, independente das suas condições socioeconômicas.

Isso corresponde a buscar a concretização do fim constitucional atribuído ao Estado Brasileiro, que consiste em assegurar a realização da justiça social e a redução das desigualdades sociais. Sem o gozo dos serviços públicos essenciais, o usuário hipossuficiente perde a sua dignidade, restando frustrado, assim, o desenvolvimento da pessoa humana.

Aponta Floriano de Azevedo Marques Neto que, para consagrar o princípio da universalização dos serviços públicos essenciais, cumpre ao Estado "eleger os grupos que estão a necessitar de políticas específicas para serem incluídos no acesso e fruição do serviço".[301]

Segundo o referido autor, são três os passos para a definição da política pública de universalização: (a) eleger a parcela de beneficiários; (b) indicar as fontes de financiamento dos custos dessa política; e

---

públicos não-essenciais. Nem serviços públicos mais essenciais e menos essenciais". AMARAL, op. cit., p. 18.

[299] CUÉLLAR, Leila. Serviço de Abastecimento de Água e a Suspensão do Fornecimento. CUÉLLAR, Leila; MOREIRA, Egon Bockmann (org.). *Estudos de Direito Econômico*. Belo Horizonte: Fórum, 2004, p. 340.

[300] GROTTI, Dinorá Adelaide Musetti Grotti. Redefinição do papel do Estado na prestação de serviços públicos: realização e regulação diante do princípio da eficiência e da universalidade. *Revista de Interesse Público n. 40*, nov./dez. 2006, p. 37-69. Porto Alegre: Notadez, 2006, p. 45-46.

[301] MARQUES NETO, Floriano de Azevedo. As políticas de universalização, legalidade e isonomia: o caso "telefone social". *Revista de Direito Público da Economia*. n. 14, p. 75-115, Belo Horizonte: Fórum, abr./jun. 2006, p. 78-79.

(c) escolher os mecanismos, da cronologia e da gradação de sua realização.[302]

A seguir, serão examinadas as medidas jurídicas que, à luz do ordenamento jurídico nacional, podem ser adotadas para a concretização de uma política pública destinada à universalização dos serviços públicos essenciais.

3.4. Tarifa mínima

No âmbito do direito positivo brasileiro, há discussão acerca da possibilidade jurídica de ser fixada tarifa mínima para o usuário do serviço público. A tarifa mínima pressupõe pagamento mínimo por parte de todos os usuários, independente da efetiva utilização do serviço. Paga-se mensalmente um valor financeiro, que confere ao usuário o direito de utilizar os serviços até certo limite. Porém, caso seja consumido acima do padrão estabelecido, é cobrado valor adicional.[303]

Para a prestação de determinados serviços públicos, é imprescindível a existência de uma rede de distribuição, como é o caso, por exemplo, dos serviços de telefonia e de abastecimento de água. O serviço somente é prestado caso exista o suporte da rede de distribuição, que exige, para construí-la e mantê-la, um enorme custo financeiro para o concessionário, que precisa ser compensado financeiramente pelos usuários.

Há duas formas de compensar o concessionário pelos custos financeiros decorrentes da utilização da rede de distribuição. Uma delas seria estabelecer o valor da tarifa levando-se em conta o uso efetivo do serviço. Nesse caso, seria considerada a média do consumo geral para calcular o custo que teria que ser amortizado pelos usuários. A adoção de tal sistemática elevaria o valor da tarifa pelo serviço efetivamente prestado.

Segundo aponta Jacintho Arruda Câmara: "O pequeno usuário pagaria apenas pelo que efetivamente utilizasse, mas seria um valor consideravelmente maior, pois, de acordo com este 'modelo' do consumo efetivo deveria sair toda a compensação dos custos incorridos na prestação de serviços".[304]

---

[302] MARQUES NETO, op. cit., p. 48-49.

[303] Idem, p. 347-348.

[304] CÂMARA, op. cit., p. 145-146.

A outra forma de compensar o concessionário pelos custos financeiros é prever a cobrança de uma tarifa mínima de todos os usuários vinculados à rede de distribuição, independentemente da utilização que cada um fizer do serviço. Nesse modelo, é feita uma amortização-base dos custos incorridos com a manutenção da rede.

Segundo Jacintho Arruda Câmara, trata-se "de política pública que tem como fim baratear o custo relativo do uso efetivo do serviço, por intermédio da cobrança de tarifas mínimas de todos os usuários vinculados ao sistema. Por este caminho fomenta-se o consumo dos usuários com menor poder aquisitivo, que, pelo uso efetivo do serviço, acabam pagando menos do que pagariam se os custos fixos do sistema fossem remunerados apenas através da utilização efetiva que dele se fizesse".[305]

A opção pela tarifa mínima já foi questionada judicialmente, porém, o entendimento prevalecente é pela sua total legalidade. Houve questionamentos quanto à tarifa mínima na telefonia e no abastecimento de água. Em ambos os casos, o Poder Judiciário respaldou os instrumentos normativos que implantaram essa sistemática.[306]

Constata-se, portanto, que a adoção da tarifa mínima reflete uma política pública, instituída pelo Estado, para viabilizar o financiamento de toda a estrutura que suporta a prestação desses serviços públicos.[307]

---

[305] CÂMARA, op. cit., p. 145-146.

[306] O Superior Tribunal de Justiça decidiu pela legalidade da tarifa mínima para o serviço público de água e esgoto. É a ementa do julgado: "ADMINISTRATIVO. AGRAVO REGIMENTAL EM RECURSO ESPECIAL. SERVIÇO PÚBLICO. TARIFA DE ÁGUA E ESGOTO. COBRANÇA PELO CONSUMO MÍNIMO. LEGALIDADE. PRECEDENTES JURISPRUDENCIAIS. 1. É lícita a cobrança da taxa de água pela tarifa mínima, mesmo que haja hidrômetro que registre consumo inferior àquele. 2. Inteligência das disposições legais que regulam a fixação tarifária (artigo 4º, da Lei 6.528/78 e artigos 11 *caput*, 11, § 2º e 32 do Decreto nº 82.587/78). 3. Precedentes desta Corte: REsp nº 739.397/RJ, Primeira Turma, Rel. Min. Teori Albino Zavascki, DJU de 02/08/2007; AgRg na AR nº 3.197/MG, Primeira Seção, Rel. Min. Humberto Martins, DJU de 29/06/2007; e AgRg no REsp nº 858.908/RJ, Primeira Turma, Rel. Min. Francisco Falcão, DJU de 16/10/2006). 4. Agravo regimental desprovido". BRASIL. *Superior Tribunal de Justiça*. AgRg no Recurso Especial n. 840.734–RJ, Rel. Min. Luiz Fux, julgado em 6.9.2009, DJU 16.10.2009. Disponível em: <http://www.stj.jus.br>. Acesso em: 9 abr. 2014. Na mesma linha, outro julgamento do mesmo Tribunal, bastante esclarecedor: "Administrativo. Preço Público. Distribuição de água. Tarifa mínima. O preço público tem natureza diversa do preço privado, podendo servir para a implementação de políticas governamentais no âmbito social. Nesse regime, a tarifa mínima, a um tempo, favorece os usuários mais pobres, que podem consumir expressivo volume de água a preços menores, e garante a viabilidade econômico-financeira do sistema, pelo ingresso indiscriminado dessa receita prefixada, independentemente de o consumo ter, ou não, atingido o limite autorizado (REsp. 20.471, Rel. Min. Ari Pargendler). No mesmo sentido: (REsp. n. 416.383-RJ, Rel. Min. Luiz Fux)". BRASIL. *Superior Tribunal de Justiça*. REsp. n. 20.471/RS, Rel. Min. Ari Pargendler, julgado em 6.8.2008, DJU de 30.10.2008. Disponível em: <http://www.stj.jus.br>. Acesso em: 9 abr. 2014.

[307] O art. 30 da Lei Federal n. 11.445, de 5 de janeiro de 2007, permite adoção da tarifa mínima: "Art. 30. Observado o disposto no art. 29 desta Lei, a estrutura de remuneração e cobrança dos serviços públicos de saneamento básico poderá levar em consideração os seguintes fatores:

Dentre as opções técnico-econômicas existentes, é a que reduz os custos para o acesso aos usuários com menor poder aquisitivo.

3.5. Estrutura tarifária e discriminação de tarifas

Destaca Egon Bockmann Moreira que: "Um modo eficiente de distribuir renda está na estrutura tarifária que distinga os diferentes níveis de usuários, compondo diversos conjuntos de tarifas. Esta estratificação funciona 'distinguindo preços e aplicando preços diferentes segundo tipo de consumidores, níveis de consumo, zonas geográficas ou períodos de demanda'. O mesmo concessionário presta o serviço enfrentando igual custo a vários usuários, mas dissocia as tarifas com lastro em critério estabelecido no estatuto e contrato de concessão. Este método pode ser subjetivo (usuário de baixa renda; empresas versus pessoas físicas; força de trabalho ativa versus aposentados e desempregados, etc.) e/ou objetivo (área objeto de programa de fomento econômico; momento da prestação; níveis de consumo; etc.) – ou mesmo a combinação deles (usuários de baixa renda e momentos de consumo)".[308]

A discriminação de tarifas é fundamentada no subsídio cruzado,[309] o qual permite que o custo a menor de um usuário seja bancado pela

---

I – categorias de usuários, distribuídas por faixas ou quantidades crescentes de utilização ou de consumo; II – padrões de uso ou de qualidade requeridos; III – quantidade mínima de consumo ou de utilização do serviço, visando à garantia de objetivos sociais, como a preservação da saúde pública, o adequado atendimento dos usuários de menor renda e a proteção do meio ambiente; IV – custo mínimo necessário para disponibilidade do serviço em quantidade e qualidade adequadas; V – ciclos significativos de aumento da demanda dos serviços, em períodos distintos". BRASIL. *Congresso Nacional*. Lei Federal n. 11.445/2007. Disponível em: <http://www.presidencia.gov.br>. Acesso em: 20 abr. 2014.

[308] MOREIRA, Egon Bockmann. *Direito das Concessões de Serviço Público – Inteligência da Lei 8.987/1995 (Parte Geral)*. São Paulo: Malheiros, 2010, p. 346. Sobre o tema, destaca Jacintho Arruda Câmara que "São inúmeros os objetivos que podem vir a ser perseguidos por meio da instituição de uma dada política tarifária. É possível que, por meio de uma redução artificial dos valores cobrados, se busque o controle inflacionário; tarifas módicas para categorias carentes podem ser conseguidas à custa da cobrança de valores mais altos de outros usuários; a contenção de gasto de um recurso escasso pode ser perseguida por meio do aumento de tarifas; inclusão social; incentivo à cultura, ao trabalho, ao lazer – enfim, um sem-número de objetivos podem ser legitimamente buscados ao se disciplinar o regime tarifário de determinado serviço público". CÂMARA, op. cit., p. 78.

[309] No âmbito das telecomunicações, é vedada a técnica do subsídio cruzado. A universalização dos serviços deve ser atendida por meio de recursos do próprio orçamento governamental ou por meio de fundos setoriais, cuja manutenção recai sobre todos os agentes do mercado. A respeito, confira os artigos 70, I, e 81 da Lei Federal n. 9.472/1997: "Art. 70. Serão coibidos os comportamentos prejudiciais à competição livre, ampla e justa entre as prestadoras do serviço, no regime público ou privado, em especial: I – a prática de subsídios para redução artificial de preços; [...] Art. 81. Os recursos complementares destinados a cobrir a parcela do custo exclusivamente atribuível ao cumprimento das obrigações de universalização de prestadora de serviço de telecomunicações,

despesa a maior de outro. É um processo de distribuição de renda entre os usuários do serviço público.

Sobre o tema dos subsídios cruzados, esclarece Jacintho Arruda Câmara que: "A prática de subsídio cruzado é uma das mais claras maneiras de se implementar política pública em matéria tarifária. Como se sabe, o subsídio cruzado consiste na transferência de recursos obtidos num determinado segmento para outro, a fim de que o segmento beneficiado possa pagar valores mais baixos".[310]

O subsídio cruzado é mecanismo tarifário empregado para viabilizar o atendimento da política pública que visa à universalização do serviço público. O grande objetivo é tornar o serviço público acessível ao maior número possível de usuários. Para tanto, uma categoria de usuários acaba suportando um ônus financeiro maior que o necessário para que, com o superávit tarifário, seja possível financiar a prestação do serviço a tarifas módicas para outras categorias de usuários.[311]

Uma das formas de subsídio cruzado são as tarifas diferenciadas. Nesse caso, é mantido o nível tarifário exigido para a execução do

---

que não possa ser recuperada com a exploração eficiente do serviço, poderão ser oriundos das seguintes fontes: I – Orçamento Geral da União, dos Estados, do Distrito Federal e dos Municípios; II – fundo especificamente constituído para essa finalidade, para o qual contribuirão prestadoras de serviço de telecomunicações nos regimes público e privado, nos termos da lei, cuja mensagem de criação deverá ser enviada ao Congresso Nacional, pelo Poder Executivo, no prazo de cento e vinte dias após a publicação desta Lei. Parágrafo único. Enquanto não for constituído o fundo a que se refere o inciso II do caput, poderão ser adotadas também as seguintes fontes: I – subsídio entre modalidades de serviços de telecomunicações ou entre segmentos de usuários; II – pagamento de adicional ao valor de interconexão". Já no âmbito dos serviços públicos de saneamento, é viável a utilização da técnica dos subsídios cruzados. A respeito, confira os dispositivos da Lei Federal n. 11.445/2007: "Art. 29. Os serviços públicos de saneamento básico terão a sustentabilidade econômico-financeira assegurada, sempre que possível, mediante remuneração pela cobrança dos serviços: [...] § 2º Poderão ser adotados subsídios tarifários e não tarifários para os usuários e localidades que não tenham capacidade de pagamento ou escala econômica suficiente para cobrir o custo integral dos serviços. Art. 30. Observado o disposto no art. 29 desta Lei, a estrutura de remuneração e cobrança dos serviços públicos de saneamento básico poderá levar em consideração os seguintes fatores: I – categorias de usuários, distribuídas por faixas ou quantidades crescentes de utilização ou de consumo; II – padrões de uso ou de qualidade requeridos; III – quantidade mínima de consumo ou de utilização do serviço, visando à garantia de objetivos sociais, como a preservação da saúde pública, o adequado atendimento dos usuários de menor renda e a proteção do meio ambiente; IV – custo mínimo necessário para disponibilidade do serviço em quantidade e qualidade adequadas; V – ciclos significativos de aumento da demanda dos serviços, em períodos distintos; e VI – capacidade de pagamento dos consumidores. Art. 31. Os subsídios necessários ao atendimento de usuários e localidades de baixa renda serão, dependendo das características dos beneficiários e da origem dos recursos: I – diretos, quando destinados a usuários determinados, ou indiretos, quando destinados ao prestador dos serviços; II – tarifários, quando integrarem a estrutura tarifária, ou fiscais, quando decorrerem da alocação de recursos orçamentários, inclusive por meio de subvenções; III – internos a cada titular ou entre localidades, nas hipóteses de gestão associada e de prestação regional". BRASIL. *Congresso Nacional*. Lei Federal n. 11.445/2007. Disponível em: <http://www.presidencia.gov.br>. Acesso em: 20 abr. 2014.

[310] CÂMARA, op. cit., p. 79.

[311] Idem, p. 80.

objeto da concessão. O concessionário arrecadará o montante financeiro que é necessário para manutenção do equilíbrio econômico-financeiro do contrato. Porém, é feita a alteração da estrutura tarifária e dos grupos pagantes, mediante tarifas diferenciadas por categorias de usuários. A diferenciação de tarifas pode atender a objetivos de política pública (usuários idosos ou com baixa renda) ou a diretrizes mercadológicas do serviço prestado (usuários de internet, respectivas categorias e preços).[312]

Uma outra forma de subsídio cruzado entre os usuários são as tarifas progressivas.[313] Nesse caso, registra Egon Bockmann Moreira que: "o valor médio (que se pretende justo) é estabelecido com lastro no fato de que aqueles que consomem mais pagarão proporcionalmente mais; e aqueles que consomem menos, proporcionalmente menos (a respeito do subsídio cruzado, v. o artigo 17 da Lei n. 8.987/1995). Há distribuição de renda, por meio da qual os usuários com maior consumo efetivamente pagam parcela maior (ainda que ínfima) que os usuários de menor consumo. Enfim, os usuários de baixa renda (presumivelmente os que menos consomem) são beneficiados por aqueles que mais gastam".[314]

Portanto, a estrutura tarifária é um mecanismo que pode ser utilizado pelo poder concedente para viabilizar políticas públicas que visam à universalização dos serviços públicos. Constitui também uma forma de distribuição de renda, pois transfere recursos financeiros de quem possui maior capacidade contributiva para as pessoas de baixa renda.

---

[312] CÂMARA, op. cit., p. 422.

[313] Decidiu o Superior Tribunal de Justiça: "PROCESSUAL CIVIL. ADMINISTRATIVO. RECURSO ESPECIAL. SERVIÇO PÚBLICO. FORNECIMENTO DE ÁGUA. POLÍTICA TARIFÁRIA. TARIFA PROGRESSIVA. LEGITIMIDADE (LEI 6.528/78, ART. 4º; LEI 8.987/95, ART. 13). DOUTRINA. PRECEDENTES. PROVIMENTO. 1. O faturamento do serviço de fornecimento de água com base na tarifa progressiva, de acordo com as categorias de usuários e as faixas de consumo, é legítimo e atende ao interesse público, porquanto estimula o uso racional dos recursos hídricos. Interpretação dos arts. 4º, da Lei 6.528/78, e 13 da Lei 8.987/95. 2. "A política de tarifação dos serviços públicos concedidos, prevista na CF (art. 175), foi estabelecida pela Lei 8.987/95, com escalonamento na tarifação, de modo a pagar menos pelo serviço o consumidor com menor gasto, em nome da política das ações afirmativas, devidamente chanceladas pelo Judiciário (precedentes desta Corte). 3. Recurso especial provido, para se reconhecer a legalidade da cobrança do serviço de fornecimento de água com base na tarifa progressiva e para julgar improcedente o pedido" (REsp 861.661/RJ, Min. Denise Arruda, DJU de 10.12.2007)". BRASIL. *Superior Tribunal de Justiça*. REsp. n. 485.842/RS, Rel. Min. Eliana Calmon, publicado no DJU de 24.5.2004, Disponível em: <http://www.stj.jus.br>. Acesso em: 10 abr. 2009.

[314] MOREIRA, op. cit., p. 424.

SERVIÇO PÚBLICO NA CONSTITUIÇÃO FEDERAL

3.6. A tarifa como instrumento de racionalização do uso do serviço público

O uso indiscriminado de determinados serviços públicos pode comprometer a continuidade de sua fruição. Pode-se citar como exemplos os serviços de abastecimento de água e de energia elétrica. Por isso, o poder concedente deve adotar política tarifária de racionalização do uso do serviço,[315] conforme permitido pelo artigo 175, III, da Constituição Federal.

A contenção de demanda dos usuários deve ser alcançada mediante aplicação de tarifas progressivas. Por isso, quanto maior o consumo, o preço da tarifa deve ser aumentado progressivamente, a fim de desestimular o uso do serviço público.[316]

Aquele que gasta muito deve ser compelido a conter o seu consumo, mediante a imposição de tarifa especial. Cobra-se, assim, mais caro pelo serviço que excede à cota destinada ao consumidor.[317]

---

[315] No âmbito da Lei Federal n. 11.445, de 5 de janeiro de 2007, ficou estabelecida a vedação ao consumo supérfluo. São os termos dos dispositivos legais que possibilitam a utilização da tarifa para contenção do uso dos serviços públicos de saneamento: "Art. 29. Os serviços públicos de saneamento básico terão a sustentabilidade econômico-financeira assegurada, sempre que possível, mediante remuneração pela cobrança dos serviços: § 1º Observado o disposto nos incisos I a III do caput deste artigo, a instituição das tarifas, preços públicos e taxas para os serviços de saneamento básico observará as seguintes diretrizes: IV – inibição do consumo supérfluo e do desperdício de recursos; [...] Art. 30. Observado o disposto no art. 29 desta Lei, a estrutura de remuneração e cobrança dos serviços públicos de saneamento básico poderá levar em consideração os seguintes fatores: I – categorias de usuários, distribuídas por faixas ou quantidades crescentes de utilização ou de consumo; II – padrões de uso ou de qualidade requeridos; III – quantidade mínima de consumo ou de utilização do serviço, visando à garantia de objetivos sociais, como a preservação da saúde pública, o adequado atendimento dos usuários de menor renda e a proteção do meio ambiente; [...]". BRASIL. *Congresso Nacional*. Lei Federal n. 11.445/2007. Disponível em: <http://www.presidencia.gov.br>. Acesso em: 20 abr. 2014.

[316] CÂMARA, op. cit., p. 84.

[317] O Supremo Tribunal Federal já decidiu acerca da possibilidade jurídica de o poder concedente utilizar a política tarifária para conter o consumo de serviços públicos. É a ementa do julgado: "AÇÃO DECLARATÓRIA DE CONSTITUCIONALIDADE. MEDIDA PROVISÓRIA N. 2.152-2, DE 1º DE JUNHO DE 2001, E POSTERIORES REEDIÇÕES. ARTIGOS 14 A 18. GESTÃO DA CRISE DE ENERGIA ELÉTRICA. FIXAÇÃO DE METAS DE CONSUMO E DE UM REGIME ESPECIAL DE TARIFAÇÃO. 1. O valor arrecadado como tarifa especial ou sobretarifa imposta ao consumo de energia elétrica acima das metas estabelecidas pela Medida Provisória em exame será utilizado para custear despesas adicionais, decorrentes da implementação do próprio plano de racionamento, alem de beneficiar os consumidores mais poupadores, que serão merecedores de bônus. Este acréscimo não descaracteriza a tarifa como tal, tratando-se de um mecanismo que permite a continuidade da prestação do serviço, com a captação de recursos que têm como destinatários os fornecedores/concessionários do serviço. Implementação, em momento de escassez da oferta do serviço, de política tarifária, por meio de regras com força de lei, conforme previsto no artigo 175, III, da Constituição Federal. 2. Atendimento aos princípios da proporcionalidade e da razoabilidade, tendo em vista a preocupação com os direitos dos consumidores em geral, na adição de medidas que permitam que todos continuem a utilizar-se, moderadamente, de uma energia que se apresenta incontestavelmente escassa. 3. Reconhecimento da necessidade de im-

3.7. A modicidade[318] das tarifas como instrumento para universalização dos serviços públicos essenciais

O princípio da modicidade das tarifas significa que os serviços devem ser remunerados a preços módicos, devendo o Poder Público avaliar o poder aquisitivo do usuário para que, por dificuldades financeiras, não seja ele alijado do universo de beneficiários do serviço.[319]

O artigo 13 da Lei Federal n. 8.987/1995 permitiu a possibilidade de serem estabelecidas tarifas diferenciadas, tendo em vista as características técnicas e os custos específicos provenientes do atendimento aos distintos segmentos de usuários.[320]

Para cada espécie de serviço público, o ente federativo competente poderá fixar tarifas diferenciadas, visando à implementação de uma política pública (a proteção ao idoso, o incentivo à educação, etc.).[321]

---

posição de medidas como a suspensão do fornecimento de energia elétrica aos consumidores que se mostrarem insensíveis à necessidade do exercício da solidariedade social mínima, assegurada a notificação prévia (art. 14, § 4º, II) e a apreciação de casos excepcionais (art. 15, § 5º). 4. Ação declaratória de constitucionalidade cujo pedido se julga procedente". BRASIL. *Supremo Tribunal Federal*. Ação Declaratória de Constitucionalidade n. 9-6 – DF, Rel. Min. Ellen Gracie, julgado em 13.12.2001, DJU 23.4.2004. Disponível em: <http://www.stf.jus.br>. Acesso em: 21 abr. 2014.

[318] A modicidade tarifária encontra-se positivada no inciso IV do artigo 22 da Lei Federal n. 11.445, de 5 de janeiro de 2007: "Art. 22. São objetivos da regulação: [...] IV – definir tarifas que assegurem tanto o equilíbrio econômico e financeiro dos contratos como a modicidade tarifária, mediante mecanismos que induzam a eficiência e eficácia dos serviços e que permitam a apropriação social dos ganhos de produtividade". BRASIL. *Congresso Nacional*. Lei Federal n. 11.445/2007. Disponível em: <http://www.presidencia.gov.br>. Acesso em: 20 abr. 2014.

[319] Para Egon Bockmann Moreira, "Nos serviços públicos, o regime de preços deve ser apto não apenas a pagar o investidor, mas em especial a incrementar o bem-estar social. Como boa parte dos usuários é constituída de pessoas menos favorecidas que os acionistas do empreendimento, é mais que justo que recebam parcela do potencial ganho destes. Portanto, está-se diante de projetos concessionários que significam políticas públicas de distribuição de renda. Ora, as políticas públicas são avaliadas através dos reflexos que têm no excedente social e sua distribuição. Um contrato de concessão de serviço público bem ajustado pode tornar-se um eficaz instrumento de distribuição de renda". MOREIRA, op. cit., p. 335.

[320] A Lei Federal n. 11.445/2007 também estabeleceu a possibilidade da fixação de tarifas diferenciadas no âmbito do serviço público de saneamento básico: "Art. 30. Observado o disposto no art. 29 desta Lei, a estrutura de remuneração e cobrança dos serviços públicos de saneamento básico poderá levar em consideração os seguintes fatores: I – categorias de usuários, distribuídas por faixas ou quantidades crescentes de utilização ou de consumo; II – padrões de uso ou de qualidade requeridos; III – quantidade mínima de consumo ou de utilização do serviço, visando à garantia de objetivos sociais, como a preservação da saúde pública, o adequado atendimento dos usuários de menor renda e a proteção do meio ambiente; IV – custo mínimo necessário para disponibilidade do serviço em quantidade e qualidade adequadas; V – ciclos significativos de aumento da demanda dos serviços, em períodos distintos; e VI – capacidade de pagamento dos consumidores". BRASIL. *Congresso Nacional*. Lei Federal n. 11.445/2007. Disponível em: <http://www.presidencia.gov.br>. Acesso em: 15 dez. 2013.

[321] Destaca Dinorá Adelaide Musetti Grotti: "A Lei 8.987/95, ao autorizar o tratamento diferenciado nas situações acima descritas, respeitou o campo do legislador específico a ser ditado pelo ente titular do serviço público e não impediu que outros critérios de diferenciação de tratamento

Desse modo, é perfeitamente legal a fixação, por exemplo, de tarifas de água diferenciadas por residências, estabelecimentos prestadores de serviços, estabelecimentos comerciais ou industriais. Igualmente, podem ser fixadas tarifas progressivas em decorrência do maior consumo, bem como tarifas mínimas, conforme já vimos em tópico anterior.

Nesses casos, ressalta Dinorá Adelaide Musetti Grotti que, ocorrendo "um nexo lógico entre a diferenciação tarifária estabelecida e o fim de interesse público perseguido, não haverá ofensa ao princípio da isonomia, e sim instituição legítima de uma política pública por meio do regime tarifário".[322]

A medida tarifária diferenciada adotada deverá ser adequada e necessária para alcançar o interesse público desejado,[323] que é disponibilizar os serviços públicos aos usuários hipossuficientes.

Conforme aponta a referida autora, muitos são os objetivos que podem ser almejados em função da instituição de uma política tarifária: (a) o controle inflacionário (política pública de contenção da inflação); (b) a contenção de gasto de um recurso escasso pode ser perseguida por meio do aumento de tarifas (política pública de racionalização do consumo); e (c) a inclusão social, o incentivo à cultura, ao trabalho, ao lazer (política pública de inclusão social).[324]

O valor da tarifa pela utilização dos serviços públicos não pode ser óbice à fruição deles por parte dos sujeitos cuja capacidade econômica seja deficitária, como é o caso dos hipossuficientes.

---

tarifário sejam lançados em legislação específica de cada serviço. Pode ser estabelecido tratamento tarifário diferenciado apenas para determinadas categorias de usuários, buscando-se, com isso, o atendimento de uma política pública. Assim ocorre quando na legislação de regência de um dado serviço (como o de transporte coletivo de passageiros) é conferida gratuidade ou regime diferenciado a pessoas acima de determinada idade, a desempregados, a estudantes, a aposentados, etc". GROTTI, Dinorá Adelaide Musetti Grotti. Redefinição do papel do Estado na prestação de serviços públicos: realização e regulação diante do princípio da eficiência e da universalidade. *Revista de Interesse Público n. 40*, nov./dez. 2006, p. 37-69. Porto Alegre: Notadez, 2006, p. 51.

[322] GROTTI, Dinorá Adelaide Musetti Grotti. A Experiência Brasileira nas Concessões de Serviço Público. *Revista de Interesse Público n. 42*, maio/jun 2007, p. 77-125. Porto Alegre: Notadez, 2007, p. 101.

[323] Registra Marçal Justen Filho que "A validade da diferenciação de tarifas dependerá, em primeiro lugar, da existência de uma efetiva diferença no mundo fático entre as situações diferenciadas. Isso significa que não basta a afirmativa da diferença, pois se impõe uma comprovação. Em segundo lugar, o tratamento diferencial deverá ser proporcional e compatível com a diferença. Então, a diferença real não poderá ser mero pretexto para adoção de tratamento discriminatório arbitrariamente eleito. A diferenciação de tarifas deverá retratar, no mundo jurídico, a diferenciação entre as situações concretas atendidas. Por fim, a diferenciação deverá ser compatível com os valores jurídicos consagrados constitucionalmente". JUSTEN FILHO, op. cit., p. 375.

[324] GROTTI, Dinorá Adelaide Musetti Grotti. Redefinição do papel do Estado na prestação de serviços públicos: realização e regulação diante do princípio da eficiência e da universalidade. *Revista de Interesse Público*, n. 40, nov./dez. 2006, p. 37-69. Porto Alegre: Notadez, 2006, p. 50.

Por isso, conforme ressalta César A. Guimarães Pereira, a modicidade tarifária visa evitar que a remuneração dos serviços públicos constitua óbice a sua utilização: "Se o usuário é instrumental para a realização dos valores subjacentes à instituição de um serviço público, não há sentido em que o montante das tarifas impeça, em termos práticos, o seu acesso ao serviço".[325]

Por isso, a adoção de tarifas módicas visando ao acesso e à fruição dos serviços públicos essenciais pelos sujeitos hipossuficientes constitui louvável política pública de universalização daquelas prestações essenciais à dignidade da pessoa humana.[326]

A fim de concretizar o princípio da modicidade tarifária, o poder concedente terá que estabelecer medidas de compensação ao concessionário, caso ocorra eventual deficiência no financiamento do serviço público.

As providências adicionais tanto podem decorrer de financiamento direto pelo Poder Público como pela elevação da tarifa cobrada do usuário hipersuficiente, tudo para manter o equilíbrio econômico-financeiro do contrato de concessão.[327] O tema será objeto de exame nos tópicos seguintes.

3.8. A tarifa social como instrumento para a universalização[328] dos serviços públicos essenciais

A tarifa social consiste na promoção da sua variação devido à ausência de recursos financeiros do usuário hipossuficiente. Trata-se de política pública destinada à promoção do acesso aos serviços públicos por aqueles sujeitos desprovidos de capacidade econômica.[329]

---

[325] PEREIRA, op. cit., p. 388.

[326] Sobre o tema, escreve Floriano de Azevedo Marques Neto: "Isso se dará não só pelo respeito ao princípio da modicidade tarifária, como pela eventual introdução de uma tarifa social dirigida a parcelas desafortunadas, de modo a permitir que estas tenham acesso à fruição dos serviços públicos. A política tarifária pode então assumir o caráter redistributivista típico de uma política pública, de modo a beneficiar parcela da sociedade considerada hipossuficiente aos ônus inclusive de parcela considerada hipersuficiente". MARQUES NETO, Floriano de Azevedo. As políticas de universalização, legalidade e isonomia: o caso "telefone social". *Revista de Direito Público da Economia*, n. 14, p. 75-115, abr./jun. 2006, p. 81-82).

[327] PEREIRA, op. cit., p. 390-391.

[328] Escreve Floriano de Azevedo Marques Neto que a universalização "envolve um dever positivo do Poder Público, consistente em adotar todas as providências necessárias para, ao longo do tempo, permitir a crescente incorporação de parcelas da sociedade ao acesso e fruição de um serviço público". MARQUES NETO, op. cit., 2006).

[329] Ressalta Marçal Justen Filho que "A fixação de tarifas sociais significa ausência de pagamento correspondente ao montante economicamente necessário para assegurar a rentabilidade da

A tarifa social é viável apenas na concessão de serviço público comum e na patrocinada. Na administrativa, o serviço público disponibilizado pelo concessionário já é adimplido integralmente pelo ente estatal.

Nesses termos, registra Carlos Ari Sundfeld que a concessão comum e a patrocinada têm o mesmo objeto, que consiste na prestação de serviços públicos pelo concessionário aos usuários.[330]

Prega o referido autor que a "diferença entre elas é apenas a forma de remuneração: enquanto na concessão comum o concessionário recebe tarifas dos usuários e, eventualmente, receitas alternativas não oriundas dos cofres públicos, na concessão patrocinada a remuneração inclui um adicional de tarifa pago pela Administração".[331]

O ente estatal, ainda que o serviço público seja objeto de concessão comum ou patrocinada, sujeita a determinado regime tarifário, poderá criar isenções para certas categorias de usuários, bem como diminuir genericamente as tarifas, desde que as justificativas apresentadas sejam compatíveis com os princípios e diretrizes constitucionais.

O Supremo Tribunal Federal já respaldou a constitucionalidade de política pública que assegura a gratuidade do transporte coletivo público urbano e semiurbano (artigo 39, caput, da Lei Federal n. 10.741/2003) aos maiores de sessenta e cinco anos. A Associação Nacional das Empresas de Transportes Urbanos – NTU ingressou com a Ação Direta de Inconstitucionalidade n. 3.768-4/DF, alegando a inconstitucionalidade da referida norma legal em face dos artigos 22, XXIII, 37, XXI, 175, caput, 194, 195, § 5º, 203, I, e 230, § 2º, da Constituição Federal. O Tribunal, por maioria, julgou improcedente a ação.[332]

---

exploração ou a manutenção da equação econômico-financeira. Portanto, a diferença a menor, que deixa de ser produzida em virtude da fixação de tarifas sociais, tem de ser coberta de outra forma. Isso se faria ou por via de subsídios estatais ao concessionário ou pela incorporação desse custo nas tarifas pagas pelos demais usuários". JUSTEN FILHO, op. cit., p. 375-376.

[330] SUNDFELD, op. cit., p. 35-36.

[331] Idem, p. 36.

[332] A decisão proferida pelo Supremo Tribunal Federal foi assim ementada: "AÇÃO DIRETA DE INCONSTITUCIONALIDADE. ART. 39 DA LEI N. 10.741, DE 1º DE OUTUBRO DE 2003 (ESTATUTO DO IDOSO), QUE ASSEGURA GRATUIDADE DOS TRANSPORTES PÚBLICOS URBANOS E SEMIURBANOS AOS QUE TÊM MAIS DE 65 (SESSENTA E CINCO) ANOS. DIREITO CONSTITUCIONAL. NORMA CONSTITUCIONAL DE EFICÁCIA PLENA E APLICABILIDADE IMEDIATO. NORMA LEGAL QUE REPETE A NORMA CONSTITUCIONAL GARANTIDORA DO DIREITO. IMPROCEDÊNCIA DA AÇÃO. 1. O art. 39 da Lei n. 10.741/2003 (Estatuto do Idoso) apenas repete o que dispõe o § 2º do art. 230 da Constituição do $Brasil. A norma constitucional é de eficácia plena e aplicabilidade imediata, pelo que não há eiva de invalidade jurídica na norma legal que repete os seus termos e determina que se concretize o quanto constitucionalmente disposto. 2. Ação direta de inconstitucionalidade julgada improcedente". BRASIL. *Supremo Tribunal Federal*. ADIN n. 3768/DF, Rel. Min. Carmen Lúcia, julgado pelo Tribunal Pleno do Supremo Tribunal Federal em 19.9.2007, DJU 26.10.2007. Disponível em: <http://www.stf.jus.br>.

Em outra oportunidade, o Supremo Tribunal Federal também considerou constitucional a política pública que concede passe livre à pessoa portadora de deficiência, instituída pela Lei Federal n. 8.899, de 29 de junho de 1994. Tal diploma legal foi impugnado na ADIN n. 2.649, pela Associação Brasileira das Empresas de Transporte Rodoviário Intermunicipal – ABRATI –, sob a alegação de afronta ao disposto nos artigos 1°, IV, 5°, XXII, e 170, todos da Constituição Federal. Porém, foi reconhecida a constitucionalidade da referida norma legal sob o fundamento de que "A Lei n. 8.899/94 é parte das políticas públicas para inserir os portadores de necessidades especiais na sociedade e objetiva a igualdade de oportunidades e a humanização das relações sociais, em cumprimento aos fundamentos da República de cidadania e dignidade da pessoa humana, o que se concretiza pela definição de meios para que eles sejam alcançados".[333]

Em que pese a importância da positivação de políticas públicas voltadas à universalização dos serviços públicos, é preciso atentar para a necessidade da definição de quem arcará com os custos financeiros das referidas medidas levadas a termo pela Administração Pública,[334]

Acesso em: 13 nov. 2008. No voto da Ministra Relatora, Carmen Lúcia, ficaram consignadas as razões que ensejaram a manutenção da referida política pública: "[...] 4. Em essência, tem-se que o direito ao transporte gratuito dos que têm mais de 65 anos não é um fim em si mesmo. A facilidade de deslocamento físico do idoso pelo uso de transporte coletivo haverá de ser assegurado, como afirmado constitucionalmente, como garantia da qualidade digna de vida para aquele que não pode pagar ou já colaborou com a sociedade em períodos pretéritos, de modo a que lhe assiste, nesta fase da vida, direito a ser assumido pela sociedade quanto aos ônus decorrentes daquele uso. [...] 6. O transporte gratuito, especialmente para os idosos que sobrevivem de aposentadorias insuficientes para o suprimento de suas necessidades básicas, apresenta-se como verdadeiro suporte para que possa exercer, com menores dificuldades, seu direito de ir e vir. 7. Diferentemente do alegado pela Autora, o direito dos idosos ao transporte gratuito, previsto na norma do §2° do art. 230 da Constituição da República, é de eficácia plena e tem aplicabilidade imediata. Assim, desde a promulgação da Constituição da República, esse direito compõe o sistema normativo na condição de direito exigível pelos idosos, sem a necessidade de criação de qualquer outra norma que trate da matéria. [...] 8. A gratuidade do transporte coletivo representa uma condição mínima de mobilidade, a favorecer a participação dos idosos na comunidade, assim como viabiliza a concretização de sua dignidade e de seu bem-estar, não se compadece com condicionamento posto pelo princípio da reserva do possível. [...] 11. Os investimentos e os gastos oriundos da prestação dos serviços públicos de transporte coletivo, delegado pelo ente público ao particular, haverão de ser calculados e haverão de ser definidos na relação delegante-delegado, sem que tanto seja traspassado ao particular, menos ainda àquele que, por força da norma constitucional (art. 230, § 2°) e infraconstitucional (art. da Lei n. 10.741/2003), haverá de fruir gratuitamente do serviço".

[333] BRASIL. *Supremo Tribunal Federal*. ADIN n. 2.649/DF, Rel. Min. Carmen Lúcia, julgado pelo Tribunal Pleno do Supremo Tribunal Federal em 8.5.2008, DJU 17.10.2008. Disponível em: <http://www.stf.jus.br>. Acesso em: 13 nov. 2008.

[334] Para Fernando Vernalha Guimarães, "[...] Talvez a via do subsídio estatal seja, em muitos casos, de maior conveniência e adequação, especialmente por promover a repartição do ônus social decorrente por toda a coletividade. Mas não entendo proscritas as opções de subsidiar a tarifa social total ou parcialmente por recursos carreados do excesso de tarifação imposto a certos grupos de usuários (relativamente à tarifa técnica). Essa é uma escolha que cabe ao legislador infraconstitucional". GUIMARÃES, op. cit., p. 115.

conforme alerta César A. Guimarães Pereira "Havendo isenções ou reduções tarifárias, o custo correspondente será arcado ou pelo concessionário, ou pelos demais usuários ou pelo poder concedente. Afinal, o concessionário não dispõe, ao contrário do Poder Público no caso de taxas beneficiadas, da receita geral de impostos".[335]

Nesse caso, é imprescindível que o contrato administrativo seja revisto, para manter o equilíbrio econômico-financeiro nele previsto.

3.9. A eficiência na prestação do serviço público deve beneficiar os usuários mediante a diminuição das tarifas

O princípio da eficiência foi inserido no artigo 37, *caput*, da Constituição Federal, para obrigar os órgãos estatais a buscar a obtenção de resultados positivos em todas as suas ações. Em função do princípio da eficiência, a Administração Pública deve agir com total empreendimento para a otimização[336] da aplicação dos recursos públicos.[337]

Assim, toda a estrutura administrativa brasileira deverá voltar-se à promoção da eficiência organizacional e funcional,[338] a fim de ser cumprida a sua missão constitucional, que é assegurar, mediante políticas públicas, a cidadania (artigo 1°, II, CRFB/1988) e a dignidade da pessoa humana (artigo 1°, II, CRFB/1988) no âmbito nacional.

Destaca Luiz Carlos Bresser Pereira que "a reforma da gestão pública cria novas instituições e define novas práticas que permitem transformar os burocratas clássicos em gestores públicos. O objetivo central é reconstruir a capacidade do Estado, tornando-o mais forte do ponto de vista administrativo, e assim criando condições para que seja também mais forte em termos fiscais e em termos de legitimidade de-

---

[335] PEREIRA, op. cit., p. 354-355.

[336] Registra Marçal Justen Filho que "Um dos aspectos essenciais do direito administrativo reside na vedação ao desperdício ou má utilização dos recursos destinados à satisfação de necessidades coletivas. É necessário obter o máximo de resultados com a menor quantidade possível de desembolsos". JUSTEN FILHO, op. cit., p. 84.

[337] O Tribunal de Contas da União – TCU aplica às suas decisões esse novo paradigma imposto à Administração Pública: "A atuação estatal não deve mais ser balizada apenas pelos critérios de legalidade, moralidade e de impessoalidade. Exige-se que a gestão pública seja igualmente pautada pelos Princípios da Eficiência e da Economicidade. A ênfase é dada na produtividade, na obtenção de resultados. Portanto, a atuação administrativa legítima, nos dias atuais, será aquela que, além de realizar os princípios tradicionais da impessoalidade, legalidade, etc., igualmente dê ênfase à obtenção de resultados positivos sob o ponto de vista da eficiência, da economicidade". BRASIL. *Tribunal de Contas da União*. Decisão n. 765/99. Disponível em: <http://www.tcu.gov.br>. Acesso em: 15 dez. 2008.

[338] Sobre a temática do princípio da eficiência administrativa, consulte: GABARDO, Emerson. *Princípio Constitucional da Eficiência Administrativa*. São Paulo: Dialética, 2002.

mocrática. O pressuposto da reforma que foi adotada no Brasil é o de que só um Estado capaz pode garantir e regular um mercado que consiga alocar com eficiência os fatores de produção".[339]

No tocante aos serviços públicos,[340] o princípio da eficiência é de extrema relevância e aplicação,[341] pois o ente público deve exigir do concessionário total eficiência, para que os ganhos econômicos decorrentes sejam compartilhados com os usuários, mediante a redução das tarifas. Isso decorre de exigência constitucional devidamente positivada no ordenamento jurídico nacional.[342]

Nesse sentido, escreve Marçal Justen Filho que: "A eficiência e a criatividade do concessionário são vias para racionalização de despesas e ampliação de receitas. Essas perspectivas vêm sofrendo intensas modificações ao longo dos últimos anos. A obtenção desses resultados tem de refletir-se na qualidade dos serviços e na modicidade das tarifas".[343]

A concessão de serviços públicos é adotada pelo poder concedente para buscar, mediante licitação pública, a escolha de um parceiro privado, visando a investimentos, à transferência do risco do negócio e à total eficiência na prestação dos serviços públicos. Mas a eficiência da

---

[339] BRESSER-PEREIRA, Luiz Carlos. Instituições, Bom Estado, e Reforma da Gestão Pública. *Revista Eletrônica sobre a Reforma do Estado – RERE*, Salvador, Instituto de Direito Público da Bahia, n. 1, março, 2005. Disponível em: <www.direitodoestado.com.br>. Acesso em: 30 ago. 2010.

[340] A Lei Federal n. 11.445/2007 exige a eficiência na prestação dos serviços públicos. São os termos do dispositivo legal: "Art. 23. A entidade reguladora editará normas relativas às dimensões técnica, econômica e social de prestação dos serviços, que abrangerão, pelo menos, os seguintes aspectos: I – padrões e indicadores de qualidade da prestação dos serviços; VI – monitoramento dos custos; VII – avaliação da eficiência e eficácia dos serviços prestados; IX – subsídios tarifários e não tarifários; [...]". BRASIL. *Congresso Nacional*. Lei Federal n. 11.445/2007. Disponível em: <http://www.presidencia.gov.br>. Acesso em: 20 abr. 2014.

[341] Para Alexandre Santos de Aragão, "Na seara dos serviços públicos, mais do que em qualquer outra, todo ato, normativo ou concreto, só será válido ou validamente aplicado, se, ex vi do princípio da eficiência (art. 37, caput, CF), for a maneira mais eficiente ou, na impossibilidade de se definir esta, se for pelo menos uma forma razoavelmente eficiente de realização dos objetivos dos serviços públicos. O princípio da eficiência não visa a mitigar ou a ponderar o Princípio da Legalidade, mas sim a embeber a legalidade de uma nova lógica, determinando a insurgência de uma legalidade finalística e material – dos resultados práticos alcançados –, e não mais uma legalidade meramente formal, subsuntiva e abstrata (mera compatibilidade in abstrato com as regras superiores)". ARAGÃO, op. cit., p. 356-357.

[342] "Art. 37 [...] § 3º A lei disciplinará as formas de participação do usuário na administração pública direta e indireta, regulando especialmente: I – as reclamações relativas à prestação dos serviços públicos em geral, asseguradas a manutenção de serviços de atendimento ao usuário e a avaliação periódica, externa e interna, da qualidade dos serviços; [...]".
"Art. 175. Incumbe ao Poder Público, na forma da lei, diretamente ou sob regime de concessão ou permissão, sempre através de licitação, a prestação de serviços públicos. Parágrafo único. A lei disporá sobre: [...] IV – a obrigação de manter serviço adequado". BRASIL. *Congresso Nacional*. Constituição da República Federativa do Brasil. Disponível em: <http://www.presidencia.gov. br>. Acesso em: 15 dez. 2008.

[343] JUSTEN FILHO, op. cit., p. 365.

iniciativa privada na prestação dos serviços públicos é um dos grandes objetivos pautados pelo instituto da concessão.[344] E isso é medido pela universalização do serviço, mediante tarifas reduzidas.[345]

O usuário jamais poderá ser sacrificado com tarifas elevadas, devido à ineficiência do concessionário na exploração do serviço público. O ônus da ineficiência jamais poderá ser suportado pelo destinatário da prestação, conforme ressalta César A. Guimarães Pereira: "É inválida, inclusive sob o ângulo da isonomia, a adoção de sistema de tarifação que não seja idôneo para promover a eficiência: nessa situação, o usuário estaria sendo chamado a suportar os ônus econômicos de um fato (ineficiência) a que não teria dado causa".[346]

A eficiência na exploração do serviço público é, portanto, uma imposição constitucional, sendo que os resultados alcançados devem ser compartilhados com os usuários, mediante a redução das tarifas públicas.

3.10. A obtenção de receitas alternativas vinculadas à redução das tarifas

O artigo 11[347] da Lei Federal n. 8.987/1995 e o artigo 9º[348] da Lei Federal n. 12.587/2012 permitem que o concessionário obtenha receitas

---

[344] Sobre o tema da eficiência na prestação dos serviços de telecomunicações, o artigo 108 da Lei Federal n. 9.472/1997 disciplina a matéria da seguinte forma: "Art. 108. Os mecanismos para reajuste e revisão das tarifas serão previstos nos contratos de concessão, observando-se, no que couber, a legislação específica. § 1º A redução ou o desconto de tarifas não ensejará revisão tarifária. § 2º Serão compartilhados com os usuários, nos termos regulados pela Agência, os ganhos econômicos decorrentes da modernização, expansão ou racionalização dos serviços, bem como de novas receitas alternativas. § 3º Serão transferidos integralmente aos usuários os ganhos econômicos que não decorram diretamente da eficiência empresarial, em casos como os de diminuição de tributos ou encargos legais e de novas regras sobre os serviços". BRASIL. *Congresso Nacional*. Lei Federal n. 9.472/1997. Disponível em: <http://www.presidencia.gov.br>. Acesso em: 15 dez. 2008.

[345] Destaca Marçal Justen Filho: "É evidente que os benefícios daí derivados não poderão ser apropriados exclusivamente pelo concessionário. Deverão ser transferidos para as tarifas, tal como deve ocorrer com todos os demais ganhos relacionados à eficiência econômica – ainda que uma parcela desses ganhos deva ser apropriada pelo concessionário". JUSTEN FILHO, op. cit., p. 252.

[346] PEREIRA, op. cit., p. 373-374.

[347] Dispõe o artigo 11 da Lei Federal n. 8.987/1995: "Art. 11. No atendimento às peculiaridades de cada serviço público, poderá o poder concedente prever, em favor da concessionária, no edital de licitação, a possibilidade de outras fontes provenientes de receitas alternativas, complementares, acessórias ou de projetos associados, com ou sem exclusividade, com vistas a favorecer a modicidade das tarifas, observado o disposto no art. 17 desta Lei. Parágrafo único. As fontes de receita previstas neste artigo serão obrigatoriamente consideradas para a aferição do inicial equilíbrio econômico-financeiro do contrato". BRASIL. *Congresso Nacional*. Lei Federal n. 8.987/1995. Disponível em: <http://www.presidencia.gov.br>. Acesso em: 20 jan. 2009.

[348] O art. 9º da Lei Federal n. 12.587/2012 estabelece: "Art. 9º O regime econômico e financeiro da concessão e o da permissão do serviço de transporte público coletivo serão estabelecidos no respectivo edital de licitação, sendo a tarifa de remuneração da prestação de serviço de transporte

alternativas, complementares ou acessórias vinculadas à exploração do serviço público.[349]

O autor Alexandre Santos de Aragão aponta os seguintes exemplos de receitas alternativas: (a) publicidade na rodovia objeto de concessão; (b) restaurantes nas barcas empregadas no transporte de passageiros; (c) museu em estação ferroviária; e (d) direito à exploração de áreas do subsolo ou contíguas à obra pública para instalação de *shopping centers*, supermercados, postos de abastecimento de combustível, estacionamentos de automóveis, galerias, lojas.[350]

O regime jurídico a que se sujeitam as atividades exemplificadas é puramente privado,[351] mas a receita auferida deve ser publicizada,

---

público coletivo resultante do processo licitatório da outorga do poder público. § 1º A tarifa de remuneração da prestação do serviço de transporte público coletivo deverá ser constituída pelo preço público cobrado do usuário pelos serviços somado à receita oriunda de outras fontes de custeio, de forma a cobrir os reais custos do serviço prestado ao usuário por operador público ou privado, além da remuneração do prestador. [...] § 5º Caso o poder público opte pela adoção de subsídio tarifário, o deficit originado deverá ser coberto por receitas extratarifárias, receitas alternativas, subsídios orçamentários, subsídios cruzados intrassetoriais e intersetoriais provenientes de outras categorias de beneficiários dos serviços de transporte, dentre outras fontes, instituídos pelo poder público delegante". BRASIL. *Congresso Nacional*. Lei Federal n. 12.587/2012. Disponível em: <http://www.presidencia.gov.br>. Acesso em: 21 abr. 2014.

[349] Sobre o tema, já decidiu o Superior Tribunal de Justiça – STJ: "ADMINISTRATIVO – CONCESSÃO DE RODOVIA ESTADUAL – PREQUESTIONAMENTO E APLICABILIDADE APENAS DO ART. 11 DA LEI N. 8.987/95 – INSTALAÇÃO DE DUTOS SUBTERRÂNEOS – EXIGÊNCIA DE CONTRAPRESTAÇÃO DE CONCESSIONÁRIA DE SANEAMENTO BÁSICO – POSSIBILIDADE – NECESSIDADE DE PREVISÃO NO CONTRATO DE CONCESSÃO – ART. 11 DA LEI N. 8.987/95. 1. O único artigo prequestionado e que se aplica ao caso é o art. 11 da Lei n. 8.987/95. 2. Poderá o poder concedente, na forma do art. 11 da Lei n. 8.987/95, prever, em favor da concessionária, no edital de licitação, a possibilidade de outras fontes provenientes de receitas alternativas, complementares, acessórias ou de projetos associados, com ou sem exclusividade, com vistas a favorecer a modicidade das tarifas. 3. No edital, conforme o inciso XIV do art. 18 da citada lei, deve constar a minuta do contrato, portanto o art. 11, ao citar 'no edital', não inviabiliza que a possibilidade de aferição de outras receitas figure apenas no contrato, pois este é parte integrante do edital. 4. No presente caso, há a previsão contratual exigida no item VI, 31.1, da Cláusula 31, in verbis: 'cobrança pelo uso da faixa de domínio público, inclusive por outras concessionárias de serviço público, permitida pela legislação em vigor'. 5. Violado, portanto, o art. 11 da Lei n. 8.987/95 pelo Tribunal de origem ao impor a gratuidade". BRASIL. *Superior Tribunal de Justiça*. REsp n. 975097/SP, Rel. Min. Humberto Martins, julgado pela 1ª Seção do Superior Tribunal de Justiça em 9.12.2009, DJU 13.5.2010. Disponível em: <http://www.stj.jus.br>. Acesso em: 24 abr. 2014.

[350] PEREIRA, op. cit., p. 610-611.

[351] Destaca Fernando Vernalha Guimarães que "A exploração destas atividades complementares em projetos associados será realizada sob regime de atividade econômica em sentido estrito. Não se confundem com o objeto central da concessão, porquanto não se constituem na prestação de serviço público. Bem por isso, não as atividades relevantes à execução da concessão em si, razão pela qual a perspectiva de sua exploração não pode comprometer o correto e adequado funcionamento do serviço público objeto da concessão. Mas se afiguram atividades vinculadas em alguma medida com a prestação da concessão; logo, serão relacionadas no projeto da concessão, compondo também o objeto do contrato de concessão. É claro que, fixada sua natureza como atividade econômica em sentido estrito, tais atividades não estarão submetidas ao mesmo regime jurídico da concessão, na acepção de que não se submetem ao regime jurídico do serviço público. Como

para integrar a equação econômico-financeira dos contratos de concessão, conforme destaca Marçal Justen Filho: "os ganhos econômicos correspondentes devem ser aproveitados para integração na equação econômico-financeira. Infringiria a ordem jurídica produzir a dissociação entre a prestação do serviço público e exploração de atividades econômicas conexas, eis que isso equivaleria à elevação da tarifa imposta ao usuário".[352]

A seguir, o referido autor arremata pela total impossibilidade de o concessionário se apropriar dos resultados lucrativos das receitas complementares, deixando de inseri-las na equação do equilíbrio econômico-financeiro do contrato: "O concessionário não pode pura e simplesmente embolsar tais resultados lucrativos, sendo compulsória a reversão desses resultados em prol da prestação do serviço público. Ou seja, se o concessionário deixar de aproveitar as oportunidades econômicas conexas com a prestação do serviço público, isto significará a redução de receita necessária à elevação da qualidade de suas atividades e à prática de tarifas módicas".[353]

As receitas obtidas em função do exercício de atividades conexas ou complementares devem ser, portanto, uma das fontes para o custeio do serviço público concedido.[354] Elas não podem ser destinadas ape-

---

atividade econômica em sentido estrito, estão subjugadas ao disposto no art. 170 da Constituição (*caput* e parágrafo único). Contudo, estarão economicamente integradas com a concessão, sujeitas, portanto, a determinadas prerrogativas administrativas de controle e fiscalização (artigos 29, I, 30 e 31 da Lei n. 8.987/95). Na medida em que a prestação destas atividades gera receita à prestação do serviço público, passa a integrar a equação econômico-financeira da concessão, merecendo daí a tutela administrativa correspondente. Por isso, ainda que se possa afirmar que tais atividades estão fora do âmbito do regime jurídico do serviço público, a determinadas prerrogativas de tutela da concessão elas se submeterão, particularmente no que toca ao exercício da fiscalização acerca das demonstrações financeiras correspondentes". GUIMARÃES, Fernando Vernalha. As receitas alternativas nas concessões de serviços públicos no direito brasileiro. *Revista de Direito Público da Economia – RDPE*, n. 21, ano 6, jan./mar. 2008, p. 121-148. Belo Horizonte: Fórum, 2008, p. 123-124.

[352] JUSTEN FILHO, op. cit., p. 368.

[353] Idem, p. 370.

[354] Para Tercio Sampaio Ferraz Junior e Juliano Souza de Albuquerque Maranhão, "Existe uma intenção firme do Estado, dentro do novo modelo, em permitir que todos os bens e recursos públicos concedidos sejam aproveitados, de tal forma que retornem ao administrado, sob a forma de redução de tarifas. Essa nova mentalidade é particularmente expressa no art. 11 da Lei, que permite (se é que não exige) a exploração de toda e qualquer forma de receita alternativa, tendo em vista a redução de tarifas". FERRAZ JUNIOR, Tercio Sampaio; MARANHÃO, Juliano Souza de Albuquerque. O princípio de eficiência e a gestão empresarial na prestação de serviços públicos: a exploração econômica das margens de rodovias. *Revista de Direito Público da Economia – RDPE* n. 17, Belo Horizonte, ano 5, p. 191-209, jan./mar. 2007, p. 197. Prosseguem os autores: "Portanto, no novo modelo de concessões, a racionalidade empresarial deve estar presente em sentido amplo, não somente para o serviço objeto da concessão, mas na administração e exploração de todos os bens concedidos, de forma que também quanto a bens não diretamente relacionados ao serviço, e. g., as margens de rodovias, não cabem mais antigos privilégios ou gratuidades". Idem, p. 198.

nas a beneficiar o concessionário. O seu fim é ocasionar a redução de encargos para os usuários, sob pena de restar consumado o desvio de finalidade que determinou a sua existência.[355]

Portanto, as receitas oriundas de empreendimentos com vínculo material com a execução da concessão em si devem ser incorporadas a equação do equilíbrio econômico-financeiro do contrato de concessão de serviço público.

Os projetos e atividades sem vínculo material-acessório à concessão ou à execução do serviço público também devem integrar a equação do equilíbrio econômico-financeiro da contratação. Pelo disposto no artigo 11 da Lei Federal n. 8.987/1995, o legislador, ao mencionar as hipóteses de receitas alternativas ou complementares, considerou que projetos e atividades sem vínculos direto ou marginal com a prestação do serviço público integrem a equação econômico-financeira da concessão. As receitas decorrentes, por exemplo, da exploração de determinados espaços de publicidade à margem de rodovias concedidas devem integrar economicamente a concessão.

Sobre o tema, destaca Fernando Vernalha Guimarães que: "[...] Essa orientação firma-se no entendimento de que a permissão estampada no artigo 11 tem por finalidade alcançar a diversificação de fontes de financiamento da concessão, desinteressando sua ligação material ou funcional com a execução do serviço público. Pretendeu o legislador possibilitar a geração de receitas adicionais ou alternativas, pressupondo esta uma ferramenta relevante à realização satisfatória do serviço público. Se a hipótese de negócio vislumbrada não esbarrar nas vedações disciplinadas pelo regime jurídico da livre iniciativa, ainda que nenhuma relação direta mantenha com a execução do serviço público, nenhum óbice haverá na sua absorção como fonte de receita ao custeio da concessão".[356]

Há também o dever jurídico de o poder concedente implementar receitas alternativas. É imprescindível que sejam adotadas soluções que impliquem redução de custeio da concessão, minimizando custos e favorecendo a economicidade e a modicidade tarifária.

Todas as potencialidades de redução do valor da tarifa deverão ser perseguidos pelo poder concedente durante o planejamento e a execução da concessão. Por isso, deve ser feito o máximo aproveitamento econômico da concessão, a fim de implementar a modicidade tarifária.

---

[355] Para Egon Bockmann Moreira, "[...] existe o direcionamento da renda auferida: a receita necessariamente deve ingressar no caixa do projeto concessionário. Isso significa que o empreendimento gerador de receitas não tarifárias precisa ter a maior transparência e ser minuciosamente examinado pelo concedente, sob pena de se correr o risco da instalação de fontes alternativas de receitas para os acionistas da SPE, não para a concessão de serviço público". MOREIRA, op. cit., p. 416.

[356] GUIMARÃES, op. cit., p. 125-126.

Sobre o tema, destaca Fernando Vernalha Guimarães que: "[...] Pode-se extrair das normas que impõem a economicidade à gestão do serviço público e a modicidade tarifária que a Administração deverá sempre estruturar o projeto da concessão e de prestação do serviço público de molde a investigar e integrar todos os meios legalmente disponíveis para alcançar-se a tarifa módica, desde que estas escolhas não ofendam outros valores prezados pela sociedade, que assumam igual ou superior hierarquia no caso concreto. O exame caberá à Administração à conta do exercício de competência discricionária".[357]

Há também a possibilidade de implementação de receitas adicionais durante a execução do contrato de concessão de serviço público. A integração de fontes alternativas de custeio pode ser admitida durante o curso da execução do contrato de concessão. A ausência de providência nesse sentido quando da configuração do contrato não impede a sua implementação posterior.[358]

Portanto, as receitas alternativas, complementares ou acessórias vinculadas à exploração do serviço público devem integrar a equação do equilíbrio econômico-financeiro dos contratos de concessão, a fim de minimizar custos e favorecer a exigência constitucional da modicidade tarifária.

3.11. A limitação à suspensão da prestação de serviço público essencial em função do inadimplemento

Na concessão de serviços públicos, é formada uma relação jurídica entre o usuário e o prestador. Este tem o dever jurídico de prestar o

---

[357] GUIMARÃES, op. cit., p. 127-128.

[358] Sobre o tema, já dissertou Fernando Vernalha Guimarães: "Portanto, e uma vez assegurada a intangibilidade da equação econômico-financeira e respeitados os direitos do concessionário, o regime da mutabilidade dos contratos de concessão acolhe a possibilidade de integrarem-se supervenientemente à celebração do ajuste (e à realização do processo licitatório) fontes alternativas à receita tarifária, no propósito de alcançar-se a modicidade tarifária. A finalidade pressuposta – o alcance da tarifa módica ou o incremento da qualidade do serviço – é evidente que se configura um fim de interesse coletivo. Logo, a alteração da configuração econômico-financeira da concessão, neste aspecto, pode-se fazer no curso da execução do contrato a título da alteração consensual do contrato de concessão. [...] É claro que, em qualquer hipótese, deve restar mantida a equação econômico-financeira do contrato de concessão. Admitir a modificação daqueles aspectos financeiros da concessão sem que se assegure o restabelecimento da equação importará infração à licitação". GUIMARÃES, op. cit., p. 128-129. Nesse sentido, também defende Egon Bockmann Moreira: "É recomendável que exista enumeração das fontes secundárias de receita em todos os contratos, mas ela será numerus apertus. A depender da evolução dos fatos, o contrato não pode ter sua receita inibida em decorrência da ausência de previsão por parte dos contratantes. [...] O ideal seria instalar cláusula de abertura que incentive o concessionário a efetivamente diversificar as fontes de receitas – cujo resultado repercutirá na modicidade tarifária. Cláusula instalada desde o edital, a estimular oportunidades de negócio e competição mais intensa quando da licitação". MOREIRA, op. cit., p. 417.

serviço, enquanto aquele tem que realizar o pagamento da tarifa para poder usufruí-lo.

Nesse caso, a prestação de uma parte é o que a habilita para a titularidade do direito à prestação da outra. Trata-se de relação jurídica que cria direitos e obrigações entre as partes.[359] De um lado, o concessionário, para prestar o serviço público concedido, necessita do pagamento da tarifa; de outro, o usuário, para poder usufruir do serviço público, precisa realizar o adimplemento da sua obrigação, que é a quitação da tarifa.

Enormes discussões doutrinárias[360] e jurisprudenciais foram travadas acerca da possibilidade ou não da suspensão da prestação do serviço em função do inadimplemento do usuário[361] hipossuficiente. Houve decisões judiciais para ambos os lados.

---

[359] Para Jacintho Arruda Câmara, "O dever de continuidade, portanto, sempre foi entendido como um vínculo de caráter genérico, que exigia do Estado a manutenção de determinado serviço público em funcionamento. É um dever estabelecido em favor da sociedade como um todo assumido pelo Estado ou por quem lhe faça as vezes (concessionário ou permissionário de serviço público). Constata-se, portanto, que em sua concepção original o princípio da continuidade do serviço público serve apenas para assegurar que o serviço (considerado, de uma maneira geral, como empreendimento) tenha uma oferta garantida continuamente. Neste sentido, não diz respeito à específica relação que envolve prestador de serviço público e cada um de seus usuários. Esta última (a relação entre prestadoras de serviços públicos e usuários) sujeita-se a condicionamentos (exigências) relacionados à obtenção dos serviços, entre os quais pode figurar, de acordo com o sistema constitucional brasileiro, a obrigação de remunerar o prestador do serviço público. Interromper a prestação de serviço público a um usuário que não atenda aos requisitos exigidos para sua obtenção, assim, não configura rompimento do dever de continuidade. A continuidade do serviço público é preservada sempre que o Poder Público (ou a empresa concessionária ou permissionária) o oferece nas condições estabelecidas na regulamentação. Não há que se falar em violação ao dever de continuidade se entre essas condições figurar o pagamento de tarifa e o fornecimento for interrompido em função do inadimplemento do usuário. O dever de prestar o serviço – vale registrar mais uma vez – somente se torna exigível se as condições para sua fruição estiverem presentes". CÂMARA, Jacintho de Arruda. *Tarifa nas Concessões*. São Paulo: Malheiros, 2009, p. 107-108.

[360] Para Andreia Cristina Bagatin, o corte de energia elétrica pela falta de pagamento constitui mecanismo destinado a tutelar a continuidade da prestação do próprio serviço público: "Deve-se anotar que a previsão de corte de energia elétrica não tem por finalidade última resguardar o eventual credor singularmente considerado. Por óbvio, quando afasta a possibilidade de que a dívida de um determinado usuário se amplie e incentiva o adimplemento, também promove essa proteção. Porém, esse é o meio pelo qual é possível atingir o seu real objetivo: a tutela da regularidade e a continuidade do serviço público como um todo. Na medida em que os serviços de energia elétrica envolvem pesados investimentos e é necessária a adoção de medidas periódicas que promovam a expansão e a inovação na prestação dos serviços, admite-se que se relativize a continuidade do serviço em face de um usuário singularmente considerado como meio de se garantir o respeito ao princípio da continuidade para todos os demais usuários. Desse modo, ao se estabelecer a possibilidade de suspensão do fornecimento, o objetivo final é a proteção da continuidade do próprio serviço público". BAGATIN, Andreia Cristina. O princípio da continuidade dos serviços públicos: um exame do art. 17 da Lei da ANEEL. *In*: COSTALDELLO, Angela Cassia (coord.). *Serviço Público – Direitos Fundamentais, Formas Organizacionais e Cidadania*. Curitiba: Juruá, 2007, p. 34.

[361] Destaca César A. Guimarães Pereira: "debate-se na doutrina e jurisprudência se o direito à continuidade do serviço público restringe o direito do prestador à interrupção dos serviços no caso

Após longo debate doutrinário e jurisprudencial, o Superior Tribunal de Justiça, como órgão jurisdicional responsável pela uniformização da interpretação da lei federal, resolveu encerrar a discussão, uniformizando a interpretação, o que restou feito no julgamento do Recurso Especial n. 363.943-MG, no qual era discutida a legitimidade ou não do corte de luz por inadimplemento.

Decidiu-se, por maioria, pela possibilidade jurídica de corte, prevalecendo, assim, o voto vencedor proferido pelo Ministro-Relator Humberto Gomes de Barros. Foram refutados todos os argumentos suscitados quanto à violação ao disposto nos artigos 22 e 42 do Código de Defesa do Consumidor – CDC.

O fundamento jurídico central do seu voto é o "efeito dominó" que a impossibilidade de corte acarretaria, já que os demais usuários seriam estimulados à inadimplência, o que causaria, nesse caso, a falência do concessionário.[362]

Quanto à invocação do artigo 22 do CDC, o referido Ministro ressaltou que, nos casos em que o serviço público é prestado mediante concessão, há a regra específica do artigo 6º, § 3º, II, da Lei n. 8.987/1995, que permite a interrupção do fornecimento na hipótese de inadimplemento pelo usuário.[363]

---

de inadimplemento do usuário. A própria existência e a consistência dos argumentos de ambos os lados demonstram a complexidade da relação jurídica de serviço público: não há mera contraposição entre direito à prestação e direito à remuneração. Diversas condicionantes temperam a posição jurídica de cada pólo". PEREIRA, op. cit., p. 350.

[362] Destacou o Ministro Humberto Gomes de Barros, em seu voto vencedor: "Com efeito, ao saber que o vizinho está recebendo energia de graça, o cidadão tenderá a trazer para si o tentador benefício. Em pouco tempo, ninguém mais honrará a conta de luz. Ora, se ninguém paga pelo fornecimento, a empresa distribuidora de energia não terá renda. Em não tendo renda, a distribuidora não poderá adquirir os insumos necessários à execução dos serviços concedidos e, finalmente, entrará em insolvência. Falida, a concessionária interromperia o fornecimento a todo o município, deixando às escuras até a iluminação pública". BRASIL. *Superior Tribunal de Justiça*. REsp. n. 363.943/MG, Rel. Min. Humberto Gomes de Barros, julgado em 4.6.2006, Disponível em: <http://www.stj.jus.br>. Acesso em: 10 dez. 2002.

[363] Do corpo do voto proferido pelo Ministro Humberto Gomes de Barros, depreende-se: "Como se percebe, o § 3º permite, expressamente, a interrupção do fornecimento, quando o usuário deixa de cumprir sua obrigação de pagar. O dispositivo é sábio. Com efeito, a distribuição de energia é feita, em grande maioria, por empresas privadas que não estão obrigadas a fazer benemerência em favor de pessoas desempregadas. A circunstância de elas prestarem serviços de primeira necessidade não as obriga ao fornecimento gratuito. Ninguém se anima em afirmar que as grandes redes de supermercados e as farmácias – fornecedoras de alimentos e medicamentos – devem entregar gratuitamente suas mercadorias aos desempregados". Na mesma linha, registra Jacintho Arruda Câmara: "Há também um forte argumento de índole fática ou material contra a leitura do princípio da continuidade segundo a qual haveria o dever de se prestar o serviço público ainda que inadimplente o usuário. Sustenta-se que, caso fosse exigida do prestador do serviço público a continuidade da prestação nos casos de inadimplência, poderia haver, na hipótese do crescimento do número de devedores, risco para a manutenção do serviço como um todo. Haveria, por assim dizer, um risco sistêmico, provocado pela assunção de custos pela prestadora de serviço público sem a devida contraprestação imediata". CÂMARA, op. cit., p. 108.

Restou afastada também a aplicação do disposto no artigo 42 do CDC, pois, segundo o referido julgador, o corte pela falta de pagamento da tarifa não constitui nenhuma postura capaz de expor o usuário a vexame.[364]

O Superior Tribunal de Justiça veda a suspensão da prestação quando o serviço público é essencial e destinado a órgãos públicos, como é o caso de delegacias de polícia, hospitais, etc., pois isso poderia implicar sérios prejuízos para a coletividade.[365]

O concessionário é obrigado à prestação regular e contínua do serviço público, desde que estejam configurados padrões de normalidade,

---

[364] Sob o aspecto do artigo 42 do CDC, o Ministro Humberto Gomes de Barros destacou em seu voto: "o corte é doloroso, mas não acarreta vexame. Vergonha maior é o desemprego e a miséria que ele acarreta. Em linha de coerência, deveríamos proibir o patrão de despedir empregados. O fornecimento gratuito de bens da vida constitui esmola. Negamos empregos ao nosso povo e o apascentamos com esmolas. Nenhuma sociedade pode sobreviver, com seus integrantes vivendo de esmolas". BRASIL. *Superior Tribunal de Justiça*. REsp. n. 363.943/MG, Rel. Min. Humberto Gomes de Barros, julgado em 4.6.2006, Disponível em: <http://www.stj.jus.br>. Acesso em: 10 dez. 2002.

[365] Já decidiu o Superior Tribunal de Justiça – STJ: "ADMINISTRATIVO. PROCESSUAL CIVIL. AGRAVO REGIMENTAL NO AGRAVO REGIMENTAL NO AGRAVO EM RECURSO ESPECIAL. TELEFONIA. SERVIÇOS ESSENCIAIS. SUSPENSÃO. DELEGACIA DE POLÍCIA, UNIDADE DE CUSTÓDIA E SERVIÇO DE SAÚDE. DÉBITOS PRETÉRITOS. IMPOSSIBILIDADE. PRECEDENTES DO STJ. 1. Nas razões do recurso especial, a parte ora recorrente aduz a ocorrência de violação do art. 6º, § 3º, II da Lei nº 8.987/95, que expressamente prevê a possibilidade de interrupção dos serviços em caso de inadimplemento do usuário, se aplica ao caso em tela vez que o ente público não pagou pelos serviços que lhe foram prestados pela concessionária. 2. Neste ponto, cumpre destacar que a orientação jurisprudencial deste Sodalício admite o corte no fornecimento do serviço de telefonia em relação a entes públicos, desde que cumpridos os requisitos legais pela concessionária de telefonia. Além disso, o corte no fornecimento não pode alcançar os serviços públicos essenciais para a coletividade tendo em vista a existência de outros meios à disposição da parte credora para a cobrança dos débitos. Precedentes do STJ: REsp 742.640/MG, 2ª Turma, Rel. Min. Eliana Calmon, DJ 26/09/2007; REsp 302.620/SP, 2ª Turma, Relator p/ acórdão Min. João Otávio de Noronha, DJ de 16/02/2004. 3. Assim, a conclusão ora alcançada em momento algum implica na conclusão de que o ente público não necessita adimplir com as dívidas contraídas perante a prestadora de serviço público, na hipótese, de telefonia. Apenas e tão somente ressalta a necessidade de ponderação de interesses envolvidos, os quais devem ter como norte não prejudicar os interesses públicos da coletividade, sendo que, nestes casos, ainda que não haja o corte no fornecimento, o débito continua sendo devido pelo ente público à concessionária e esta poderá cobrar utilizando de todos os meios legais admitidos em lei, inclusive com bloqueio judicial de valores que satisfaçam o adimplemento. 4. Nesta ponderação de valores, o caso em concreto apresenta peculiaridades que devem ser levadas em consideração tendo em vista a presença de interesse público envolvido. Isso porque, conforme consignado na decisão agravada, restou incontroverso que o corte pretendido pela concessionária ora recorrente: (a) envolve débito pretérito; e, ainda, (b) se refere a serviços públicos essenciais, quais sejam, serviços prestados na Delegacia de Polícia, na Unidade Mista de Saúde e no Centro de Custódia do Município de Oiapoque. Sendo assim, o corte no fornecimento no serviço de telefonia não é possível, nos termos da orientação jurisprudencial supracitada. 5. Agravo regimental não provido". BRASIL. *Superior Tribunal de Justiça*. AgRg no AREsp 208805/AP, Rel. Min. Mauro Campbell Marques, julgado em 15.8.2013. Disponível em: <http://www.stj.jus.br>. Acesso em: 10 abr. 2014.

que, nesse caso específico, consistem no cumprimento da obrigação imposta ao usuário,[366] que é o pagamento da tarifa pública.

O fundamento jurídico para a continuidade no fornecimento do serviço público é a realização da dignidade da pessoa humana. Esclarece César A. Guimarães Pereira que o "princípio da dignidade humana, refletido em normas específicas, assegura o direito a certas prestações do serviço público independentemente da efetivação do pagamento".[367]

Conforme já foi dito em diversas oportunidades, o serviço público envolve uma prestação ativa, voltada ao oferecimento de condições favoráveis ao desenvolvimento digno da pessoa humana. A questão não pode ser resolvida de modo absoluto, conforme o Superior Tribunal de Justiça no referido precedente judicial.

Há serviços que não são suscetíveis de corte, ainda que esteja configurado o inadimplemento da contraprestação, como é o caso da coleta e destinação final do lixo, o fornecimento de água e energia elétrica, pois a ausência à fruição dessas utilidades essenciais causaria frustração à realização da dignidade humana,[368] colocando, no caso, em risco até mesmo a saúde pública.

---

[366] Esclarece Andreia Cristina Bagatin que o "princípio da continuidade do serviço público não se confunde com a gratuidade da prestação desses mesmos serviços. Do fato de terem de ser prestados regularmente não deriva a conclusão de que sejam prestados graciosamente, sem a necessidade de pagamento de qualquer contraprestação". BAGATIN, op. cit., p. 30.

[367] PEREIRA, op. cit., p. 341.

[368] Destaca Egon Bockmann Moreira que: "[...] parece por demais ingênua a tentativa de ver os usuários como conjunto homogêneo de consumidores hipossuficientes, que foram seduzidos pelo 'canto da sereia' do mercado ou que são coagidos a receber serviços públicos compulsórios que apenas protegem a saúde pública. O título de usuário de serviço público não traz consigo o direito de não responder pelos seus atos, a gerar zonas de conforto e inibição existencial. A dignidade da pessoa não é apenas um status passivo, mas traz consigo a responsabilidade. Os cidadãos e as instituições brasileiras não são conjuntos compostos por inimputáveis, mas, sim, de pessoas com dignidade e que têm condições de avaliar suas próprias escolhas – seja racional, seja emocionalmente. Logo, têm de arcar com as consequências – positivas ou negativas – de suas opções e também com as vicissitudes da vida. As exceções devem ser respeitadas, e nessa condição tratadas. Caso haja populações carentes ou efetivamente despidas de recursos, o problema maior está no momento da definição da política pública: neste caso, o Estado precisa prestar diretamente o serviço público (e não o conceder ou permitir) ou deve contar com programas assistenciais – como aqueles que de fato existem". MONTEIRO, op. cit., p. 269-270. No mesmo sentido, destaca Jacintho Arruda Câmara que é impossível à dignidade humana, como fundamento jurídico único e autônomo, vedar a cobrança dos usuários pela fruição dos serviços públicos: "Ao analisar-se a norma que autoriza o corte na prestação de serviços públicos há de se levar em consideração um importante fator: a mesma Constituição que estabelece como um dos seus fundamentos a dignidade da pessoa humana também autoriza, expressamente, a cobrança pela prestação de serviços públicos. Aliás, quando a Constituição quis eliminar tal característica (o pagamento) da prestação de determinados serviços públicos, o fez de maneira expressa, impondo ao Estado o dever de prestá-los gratuitamente. Assim foi determinado, por exemplo, em relação aos serviços educacionais". CÂMARA, op. cit., p. 11.

Trata-se de serviços que são materialmente insuscetíveis à interrupção de fornecimento, ainda que caracterizado o inadimplemento. Teria que ser mantido um mínimo de serviço para a realização das necessidades básicas e essenciais do usuário inadimplente.[369]

Alexandre Santos de Aragão defende que se trata de serviços públicos obrigatórios, como é o caso do saneamento básico, cujo usuário possui direito à prestação, ainda que esteja inadimplente. Segundo o autor, nesse caso, tal serviço público é de tamanha importância que o particular é obrigado a usufruí-lo, para o bem da coletividade.[370]

Para Jacintho Arruda Câmara, quando existir o dever de fruição obrigatória, o concessionário ficará obrigado a manter a prestação do usuário inadimplente. Neste sentido defende o autor: "o corte não seria admitido, por contrariar interesse coletivo expressamente previsto em lei específica: o de que os serviços sejam prestados a todos os usuários, independentemente de suas vontades (em virtude da caracterização do serviço como de fruição obrigatória)".[371]

---

[369] Nessa linha, dispõe o artigo 40, § 3º, da Lei Federal n. 11.445/2007: "Art. 40. Os serviços poderão ser interrompidos pelo prestador nas seguintes hipóteses: [...] § 3º A interrupção ou a restrição do fornecimento de água por inadimplência a estabelecimentos de saúde, a instituições educacionais e de internação coletiva de pessoas e a usuário residencial de baixa renda beneficiário de tarifa social deverá obedecer a prazos e critérios que preservem condições mínimas de manutenção da saúde das pessoas atingidas". BRASIL. *Congresso Nacional*. Lei Federal n. 11.445/2007. Disponível em: <http://www.presidencia.gov.br>. Acesso em: 20 abr. 2014.

[370] Registra Alexandre Santos de Aragão que: "Independentemente de qual tese se adote, uma distinção prévia há de ser feita entre os serviços públicos obrigatórios e os facultativos: todos os serviços públicos são de elevado interesse público, mas alguns deles possuem tamanho interesse para a coletividade que o particular não é apenas um beneficiário da sua prestação, mas também um sujeito obrigado a fruí-lo, ou seja, deve se abster de satisfazer aquela determinada necessidade humana através de outro meio que não seja o serviço público. Na maioria dos municípios brasileiros, por exemplo, o serviço de coleta de lixo domiciliar é obrigatório, isto é, se a pessoa gerar o lixo só pode dele se livrar pelo serviço público de coleta, não podendo incinerá-lo, enterrá-lo etc. Por determinação legal, não tem autonomia de vontade para tanto. Esses serviços públicos obrigatórios são diferentes dos facultativos, em que o cidadão está livre para satisfazer a sua necessidade por outros meios (ex., pode-se ter o serviço público de energia elétrica ou usar gerador próprio, ou um lampião; via de regra se pode usar a água distribuída pelo serviço público ou se lançar mão de um carro-pipa, de um poço artesiano etc.). Não há de se cogitar de suspensão em razão do inadimplemento quando se tratar de serviço público obrigatório. Imaginemos se o Estado ou a concessionária deixasse de recolher esgoto de uma residência em razão de o usuário não estar com o seu pagamento em dia. Se o serviço é obrigatório, não poderá o inadimplemento do usuário, que não deixa de ser uma forma de expressão da sua vontade, ilidir a prestação. Feita essa ressalva, tocante apenas aos serviços públicos obrigatórios, entendemos que a obrigação de continuidade pressupõe a lealdade e a boa-fé entre as partes e, consequentemente, o adimplemento contratual mútuo. A equidade restaria violada se uma parte fosse obrigada a continuar a sua prestação mesmo se a outra parte simplesmente resolvesse não mais pagar o que lhe deve. Se o concessionário fosse obrigado a tanto, nem estaríamos mais diante de uma concessão de serviço público, mas de requisição de serviços, pois a empresa estaria simplesmente sendo forçada a prestar serviços gratuitamente em razão do interesse público, o que escapa a qualquer ideia de marco contratual de concessão". ARAGÃO, op. cit., p. 551-552.

[371] CÂMARA, op. cit., p. 131.

SERVIÇO PÚBLICO NA CONSTITUIÇÃO FEDERAL

Há também categorias de usuários cuja capacidade contributiva é reduzida ou o local de residência é desfavorável e deve ser protegido por tarifas diferenciadas ou isento de pagamento pelo serviço. Quanto aos demais usuários, a ausência de adimplemento da contraprestação é motivo suficiente para a interrupção da prestação do serviço, sob pena de restar assegurada, assim, a fruição gratuita dos serviços por todos, ainda que desprovido de motivação.[372]

Entretanto, o prejuízo arcado pelo concessionário em função do inadimplemento da contraprestação por parte dos usuários hipossuficientes deve ser reparado pelo poder concedente, devendo ser utilizada uma das formas prescritas pelo ordenamento jurídico nacional.[373]

O argumento de que a interrupção da prestação do serviço público implica a utilização da autotutela, pelo concessionário, para exigir o cumprimento de obrigações relativas ao pagamento de tarifas é imprestável para sustentar continuidade da prestação dos serviços públicos para os usuários inadimplentes.

Não se pode alegar que a interrupção da prestação dos serviços públicos pela falta de pagamento da tarifa é mecanismo para o concessionário executar créditos por seus próprios meios (justiça privada). Pelo contrário, trata-se da mera aplicação da cláusula da exceção de contrato não cumprido, pela qual uma parte que não cumpre as suas obrigações acaba liberando a outra do cumprimento da sua obrigação. Nesse caso, o concessionário, em função da falta de pagamento da tarifa pelo usuário, fica desobrigado de lhe prestar o serviço público.[374]

---

[372] PEREIRA, op. cit., p. 341.

[373] Registra Alexandre Santos de Aragão que "o valor da tarifa acabaria tendo que ser de alguma forma arcado: ou por um subsídio interno, onerando-se os usuários adimplentes, ou por um subsídio externo, com o Erário Público, ou seja, toda sociedade cobrindo os prejuízos do concessionário com o inadimplemento, prejuízos esses legitimariam o reequilíbrio econômico-financeiro por serem excepcionais, já que no marco regulatório é previsto o direito de o concessionário suspender o serviço nessas hipóteses". ARAGÃO, op. cit., 2007. No mesmo sentido defende César A. Guimarães Pereira: "Em qualquer circunstância que envolva a impossibilidade de cobrança imediata e a manutenção – ainda que parcial ou provisória – do serviço, o eventual concessionário do serviço que não pôde ser interrompido terá direito à imediata recomposição do equilíbrio contratual. Não é cabível que seja de qualquer modo penalizado pela incapacidade de pagamento do usuário". Idem, p. 343.

[374] Sobre a temática registra Jacintho Arruda Câmara: "Uma análise mais fria do tema, porém, desmente essa presunção. Deveras, ao se admitir a interrupção da prestação do serviço público por causa do inadimplemento do usuário não se está reconhecendo mais que a aplicabilidade, no âmbito da relação contratual firmada entre essas partes (prestadora e usuário), da vetusta cláusula da exceção de contrato não cumprido. Autoriza-se que uma das partes (a prestadora), em virtude do descumprimento das obrigações contratuais da outra parte (o usuário), também deixe de cumprir suas obrigações. Trata-se de mecanismo largamente aplicável nas relações de direito privado e que, atualmente, tem seu uso reconhecido até mesmo contra a Administração, no que tange aos contratos administrativos comuns (nas concessões, a Lei n. 8.987/1995 veda tal prática quando houver inadimplência do poder concedente – art. 39). A cláusula, numa perspectiva

O concessionário, para realizar a suspensão do fornecimento, terá que realizar a comunicação prévia ao usuário do serviço público. Se o concessionário assim não proceder, o usuário poderá recorrer da omissão ao poder concedente, e, se não resolvido, o Judiciário poderá ser acionado.

O fundamento para tais impugnações seria a violação direta ao artigo 6º, § 3º, da Lei n. 8.987/1995, que impõe o dever de aviso-prévio do usuário, a ser efetivado com o fim de atender ao artigo 5º, LV, da CRFB/1988, que assegura o direito ao contraditório e à ampla defesa.[375]

3.12. O direito constitucional do concessionário ao equilíbrio econômico-financeiro do contrato administrativo de concessão de serviço público

O equilíbrio econômico-financeiro dos contratos de concessão de serviços públicos constitui cláusula fundamental desses ajustes administrativos.[376] Nestes, é firmada entre os contratantes uma relação entre encargos e retribuições.

Esclarece Marçal Justen Filho que a expressão *equilíbrio econômico-financeiro* indica que "os encargos correspondem (equivalem, são iguais) às retribuições. A expressão equilíbrio esclarece que o conjunto dos encargos é a contrapartida do conjunto das retribuições, de molde a caracterizar uma equação – sob prisma puramente formal".[377]

---

exclusivamente jurídica, produz efeitos somente em relação às obrigações futuras da concessionária, na medida em que suspende sua exigibilidade enquanto houver inadimplência do usuário. Juridicamente, frise-se, o débito já existente não é afetado. Caso queira cobrar os débitos dos usuários, mesmo com o serviço interrompido, a prestadora será obrigada a lançar mão dos meios ordinariamente conhecidos (judiciais ou extrajudiciais)". CÂMARA, op. cit., p. 114-115. A seguir, conclui Jacintho: "Na hipótese de interrupção decorrente de inadimplemento das obrigações referentes à prestação do próprio serviço não há que se falar em instrumento de execução privada, ou algo parecido. Trata-se simplesmente da liberação das obrigações de uma das partes (prestadora) em virtude do descumprimento das obrigações da outra (usuária)" (Idem, p. 116).

[375] Estabelece o artigo 40, V, da Lei Federal n. 11.445/2007 que "Art. 40. Os serviços poderão ser interrompidos pelo prestador nas seguintes hipóteses: [...] V – inadimplemento do usuário do serviço de abastecimento de água, do pagamento das tarifas, após ter sido formalmente notificado. [...] § 2º A suspensão dos serviços prevista nos incisos III e V do caput deste artigo será precedida de prévio aviso ao usuário, não inferior a 30 (trinta) dias da data prevista para a suspensão". BRASIL. *Congresso Nacional*. Lei Federal n. 11.445/2007. Disponível em: <http://www.presidencia.gov.br>. Acesso em: 20 abr. 2014.

[376] Destaca Jacintho Arruda Câmara que "a noção de equilíbrio econômico-financeiro é, por origem (uma vez que se inspira na teoria da imprevisão) e funcionalidade, conceito vago, impreciso, indeterminado. Ele é útil justamente porque é flexível e comporta ponderações na sua aplicação". CÂMARA, op. cit., 2009, p. 171.

[377] JUSTEN FILHO, op. cit., p. 388.

O direito constitucional do concessionário ao equilíbrio econômico-financeiro do contrato administrativo abrange todas as concessões: comum, patrocinada e administrativa. Todas essas formas de contratação sujeitam-se à incidência da referida garantia constitucional.

As obrigações recíprocas fixadas no contrato de concessão de serviço público possuem um valor de relação que corresponde a uma proporção. É essa relação proporcional, fixada entre encargos e retribuições, que restará assegurada durante toda a execução da relação contratual. Nenhum dos referidos elementos da relação são imutáveis, porém, a manutenção do equilíbrio econômico-financeiro pressupõe a vedação total à alteração de apenas um dos elementos da equação.

Para Marçal Justen Filho, "Não é possível alterar, quantitativa ou qualitativamente, apenas o âmbito dos encargos ou tão somente o ângulo das retribuições".[378] Podem ser ampliados os encargos do concessionário, desde que reste assegurado o aumento proporcional das retribuições[379] previstas contratualmente.

Registra Marçal Justen Filho que: "A intangibilidade da equação econômico-financeiro abrange apenas os efeitos patrimoniais da contratação. Não se trata de impedir a modificação do conteúdo das prestações fixadas contratualmente. O que se veda é modificar a relação de natureza econômica entre encargos e vantagens".[380]

O equilíbrio econômico-financeiro dos contratos não constitui óbice jurídico à modificação dos contratos administrativos, visando, por exemplo, à prestação adequada e eficiente dos serviços públicos. Porém, as condições da equação econômico-financeira da proposta, caso afetadas, devem ser recompostas ao quadro desenhado inicialmente, conforme garantia constitucional instituída nos artigos 37, XXI, e 175, ambos da CRFB/1988.

No âmbito infraconstitucional, a equação do equilíbrio econômico-financeiro também foi disciplinada (artigo 57, § 1º, 58, § 1º, e 65, II, "d", todos da Lei n. 8.666/1993; artigo 9º, §§ 2º e 4º, da Lei n. 8.987/1995).

Sobre o tema, registra Alexandre Santos de Aragão que: "É possível ao Estado alterar o marco regulatório inicial e impor ao concessionário a

---

[378] JUSTEN FILHO, op. cit., p. 390.

[379] Nesse sentido, escreve Caio Tácito: "as obrigações recíprocas que figuram na concessão não têm um valor absoluto, elas possuem um valor de relação: entre elas se estabelece uma determinada proporção e é esta proporção que deve ser mantida. Não são as prestações (A, B, C) do concedente que são imutáveis, nem aquelas (a,b,c) da concessionária, mas a relação que foi estabelecida entre A, B, C e a, b, c". TÁCITO, Caio. O Equilíbrio Financeiro na Concessão de Serviço Público. *Temas de Direito Público*, 1º vol. Rio de Janeiro: Renovar, 1997, p. 201.

[380] JUSTEN FILHO, op. cit., p. 392.

prestação de novas obrigações, desde que, concomitantemente, ou seja, no mesmo ato, readapte a equação (art. 9º, § 4º, Lei nº 8.987/95)".[381]

É fundamental ressaltar que não é qualquer alteração contratual que poderá provocar um desequilíbrio na equação econômico-financeira dos contratos de concessão de serviço público. A modificação deve afetar a avença econômico-financeira esperada pelo concessionário. É que determinadas alterações unilaterais no contrato que não tenham atacado a equação não ensejam recomposição da avença inicial.[382]

Em caso de desequilíbrio da equação econômico-financeira da concessão em função da alteração unilateral do contrato, a sua readequação deve ser concomitante (artigo 9º, § 4º, Lei n. 8.987/1995). A ação estatal que alterar o contrato, onerando ou desonerando o concessionário, deve já estipular, na mesma oportunidade, a medida, visando à recomposição da equação econômico-financeira inicial.[383]

Alexandre Santos de Aragão sustenta que a ausência de medida administrativa amparando o reequilíbrio contratual deve ensejar a suspensão da eficácia da alteração. Destaca o referido autor que: "Qualquer alteração unilateral da concessão, aí inclusas as cláusulas de serviço, que não for desde a sua origem acompanhada do reequilíbrio, tenha sido editada pelo Estado-Administração ou pelo Estado-Legislador, fica com a sua eficácia em relação à concessão suspensa, condicionada a que seja definida a forma de manutenção da equação econômico-financeira inicial".[384]

Assevera Jacintho Arruda Câmara que: "os contratados passaram a fazer jus a um reequilíbrio do contrato sempre que este fosse afetado por: (a) alterações unilaterais do contrato promovidas pela Administração Pública; (b) fatos imprevistos (eventos da Natureza, econômicos, etc.); e (c) atos governamentais alheios ao próprio contrato (fato do príncipe)".[385]

---

[381] ARAGÃO, op. cit., p. 549.

[382] Registra Alexandre Santos de Aragão que: "Alguns importantes aspectos econômicos do contrato constam de cláusulas de serviço (ex.: a fixação da tarifa), e como tal estão na esfera unilateral do poder público, que, no entanto, deverá sempre observar o equilíbrio econômico-financeiro inicialmente pactuado, recompondo-o se for o caso (art. 9º, § 4º, Lei n. 8.987/97). É que, ao contrário do que pode parecer, a intangibilidade é apenas da equação econômico-financeira, não das cláusulas que tenham expressão econômica em si, inclusive as respeitantes à estrutura tarifária, que podem, portanto, ser alteradas, desde que o delegatário seja de alguma forma recompensado (ex. a tarifa pode ser diminuída, mas o equilíbrio econômico-financeiro há de ser recomposto mediante a minoração dos investimentos, a não reversibilidade de parte dos bens, o aumento do prazo da delegação etc.)". Idem, p. 549.

[383] Idem, p. 643-644.

[384] Idem, p. 644.

[385] CÂMARA, op. cit., p. 165.

É importante também ressaltar que, caso sejam diminuídos os encargos atribuídos ao concessionário, isso terá força suficiente para ocasionar a redução das vantagens que aquele auferiria, caso fossem mantidas as condições iniciais da contratação.[386] Assim, a cláusula da equação econômico-financeira é uma via de mão-dupla, ou seja, a diminuição dos encargos enseja a redução das vantagens.

Registra Alexandre Santos de Aragão que a proteção da equação do equilíbrio econômico-financeiro cumpre dupla função: (a) é um contrapeso às prerrogativas exorbitantes da Administração Pública na gestão dos contratos de que seja parte; e (b) resguarda a continuidade do serviço e os interesses públicos envolvidos pelo contrato (desonerar o Estado do investimento para a prestação direta, prestação de serviços públicos adequados, universalização do serviço).[387]

Destaca Jacintho Arruda Câmara que: "A garantia da manutenção do equilíbrio econômico-financeiro das concessões reflete o mais importante instrumento propiciador de segurança jurídica ao particular que celebra um contrato de concessão de serviço público. A exigência, normalmente presente nas concessões, de que se faça um investimento inicial de vulto para amortização ao longo de extenso período de exploração econômica do serviço concedido é balizada pela garantia de que, durante o período de exploração, a equação econômico-financeira originalmente firmada será mantida durante toda a execução do contrato".[388]

Seguramente, o equilíbrio econômico-financeiro dos contratos de concessão serve precipuamente à defesa do interesse público.[389] É inegável que o concessionário precisa ser remunerado adequadamente

---

[386] Nesse sentido, defende Alexandre Santos de Aragão: "O equilíbrio contratual resulta de uma equação econômico-financeira complexa, inclusiva de todos os fatores favoráveis e desfavoráveis a ambas as partes. Se as áleas extraordinárias em questão ocorrerem desonerando o concessionário, o contrato deve ser revisto em benefício do poder concedente ou dos usuários. Não se trata de sanção ou gravame para o concessionário, mas apenas da manutenção do contrato em seus termos econômicos iniciais, da mesma forma que ocorreria, caso a álea extraordinária estivesse onerando o concessionário. O que se visa em ambos os casos é evitar o enriquecimento injustificado de qualquer das partes. O equilíbrio econômico-financeiro é, portanto, uma garantia de mão-dupla, razão pela qual os reguladores também devem estar constantemente atentos para eventuais desequilíbrios em favor dos concessionários". ARAGÃO, op. cit., p. 645.

[387] Idem, p. 637-638.

[388] CÂMARA, op. cit., p. 164.

[389] Registra Alexandre Santos de Aragão que: "Nos contratos de concessão de serviços públicos, face à sua longa duração e ao fato de visarem ao exercício de uma atividade-fim do Estado, há uma especial preocupação do legislador e dos tribunais em manter o equilíbrio econômico-financeiro. Se no decorrer da sua execução houver algum fato que a altere, seja impondo-lhe um maior custo (ex. obrigação de construir abrigos para passageiros, não prevista originariamente) ou a sua diminuição (ex.: redução de percurso deficitário de linha de ônibus), a equação deve ser recomposta". ARAGÃO, op. cit., p. 635-636.

para viabilizar a prestação do serviço público de forma contínua e eficiente.

A quebra da referida proporção fixada na equação pode implicar a frustração da concessão, ocasionando sérias consequências às partes envolvidas (poder concedente, concessionário e usuários). Por isso, é justificável a tutela constitucional à referida equação contratual, visando a sua integral manutenção durante todo o curso da execução do contrato.

3.13. A quebra do equilíbrio econômico-financeiro do contrato de concessão de serviço público

Conforme já visto, o concessionário tem o direito constitucional à manutenção do equilíbrio econômico-financeiro dos contratos de concessão de serviços públicos. É apenas dentro do marco contratual fixado, a partir da licitação, que o concessionário encontra-se obrigado a prestar o serviço público que lhe foi licitamente delegado, desde que seja respeitada a avença econômico-financeira inicial.

Há determinados fatos supervenientes que ensejam a quebra do equilíbrio econômico-financeiro dos contratos de concessão de serviços públicos. Tanto pode ocorrer a modificação dos encargos como a variação dos benefícios, exigindo, assim, uma repactuação da avença inicial.

Destaca Jacintho Arruda Câmara que: "A parcela de risco assumida pela concessionária de serviço público é normalmente designada como a álea ordinária do contrato. Corresponde ao risco que o particular aceitou assumir ao firmar o contrato de concessão".[390]

Podemos citar como exemplo os riscos pela gestão da empresa. Os recursos (humanos, equipamentos, infraestrutura) utilizados na execução do serviço público delegado são de inteira responsabilidade do concessionário. Eventuais falhas ou ineficiência na gestão não poderão ser utilizados para justificar quebra da equação econômico-financeira do contrato de concessão. Segundo a doutrina, a álea ordinária ou empresarial não pode ocasionar proteção especial para o concessionário.

Já o risco relativo à demanda pela utilização do serviço pode ser atribuído ao concessionário ou ao poder concedente. Para saber a quem atribuir o ônus pela oscilação da demanda de usuários, será necessário aferir o projeto de concessão. Se o ente público estimou, no proje-

---

[390] CÂMARA, op. cit., p. 189.

SERVIÇO PÚBLICO NA CONSTITUIÇÃO FEDERAL

to básico, a média de usuários, o poder concedente, nesse caso, numa eventual oscilação negativa de demanda, será responsabilizado pelo concessionário. Será o caso de realizar a revisão da tarifa, a fim de restabelecer o equilíbrio econômico-financeiro.

Porém, se o poder concedente atribuiu ao concessionário, no projeto básico, a tarefa de apurar a média de usuários, será dele a eventual frustração de demanda. Nesse caso, não haverá motivos suficientes para ensejar aumento de tarifa.[391]

As circunstâncias previsíveis, bem como as imprevisíveis, mas de resultados contornáveis, devem ser suportadas pelo contratado, já que correspondem aos riscos da sua atividade enquanto empreendedor da iniciativa privada.[392] Podem ser citados os seguintes exemplos: as variações de preço e o aumento dos encargos salariais.

Já o desequilíbrio da equação econômico-financeira do contrato pode decorrer:

1) Da álea administrativa: que é decorrente da ação ou omissão do poder concedente. A doutrina a subdivide nos seguintes tópicos:

1.1) Exercício, pela Administração, da prerrogativa de modificação unilateral do contrato de concessão: ocorre quando aquela se utiliza de

---

[391] Sobre o tema, Jacintho Arruda Câmara disserta: "Dependendo do regime jurídico previsto para a concessão, o risco pela variação da demanda em relação ao serviço delegado pode ser atribuído ao próprio concessionário ou ao poder concedente. Esta é uma definição de política regulatória a ser tomada pelo Poder Público. [...] Seria o caso, por exemplo, de uma concessão para exploração do serviço de transporte coletivo municipal de passageiros em que o poder concedente estabelecesse, como cláusulas contratuais, as linhas a serem exploradas, a frota a ser posta à disposição da população, o horário de passagem dos veículos e a previsão da média de usuários em cada uma dessas linhas. O concessionário, neste exemplo, ao assumir o contrato, levaria em consideração as estimativas fixadas pela Administração, mas sobre elas não assumiria responsabilidade. Por esta razão, a quebra desta expectativa deixa de ser um elemento de risco do concessionário, passando a ser considerada um fator alheio à sua influência empresarial. A variação de demanda, portanto, seria assumida pelo Poder Público, como um risco alheio à álea econômica do concessionário, e haveria de ser considerada razão suficiente para a revisão tarifária. De outro lado, conforme o interesse público a ser buscado, também seria possível estabelecer para um serviço delegado um modelo de regulamentação em que este mesmo risco (a variação de demanda de usuários) fosse transferido para o concessionário. Com esta opção, o Poder Público consideraria oportuno que o particular, responsável pela prestação do serviço, também estimasse o volume de clientes que poderia alcançar, assumindo este risco no momento em que oferecesse uma proposta para receber a outorga do serviço (dependendo do critério de julgamento da licitação, o volume estimado da demanda pode repercutir na tarifa ofertada ou no preço a ser pago pelo recebimento da concessão). É óbvio que, nestas condições, se houver frustração das expectativas, será esta uma contingência assumida pelo próprio concessionário. Não haveria o menor cabimento em transferir eventuais prejuízos com uma queda de demanda para os usuários, na forma de aumento de tarifa, via revisão. Neste outro contexto, a variação de demanda, devido a uma modelagem da própria concessão, passa a ser álea ordinária do concessionário, ou seja, um risco contratualmente assumido". CÂMARA, op. cit., p. 192.

[392] Registra José Anacleto Abduch Santos que "O concessionário assume por sua conta e risco a álea ordinária presente em toda atividade comercial". SANTOS, José Anacleto Abduch. *Contratos de Concessão de Serviços Públicos – Equilíbrio Econômico-Financeiro*. Curitiba: Juruá, 2007, p. 155.

suas prerrogativas para alterá-lo, visando ao bom atendimento do interesse público, o que impõe o dever de restabelecer o equilíbrio;[393]

1.2) Desequilíbrio econômico-financeiro em decorrência de fato da Administração: é configurado quando o poder concedente viola obrigações assumidas perante o concessionário. Nesse caso, resta atingida diretamente a concessão. Podem ser apontados como exemplos: (a) a falta de entrega do local da obra ou do serviço; (b) a ausência de providência administrativa para as desapropriações necessárias; e (c) deixar de pagar as prestações contratuais.[394] Como implica inadimplemento das obrigações da Administração contratante, é impositivo o pagamento de indenização devida ao concessionário;

1.3) Desequilíbrio econômico-financeiro em decorrência de fato do príncipe:[395] é uma determinação geral e imprevisível, jurídica ou material, praticada pela própria Administração contratante. O contrato administrativo é atingido reflexamente, mas, se for significativo, será necessária a sua modificação. Registra Marçal Justen Filho que: "Quando caracterizado o fato do príncipe, o contratado terá direito à indenização completa e integral, a ser apurada em face das circunstâncias, salvo na hipótese em que o instrumento contratual já estabelecer uma solução de predeterminação da indenização".[396]

O desequilíbrio econômico-financeiro do contrato de concessão pode surgir em função de evento:

2) Da álea econômica: trata-se de acontecimentos de ordem econômica externos à vontade das partes e que repercutem na equação econômico-financeira. Subdividem-se em:

2.1) Acontecimentos externos ao contrato e estranhos à vontade das partes, imprevisíveis e inevitáveis (teoria da imprevisão): correspondem aos acontecimentos econômicos excepcionais que afetam a execução do contrato administrativo, exigindo que o poder concedente partilhe as cargas negativas impostas ao concessionário. O fato não

---

[393] SANTOS, op. cit., p. 159-162. Assegura José Anacleto Abduch Santos que: "A modificação unilateral do contrato de concessão não é uma faculdade do concedente. Constitui um dever-poder inafastável a ele conferido para a prossecução do interesse público. Renunciar a este poder-dever equivale a renunciar ao atendimento do interesse público, o que é reprovável de acordo com o sistema constitucional brasileiro". Depois, prossegue: "A alteração unilateral do contrato de concessão promovida pela Administração não caracteriza falta contratual, cabendo a ela apenas a recomposição do equilíbrio econômico-financeiro do contrato". Idem, p. 160.

[394] Idem, p. 162-166.

[395] Registra Marçal Justen Filho: "A maior parte da doutrina reputa que o fato do príncipe se verifica quando a execução do contrato é onerada por uma medida proveniente da autoridade pública contratante, mas que exercita esse poder em um campo de competência estranho ao contrato". JUSTEN FILHO, op. cit., p. 384.

[396] Idem, p. 385.

exime o contratado de cumprir com as suas obrigações, mas exige a atuação positiva da Administração para a continuidade do serviço público.[397] A teoria da imprevisão exige a comprovação de alguns requisitos: (a) imprevisibilidade do evento; (b) inimputabilidade do evento às partes; (c) grave modificação das condições do contrato; e (d) ausência de impedimento absoluto;[398]

2.2) Desequilíbrio econômico-financeiro em decorrência de força maior, caso fortuito e sujeições imprevistas: ocasionam a impossibilidade de adimplemento das obrigações contratuais por dificuldades imprevistas que afetam a execução do serviço. São exemplos típicos os casos de tremores, enchentes e guerras. Nesse caso, o concessionário pode interromper a prestação do serviço sem que disso resulte sanção, além de ser cabível indenização por serviços já prestados.[399]

Apenas a álea extraordinária (administrativa ou econômica) enseja, portanto, o reequilíbrio econômico-financeiro do contrato de concessão de serviço público. Mas a prova do referido desequilíbrio, bem como o reconhecimento do direito à recomposição, envolve uma análise do universo fático.

Um exemplo de desequilíbrio econômico-financeiro que se insere na álea extraordinária é a introdução de concorrência sem prévia estipulação contratual ou regulamentar. No contrato administrativo de concessão, é firmada a exclusividade do prestador do serviço, porém, o poder concedente tolera (não impede) que terceiros (clandestinos) também prestem o serviço delegado. Nesse caso, é plenamente cabível a revisão do contrato de concessão de serviço público.[400]

---

[397] Registra Marçal Justen Filho que: "Durante a execução de contratos, em especial aqueles de longa duração, podem ocorrer alterações econômicas imprevisíveis, tornando inviável ao particular executar o contrato nas condições originalmente previstas. Executar a prestação nos exatos termos inicialmente previstos acarretaria sua ruína. Veja-se que a execução é materialmente possível, mas seria economicamente desastrosa. Ademais disso, o evento prejudicial deve reputar-se como passageiro. Se houver uma modificação que torne definitivamente impossível ou ruinoso executar o contrato, deverá aplicar-se a teoria da força maior, rescindindo-se o contrato ou realizando um outro". JUSTEN FILHO, op. cit., p. 385. No mesmo sentido, registra Alexandre Santos de Aragão: "É todo acontecimento externo ao contrato, estranho à vontade das partes, imprevisível e inevitável, que causa um desequilíbrio considerável, tornando a execução do contrato excessivamente onerosa para uma das partes". ARAGÃO, op. cit., p. 642.

[398] Idem, p. 385-387.

[399] Registra Marçal Justen Filho que "Quando os eventos supervenientes tornarem impossível a execução da avença, o contrato será desfeito, sem sancionamento para qualquer das partes". JUSTEN FILHO, op. cit., p. 387.

[400] Sobre o tema, destaca Jacintho Arruda Câmara: "Duas situações podem ensejar a revisão decorrente da introdução de concorrência sem prévia estipulação contratual ou regulamentar. Numa hipótese, há garantia de exclusividade na prestação do serviço público, mas, por falha da fiscalização a ser exercida pelo poder concedente, novos operadores acabam prestando clandestinamente o serviço. Seria o caso, por exemplo, de localidade em que o serviço de transporte coletivo tivesse

Portanto, não é qualquer nova obrigação imposta ao concessionário que afetará o equilíbrio econômico-financeiro dos contratos. É possível que novas obrigações ou ônus sejam impostos sem que afetem o equilíbrio original dos contratos.

Como os contratos administrativos são dinâmicos, a elevação de custos para execução do objeto da contratação pode ser compensada pela redução de outros encargos. Também podem ocorrer melhorias técnicas e operacionais na execução do contrato que impliquem ganhos econômicos decorrentes do aumento da produtividade e eficiência.[401]

Assim, podem ocorrer mudanças significativas que ampliem os custos na execução dos contratos administrativos de concessão de serviço público. Porém, se esses custos forem absorvíveis por outros elementos financeiros que integram a equação inicialmente fixada, não será necessário realizar a revisão contratual. A quebra do equilíbrio econômico-financeiro da concessão exige a demonstração da ruptura do padrão contratual fixado quando da contratação.[402]

Aponta Marçal Justen Filho que, para ocorrer a caracterização da quebra do equilíbrio econômico-financeiro do contrato de concessão de serviço público, é necessária a comprovação de três ordens de eventos: (a) a quebra da equação econômico-financeira mediante a "comparação entre as projeções originais sobre a execução do contrato e as efetivas condições dessa execução. A quebra da equação se evidencia quando provada a frustração das expectativas concretas formuladas acerca dos resultados econômicos da avença;[403] (b) a frustração decorreu do aumento dos encargos e/ou a redução das retribuições previstas originalmente no contrato; (c) precisa ficar caracterizado que a ampliação dos

---

sido delegado sob o regime de monopólio e, apesar disso, a Municipalidade tolerasse a atuação de transporte clandestino de passageiros. O monopólio assegurado contratualmente, nesta hipótese, estaria de fato desrespeitado, causando potencial desequilíbrio na equação econômico-financeira original e, consequentemente, possibilidade de revisão tarifária ou, mesmo, de direito a indenização em favor da empresa concessionária do serviço. A outra hipótese de desequilíbrio seria acarretada por uma quebra institucional, por assim dizer, do monopólio. Seria o caso em que o poder concedente resolvesse, deliberadamente, mudar a regulamentação aplicável e, com isso, pôr fim a um estado de coisas que garantia à concessionária a exploração do serviço em regime de monopólio. Referida mudança não pode ser questionada quanto ao seu mérito, uma vez que decorre do ordinário poder regulamentador atribuído à entidade titular do serviço. Todavia, as inegáveis consequências econômicas decorrentes da introdução de novos competidores num setor antes monopolizado devem ser computadas na avaliação sobre o equilíbrio econômico da avença. As previsões econômicas originais, todas concebidas para valer em ambiente monopolístico, passam a não ter os mesmos efeitos". CÂMARA, op. cit., p. 193-194.

[401] Idem, p. 169-170.

[402] Idem, p. 170.

[403] JUSTEN FILHO, op. cit., p. 399.

encargos e/ou a redução das retribuições configuram eventos extraordinários, de cunho imprevisível ou de efeitos incalculáveis.[404]

Essas são as condições para caracterizar a quebra do equilíbrio econômico-financeiro do contrato de concessão. São, em síntese, os pressupostos para a ocorrência da quebra da equação relativa ao equilíbrio econômico-financeiro do contrato de concessão de serviço público.

3.13.1. Aplicação do reajuste e da revisão nos contratos de concessão de serviços públicos

Há dois mecanismos básicos de alteração do valor das tarifas: o reajuste e a revisão. Primeiro, será tratado o mecanismo do reajuste.

Segundo Jacintho Arruda Câmara, o reajuste "consiste num mecanismo contratualmente estabelecido para preservar o valor real da tarifa em função da variação monetária produzida ao longo da execução do contrato. Normalmente este mecanismo é aplicado automaticamente, por meio da previsão de índices de reajustes, os quais, aplicados ao valor original da tarifa, são capazes de atualizá-lo monetariamente".[405]

O poder concedente, ainda que a data para a aplicação do reajuste seja certa e o índice para reajustar a tarifa seja divulgado por instituições independentes, deve aprovar, quando se tratar de concessão comum, o reajuste das tarifas mediante ato formal.[406]

Já no reajuste, quando se tratar de concessões patrocinadas e administrativas, não há necessidade de aprovação formal por parte do poder concedente.[407]

---

[404] Idem, p. 399. Aponta Jacintho Arruda Câmara que: "A constatação de um aumento desproporcional de encargos para a empresa concessionária, nesta linha, enseja a alteração no valor da tarifa, tornando-a mais alta, de modo a compensar o gasto maior. No caso de desequilíbrio do contrato de concessão que favoreça a concessionária (o que efetivamente pode ocorrer, dando ensejo, do mesmo modo, à necessária recomposição da equação original), a compensação dar-se-ia por meio da redução da tarifa". CÂMARA, op. cit., p. 171.

[405] Idem, p. 175.

[406] Nesse sentido, estabelece o artigo 29, V, da Lei Federal n. 8.987/1995: "Art. 29. Incumbe ao poder concedente: [...] V – homologar reajustes e proceder à revisão das tarifas na forma desta Lei, das normas pertinentes e do contrato; [...]". BRASIL. *Congresso Nacional*. Lei Federal n. 8.987/1995. Disponível em: <http://www.presidencia.gov.br>. Acesso em: 20 abr. 2014.

[407] Sobre o tema, dispõe o artigo 5º, IV, § 1º, da Lei Federal n. 1.1079/2004: "Art. 5º As cláusulas dos contratos de parceria público-privada atenderão ao disposto no art. 23 da Lei n. 8.987, de 13 de fevereiro de 1995, no que couber, devendo também prever: [...] IV – as formas de remuneração e de atualização dos valores contratuais; [...] § 1º As cláusulas contratuais de atualização automática de valores baseadas em índices e fórmulas matemáticas, quando houver, serão aplicadas sem necessidade de homologação pela Administração Pública, exceto se esta publicar, na imprensa oficial, onde houver, até o prazo de 15 (quinze) dias após apresentação da fatura, razões fundamentadas

A previsão de reajuste no contrato é requisito necessário à outorga de uma concessão. É cláusula essencial, que deve constar no contrato de concessão de serviço público. A inexistência de cláusula de reajuste constitui ilegalidade que enseja a nulidade do contrato.[408] Deve constar também previamente o índice de reajuste no edital de licitação e no contrato.[409]

No curso da execução do contrato, o mecanismo de reajuste pode vir a sofrer alteração, porém, deverá ser respeitado o equilíbrio econômico-financeiro originalmente fixado.[410] O prazo mínimo para a estipulação da data de reajuste é um ano, conforme estabelece o artigo 3º da Lei Federal n. 10.192/2001.[411]

A concessionária de serviço público possui direito subjetivo de exigir aplicação do reajuste quando completado o lapso temporal previsto contratualmente. O reajuste integra a estrutura do equilíbrio econômico-financeiro do contrato, pois visa manter o valor real da remuneração recebida pela empresa. Por isso, o atraso na sua implementação implica impacto no equilíbrio econômico originalmente fixado quando da contratação.

---

nesta Lei ou no contrato para a rejeição da atualização". BRASIL. *Congresso Nacional*. Lei Federal n. 11.079/2004. Disponível em: <http://www.presidencia.gov.br>. Acesso em: 20 abr. 2014.

[408] CÂMARA, op. cit., p. 178.

[409] Destaca Jacintho Arruda Câmara que: "a regra de atualização, por expressa determinação da legislação aplicável, deve ser previamente estabelecida no edital de licitação e no contrato de concessão. Há, portanto, necessidade de se estabelecer um índice ou mesmo uma fórmula aritmética (que reúna diversas variáveis) a fim de balizar os reajustes periódicos das tarifas. [...] A escolha do índice ou fórmula de reajuste é matéria a ser disciplinada pelo próprio poder concedente, avaliando-se as peculiaridades do serviço objeto da concessão. Torna-se necessário, contudo, que a escolha recaia sobre critérios que reflitam a variação monetária dos insumos que tenham efetivo impacto nos custos de prestação do serviço; vale dizer, que tenham influência comprovada no equilíbrio econômico-financeiro do respectivo contrato de concessão". Idem, p. 182-183.

[410] Destaca Jacintho Arruda Câmara que: "a cláusula que estabelece o valor da tarifa, bem como seu mecanismo de reajuste, pode vir a sofrer alteração ao longo da execução do contrato, inclusive de maneira unilateral. Ao alterá-la unilateralmente, todavia, o poder concedente é obrigado a respeitar o equilíbrio econômico-financeiro originalmente pactuado; assim como também está obrigado em relação a qualquer alteração unilateral que venha a realizar". Idem, p. 186.

[411] Estabelece o artigo 2º, § 1º, da Lei Federal n. 10.192/2001: "Art. 2º É admitida estipulação de correção monetária ou de reajuste por índices de preços gerais, setoriais ou que reflitam a variação dos custos de produção ou dos insumos utilizados nos contratos de prazo de duração igual ou superior a um ano. § 1º É nula de pleno direito qualquer estipulação de reajuste ou correção monetária de periodicidade inferior a um ano". BRASIL. *Congresso Nacional*. Lei Federal n. 10.192/2001. Disponível em: <http://www.presidencia.gov.br>. Acesso em: 20 abr. 2014. No mesmo sentido, estabelece o artigo 37 da Lei Federal n. 11.445/2007: "Art. 37. Os reajustes de tarifas de serviços públicos de saneamento básico serão realizados observando-se o intervalo mínimo de 12 (doze) meses, de acordo com as normas legais, regulamentares e contratuais". BRASIL. *Congresso Nacional*. Lei Federal n. 11.445/2007. Disponível em: <http://www.presidencia.gov.br>. Acesso em: 20 abr. 2014.

Para Egon Bockmann Moreira: "A revisão significa o procedimento pelo qual se pretende emendar, corrigir ou aperfeiçoar a tarifa praticada. É modo específico de disciplina e controle da tarifa durante todo o prazo contratual. Diz respeito à manutenção do equilíbrio econômico-financeiro sob seu aspecto substancial, com o exame e a reestruturação dos dados cuja combinação configurou a tarifa. Ao contrário do reajuste, não se trata só de mecanismo de manutenção do valor real da tarifa, mas sim de sua (re)avaliação crítica. A revisão é, portanto, um procedimento cooperativo em que concedente (ou regulador) e concessionário renovam alguns dos debates que permitiram a configuração original da tarifa (o que se dá dentro dos limites impostos pelo regime estatutário e contratual). Aqui, o nível e a estrutura da tarifa podem ser reavaliados, bem como a eficiência, a qualidade e a remuneração adequada – aproveitando-se a experiência construída no próprio projeto, com o intuito de permitir seu aperfeiçoamento".[412]

A revisão, portanto, visa a recompor o equilíbrio do contrato em situações excepcionais, que tenham, efetivamente, abalado o que foi inicialmente pactuado.[413] O processo de revisão pode implicar tanto o aumento como o decréscimo do valor das tarifas. Se houver acréscimo de ônus ao concessionário, a tarifa terá que ser majorada, porém, se os encargos suportados pelo concessionário forem reduzidos, a tarifa sofrerá redução.[414] A revisão depende da aprovação do poder concedente,

---

[412] MOREIRA, op. cit., p. 360.

[413] Destaca Egon Bockmann Moreira que: "[...] a revisão não é instrumento de incremento dos lucros do concessionário, nem meio de defesa do consumidor e muito menos forma de implementar políticas públicas populistas. Todos aqui têm interesses de curto prazo: o governo (a eleição); o investidor (o máximo lucro no mais curto tempo); os consumidores (a tarifa mais barata em face do melhor serviço). Mas o que está em jogo não é o interesse pessoal de cada um desses agentes, e sim a estabilidade das instituições e a eficiência dinâmica do projeto. As regras legais, regulamentares e contratuais devem prever periodicidade certa; metodologia predefinida; processos abertos e participativos, com prazos, fases e metas predeterminados; estabilidade das regras revisionais; exame atual, de médio e de longo prazos da realidade daquele setor; irretroatividade das decisões etc. – dados que constituem a pauta mínima a ser seguida nas revisões e reajustes". Idem, p. 361-362.

[414] Sobre o tema, destaca Jacintho Arruda Câmara: "A revisão conceitualmente se destina a recompor o equilíbrio econômico-financeiro que tenha sido afetado. Portanto, tanto ela pode incidir para aumentar o valor da tarifa, nas hipóteses em que o concessionário estiver experimentando perdas econômicas em virtude da execução do contrato, como também pode provocar a redução das tarifas, naqueles casos em que o desequilíbrio na equação econômica original esteja provocando benefícios indevidos ao concessionário. [....] Não é só a alteração no regime tributário que pode ensejar a diminuição de tarifas, mediante revisão. Qualquer outra alteração provocada pelo Poder Público, seja no âmbito específico da relação contratual (alteração unilateral do contrato), seja uma forma genérica de intervenção estatal (o chamado 'fato do príncipe'), desde que proporcione um desequilíbrio na equação econômica em favor do concessionário, pode acarretar uma revisão de tarifas para reduzir seu valor. O mesmo pode ocorrer em virtude de fatores naturais ou econômicos que venham a desonerar, de modo relevante, o concessionário; a revisão, neste caso, se daria como uma espécie de aplicação da teoria da imprevisão em favor do poder concedente e dos usuários". CÂMARA, op. cit., p. 197.

exigindo, para sua consumação, a celebração de termo aditivo ao contrato.

O processo de revisão da tarifa exige a devida regulamentação. É necessário que o regulamento da concessão estabeleça um procedimento prévio para a realização da revisão de tarifa.[415] O procedimento previamente definido assegura transparência e legitimidade ao processo de revisão das tarifas; assim, todos os interessados poderão realizar o controle dos atos que conduziram a seu novo valor.[416]

A omissão do poder concedente quanto à homologação do reajuste e aprovação da revisão pode ensejar ao concessionário a possibilidade de buscar, em juízo, o seu direito. O Poder Judiciário, nesse caso, pode proferir decisão judicial determinando à Administração Pública aplicação de reajuste e da revisão das tarifas, caso estejam configurados os pressupostos fáticos e jurídicos.[417]

---

[415] Estabelece o artigo 9º, § 12, da Lei Federal n. 12.587/2012: "Art. 9º O regime econômico e financeiro da concessão e o da permissão do serviço de transporte público coletivo serão estabelecidos no respectivo edital de licitação, sendo a tarifa de remuneração da prestação de serviço de transporte público coletivo resultante do processo licitatório da outorga do poder público. [...] § 12. O poder público poderá, em caráter excepcional e desde que observado o interesse público, proceder à revisão extraordinária das tarifas, por ato de ofício ou mediante provocação da empresa, caso em que esta deverá demonstrar sua cabal necessidade, instruindo o requerimento com todos os elementos indispensáveis e suficientes para subsidiar a decisão, dando publicidade ao ato". BRASIL. *Congresso Nacional*. Lei Federal n. 12.587/2004. Disponível em: <http://www.presidencia.gov.br>. Acesso em: 20 abr. 2014.

[416] Destaca Jacintho Arruda Câmara que: "Proceder à revisão de tarifas significa alterar o verdadeiro cerne da equação econômico-financeira. Assunto desta relevância envolve legítimos interesses, não só da concessionária, mas também da sociedade como um todo; por isso, deve ser encontrado um mecanismo para o efetivo acompanhamento e fiscalização dessas medidas. É neste contexto que a lei exige, de forma expressa, a existência de um procedimento para disciplinar a adoção de revisão de tarifas. Não é a mera exigência de um rito burocrático para a produção de determinado ato administrativo (o de revisão de tarifas). A existência de procedimento atende a uma necessidade jurídica de cunho substancial. É necessário assegurar, de um lado, a garantia de que o concessionário de serviço público encontre mecanismos eficientes de análise e decisão quanto aos seus pleitos referentes à preservação do equilíbrio econômico-financeiro (concretizado normalmente por meio de pedido de revisão da tarifa), bem como de que não tenha esse equilíbrio alterado por tentativa de revisão das tarifas (para menos) perpetrada pelo poder concedente. De outro lado, a criação de procedimento prévio para a tomada de decisão quanto à revisão de tarifas cria a possibilidade de que usuários, seus representantes ou, mesmo, as entidades de controle e fiscalização da Administração Pública (como Tribunais de Contas e Ministério Público) tenham acesso aos elementos informadores da decisão e, com isso, possam aferir a legitimidade da medida". CÂMARA, op. cit., p. 202-203.

[417] Assegura ainda Jacintho que: "Diante de uma situação concreta em que a aplicação das cláusulas contratuais e da regulamentação, envolvendo um dado serviço, indique a necessidade de aumento de tarifa, a fim de preservar o equilíbrio econômico-financeiro do contrato, é necessário que, nas hipóteses de descumprimento destas regras por parte do poder concedente, o concessionário tenha como recorrer eficazmente ao Judiciário para fazer valer um direito que lhe foi legitimamente conferido. Não seria possível conceber que, diante da omissão do administrador em homologar um reajuste ou determinar uma revisão tarifária, não existisse mecanismo hábil para que o Judiciário impusesse o cumprimento do ordenamento jurídico". Idem, p. 207.

Os usuários do serviço público concedido cuja tarifa foi alterada também podem questionar judicialmente a legitimidade da majoração. O Judiciário, nesse caso, pode determinar a realização de perícia para apurar se a revisão foi realizada dentro das regras contratuais. Constatado abuso na revisão deferida pelo poder concedente, cumpre ao Judiciário determinar a correção dos vícios encontrados.[418]

3.14. A recomposição do equilíbrio econômico-financeiro do contrato de concessão quebrado em decorrência da implantação de políticas públicas destinadas à universalização da fruição dos serviços públicos essenciais

O Estado possui o dever constitucional de implementar políticas públicas destinadas à universalização dos serviços públicos. Porém, o custo financeiro decorrente das isenções e reduções de tarifas implica, necessariamente, impacto negativo na equação econômico-financeira dos contratos de concessão, causando inegavelmente o seu desequilíbrio. Por isso, impõe-se ao ente público a adoção imediata de medidas destinadas a restabelecer o equilíbrio pactuado, sob pena de restar ameaçada a própria concessão pública.[419]

Registra Caio Tácito que, "configurada a hipótese de quebra do equilíbrio financeiro da concessão, deve o concedente adaptar, em

---

[418] Destaca Jacintho Arruda Câmara que, "[...] com base em demonstração de que a fixação de novos valores tarifários não obedece ao equilíbrio do contrato economicamente pactuado, os usuários – ou entidade que os represente – podem questionar judicialmente a legitimidade de aumento de tarifas. O Judiciário, a partir do reconhecimento dessa limitação jurídica existente, poderá pronunciar-se a respeito da adequação do novo valor fixado com a necessidade de manutenção do equilíbrio econômico-financeiro original do contrato. Ao fazer isso não estará imiscuindo em decisão de mérito, mas apenas constatando – normalmente por intermédio de perícia – se as limitações jurídicas aplicáveis à competência de alterar as tarifas estão sendo, de fato, obedecidas". CÂMARA, op. cit., p. 153.

[419] A respeito da temática, escreve Floriano Azevedo Marques Neto: "As modificações implementadas em favor da coletividade não podem se realizar às exclusivas custas do particular contratado, sob pena de caracterização do enriquecimento sem causa por parte do Poder Público. Se fosse assim, feridos estariam tanto os princípios de equidade – corolário da isonomia – quanto o princípio da boa-fé. O princípio da equidade resta ferido porquanto se estaria a impor a apenas um administrado – o contratado – os ônus de uma melhoria que reverte para toda a coletividade, desequiparando a correlação isonômica de ônus e bônus que deve ser distribuída uniformemente aos administrados, a qual deve balizar a atividade administrativa. O princípio da boa-fé, subjacente ao princípio constitucional da moralidade, sofreria afronta na medida em que a Administração, escudando-se em argumentos de ordem geral, estaria perpetrando um indevido dano ao particular, esquivando-se imotivadamente da reparação que é devida". MARQUES NETO, Floriano de Azevedo. Concessão de serviço público: dever de prestar serviço adequado e alterações das condições econômicas – princípio da atualidade – reequilíbrio através da prorrogação do prazo de exploração. *Revista Trimestral de Direito Público*. São Paulo: Malheiros, n. 22, 1998, p. 116-117.

equivalência, a receita do concessionário mediante revisão de tarifas, subvenções, regalias fiscais".[420] Nesse caso, o ordenamento jurídico nacional atribuiu ao poder concedente a faculdade de definir a melhor forma de restabelecer o equilíbrio econômico-financeiro, sendo que as soluções são variadas. Mas a opção terá que ser devidamente justificada, pois aquela escolhida deverá ser compatível com o interesse público.[421] A escolha é, portanto, discricionária, mas jamais arbitrária.[422]

A recomposição da equação econômico-financeira inicial, em função da política pública de universalização dos serviços essenciais mediante a redução do preço das tarifas, pode ser feita pelas seguintes formas:[423] (a) redução dos encargos do concessionário; (b) prorrogação do prazo contratual; (c) subsídios cruzados; e (d) subsídios externos. As três primeiras formas de recomposição são chamadas internas à concessão, enquanto a última é externa.

A redução dos encargos do concessionário pode ser viabilizada pelo poder concedente mediante a adoção das seguintes medidas administrativas: (a) a diminuição dos investimentos ou adiamento de sua realização; (b) ou qualquer outra medida que implique redução ou eliminação dos custos.

Segundo Marçal Justen Filho, tais medidas são juridicamente aceitáveis: "Ao invés de produzir-se a ampliação dos seus benefícios, determina-se a diminuição das cargas a ele impostas. Isso poderá traduzir-se em uma vasta gama de providências, as quais dependerão da natureza e das condições concretas da outorga. Assim, poderão reduzir-se as exigências no tocante a investimentos ou postergar-se sua realização. Não há impedimento a que sejam alterados padrões de qualidade do próprio serviço".[424]

O referido autor cita exemplos que configuram a redução de encargos que podem ser utilizados para restabelecer o equilíbrio econô-

---

[420] TÁCITO, op. cit., p. 1798.

[421] SANTOS, Rodrigo Valgas dos. Concessão de serviço público: a prorrogação do prazo de exploração para recomposição do equilíbrio econômico-financeiro do contrato. *Revista de Interesse Público n. 38*, jul/agosto 2006, p. 85-111. Porto Alegre: Notadez, 2006, p. 100.

[422] Nessa linha, destaca Juarez Freitas que "Legítima será, então, a liberdade exercida em conformidade com as regras e, acima delas, com os exigentes princípios da Constituição. Fora daí, cristalizar-se-á, em maior ou menor grau, a desprezível e abominável arbitrariedade por ação ou omissão". FREITAS, op. cit., p. 13.

[423] Para César A. Guimarães Pereira, "A variação das tarifas não é o único meio de preservação da equação econômico-financeira da concessão. Mesmo se houvesse vedação à alteração da remuneração do concessionário (p. ex., se fosse possível que se remunerasse mediante taxas, alteráveis apenas de um exercício para o outro e mediante lei), o equilíbrio seria preservado por meio de subvenções públicas, redução de investimentos ou outros mecanismos". PEREIRA, op. cit., p. 368.

[424] JUSTEN FILHO, op. cit., p. 405.

mico-financeiro da contratação: "Assim, numa concessão de exploração de rodovia, pode transferir-se a realização de obras de duplicação, remetendo-as para época posterior; numa concessão de transporte de passageiros, é possível elevar a idade média da frota; numa concessão de serviços de telecomunicação, podem ser adiadas exigências relacionadas com a universalização do serviço".[425]

Os encargos representam um custo econômico para o contratado que podem ser reduzidos ou eliminados pelo poder concedente, tudo para que seja levada adiante a política pública de diminuição do valor nominal da tarifa. Nesse caso, ainda que a tarifa seja fixada em montante insuficiente para o custeio pleno da concessão, o equilíbrio pode ser mantido.[426]

Outra possibilidade material para o restabelecimento do equilíbrio econômico-financeiro do contrato é a prorrogação do prazo da concessão, permitindo, assim, que o concessionário atinja seus objetivos num prazo ampliado.[427]

O prazo da concessão de serviço público é um dos elementos essenciais que integra a equação econômico-financeira.[428] É a partir dele

---

[425] JUSTEN FILHO, op. cit., p. 405.

[426] Defende César A. Guimarães Pereira que, no curso da concessão, podem ser adotadas revisões "contratuais que reduzam a tarifa e, concomitantemente, encargos do concessionário – dando assim outra feição à concessão e tornando suficiente a tarifa reduzida". PEREIRA, op. cit., p. 392.

[427] A possibilidade de recomposição pela prorrogação de prazo é defendida por Marçal Justen Filho: "Uma alternativa consistiria na ampliação dos prazos da concessão, de modo a assegurar que o prazo mais longo permita a realização dos resultados assegurados ao interessado. A prorrogação é compatível com a Constituição especialmente quando todas as outras alternativas para produzir a recomposição acarretariam sacrifícios ou lesões irreparáveis às finanças ou aos interesses dos usuários. Essa é a alternativa que realiza, do modo mais intenso possível, todos os valores e princípios constitucionais. Compõem-se os diferentes princípios e obtém-se a realização harmônica de todos eles". JUSTEN FILHO, op. cit., p. 406. A matéria relativa à prorrogação dos contratos administrativos é bastante polêmica. O Supremo Tribunal Federal recentemente decidiu pela impossibilidade de prorrogação dos contratos de concessão dos serviços públicos. É a ementa do julgado: "AGRAVO REGIMENTAL NO AGRAVO DE INSTRUMENTO. ALEGADA VIOLAÇÃO AO ART. 5º, LIV E LV, DA CF. INTERPRETAÇÃO DA LEGISLAÇÃO INFRACONSTITUCIONAL. OFENSA INDIRETA. CONTRATO DE CONCESSÃO DE SERVIÇO PÚBLICO. PRORROGAÇÃO POR PERÍODO ALÉM DO PRAZO RAZOÁVEL PARA A REALIZAÇÃO DE NOVO PROCEDIMENTO LICITATÓRIO. VIOLAÇÃO À EXIGÊNCIA CONSTITUCIONAL DE PRÉVIA LICITAÇÃO PÚBLICA. AGRAVO IMPROVIDO. [...] III – A prorrogação não razoável de concessão de serviço público ofende a exigência constitucional de que ela deve ser precedida de licitação pública. Precedentes. IV – Agravo regimental improvido". BRASIL. *Supremo Tribunal Federal*. AI 782928 AgR/RS, Rel. Min. Ricardo Lewandowski, julgado em 6.8.2013. Disponível em: <http://www.stj.jus.br>. Acesso em: 10 abr. 2014.

[428] Sobre o prazo contratual, destaca Egon Bockmann Moreira que: "O contrato de concessão exige a estipulação prévia de marco inicial e termo: a outorga do serviço público mede-se em lapsos certos. Devido ao dispositivo legal em comento, no regime jurídico brasileiro não existem concessões de serviço público ad aeternum ou com prazo incerto (precárias). Mas há outro motivo: sem esses dados cronológicos não é possível fazer as projeções dos investimentos (amortização e rentabilidade), da execução dos serviços e da entrega dos bens reversíveis. Também por isso o prazo

que o concessionário fixa o quanto será necessário auferir para a amortização dos investimentos realizados, bem como auferir os lucros previstos contratualmente. Por isso, sustenta Antônio Carlos Cintra do Amaral que: "O prazo da concessão não deve ser superior nem inferior ao necessário à amortização dos investimentos previstos, considerada a equação econômica do contrato em sua totalidade".[429]

Mas a prorrogação contratual é uma hipótese excepcional, que deve ser ponderada pelo poder concedente diante de outros valores e interesses postos em jogo. Não se admite nenhuma autorização vazia à prorrogação.[430] Ela somente pode ser justificada no caso de recomposição dos direitos devidos ao concessionário. É completamente inconstitucional a previsão originária do direito da concessionária à prorrogação, ainda que sejam fixados antecipadamente critérios objetivos para a sua consumação.

A prorrogação do contrato pode, portanto, ser o instrumento adequado à recomposição do equilíbrio econômico-financeiro a que tem direito o concessionário, desde que tudo seja justificado e comprovado em sede de processo administrativo. Trata-se, porém, de hipótese excepcional, que merece todas as cautelas no momento da sua utilização.

A integração de fontes alternativas de custeio também pode ser utilizada para recomposição da equação econômico-financeira da concessão. Nesse sentido, destaca Fernando Vernalha Guimarães que:

é determinado, pois a dúvida cronológica implicaria a precariedade do contrato. Isso, contudo, não importa dizer que esse prazo é inflexível ou imutável". MOREIRA, op. cit., p. 131. Depois, continua: "O prazo contratual deve ser expressamente estipulado, desde o edital. Em decorrência, tampouco assiste as partes o direito de resilir imotivadamente o contrato de concessão: o concessionário tem o direito e o dever de executar o contrato até o seu termo; o concedente tem o dever de respeitar e exigir a sua prestação até o derradeiro minuto do último dia". Idem, p. 131.

[429] AMARAL, op. cit., p. 86.

[430] Embora reconheça a possibilidade de ser utilizada a prorrogação contratual, independente da sua vinculação ao restabelecimento do equilíbrio contratual, Alexandre Santos de Aragão alerta acerca da impossibilidade da sua utilização desprovida de critérios objetivos e antecipados: "Não pode haver simplesmente a mera atribuição à Administração do poder de deferir ou não a prorrogação sem qualquer valor de outorga ou investimento significativo além dos previstos no contrato originário, já que se presume que a concessão já foi totalmente amortizada no seu prazo inicial, que é o único que em princípio pode desde o início ser considerado como adquirido pelo concessionário. Seria como conferir ao administrador público a possibilidade de dar ou não ao concessionário a liberalidade de continuar lucrando com a atividade já amortizada por mais alguns anos, com despesas apenas de sua manutenção e sem pagar nova outorga. Eventual postura de agente público que opte por prorrogar concessão sem novos investimentos e sem eventual novo pagamento de outorga prévia e objetivamente estabelecidos no edital de licitação, ou com base em norma contratual em branco, que apenas preveja a possibilidade de prorrogação, ao invés de abrir nova licitação, em que poderia obter novo valor de outorga, constituiria violação ao princípio da moralidade enquadrável na Lei de Improbidade Administrativa, devendo inclusive ressarcir a Administração Pública pelo que essa deixou de ganhar com a atitude". ARAGÃO, op. cit., p. 533.

"A integração superveniente de novas fontes de custeio da prestação do serviço público poderá realizar-se com vistas à recomposição da equação econômico-financeira do contrato. Alterado o contrato de concessão, por decisão unilateral ou consensual, surgida a necessidade de restabelecimento de seu equilíbrio originariamente pactuado, negócios associados ou associáveis à concessão, potencialmente geradores de renda suplementar, podem consistir em via à manutenção de sua equação financeira".[431]

A hipótese, conforme já tratado em tópico anterior, tem respaldo no artigo 11 da Lei Federal n. 8.987/1995. As receitas alternativas, portanto, podem ser utilizadas para realizar a recomposição da equação econômico-financeira da concessão violada em função de medidas aplicadas pelo poder concedente para universalizar a prestação do serviço público, mediante a modicidade tarifária.

É fundamental esclarecer que todas as medidas administrativas voltadas ao restabelecimento do equilíbrio econômico-financeiro do contrato devem ser apuradas mediante a instauração de um processo administrativo regular e transparente, devendo a Administração Pública cercar-se de todas as cautelas e providências, inclusive podendo ser instaurada audiência pública, contratação de pareceres de especialistas, tudo para que a opção seja devidamente justificada e motivada técnica e juridicamente.

Outra maneira de ser restabelecido o equilíbrio econômico-financeiro dos contratos é o subsídio cruzado, que corresponde à solução interna à concessão, visando ao restabelecimento do equilíbrio quebrado em função das políticas públicas. Esse mecanismo viabiliza a transferência de recursos auferidos de um segmento de usuários para outro grupo, visando beneficiá-los com tarifas módicas.

Os custos dos serviços são transferidos das classes carentes para as mais privilegiadas economicamente, ou seja, a tarifa maior cobrada destes serve para reduzir as daqueles menos favorecidos. Trata-se de medida administrativa que consolida o princípio constitucional geral da solidariedade.[432] A política pública de universalização do acesso aos

---

[431] GUIMARÃES, Fernando Vernalha. As receitas alternativas nas concessões de serviços públicos no direito brasileiro. *Revista de Direito Público da Economia – RDPE*, n. 21, ano 6, jan./mar. 2008, p. 121-148. Belo Horizonte: Fórum, 2008, 135.

[432] Destaca Marçal Justen Filho: "O Estado brasileiro fundamenta-se sobre certos princípios basilares, entre os quais os da proteção à dignidade da pessoa humana e da erradicação da pobreza como objetivo fundamental. A solidariedade consagrada constitucionalmente significa, como inúmeras vezes afirmado, que a ausência de recursos não pode constituir obstáculo à fruição de serviços públicos. Aliás, muito ao contrário, a pobreza exige a intervenção protetora do Estado e pressupõe necessidade muito mais intensa de receber serviços aos quais o indivíduo não tem acesso por outra via". JUSTEN FILHO, op. cit., p. 376.

serviços públicos aos hipossuficientes é fundamentada juridicamente na Lei de Concessões (Lei Federal n. 8.985/1995).

Registra Dinorá Adelaide Musetti Grotti que: "a categoria de usuários de custo menor acaba gerando um ônus financeiro maior do que o necessário para que, com a sobra de recursos proporcionada, seja possível financiar a prestação do serviço a tarifas módicas para outras categorias de usuários".[433]

A referida autora cita exemplos de subsídios cruzados: (a) as tarifas cobradas de usuários urbanos de serviços de energia elétrica, em diversos sistemas jurídicos, são destinadas a subsidiar a eletrificação rural; (b) no transporte coletivo urbano, os usuários residentes nos subúrbios distantes pagam tarifas iguais aos usuários das regiões centrais.[434]

Em alguns setores, a prática de subsídios cruzados foi vedada, como é o caso dos serviços de telecomunicações. É que se alterou o regime de prestação do referido serviço, sendo estabelecida a concorrência entre os prestadores, restando sacrificado o regime de monopólio.

Por isso, apresentam-se dois fundamentos para proibir os subsídios cruzados: (a) a necessidade de serem criadas condições isonômicas entre os diversos competidores; e (b) evitar a concorrência desleal entre os prestadores de serviços.[435] É o caso da Lei Geral de Telecomunicações (Lei n. 9.472/1997), que vedou expressamente a prática de subsídios cruzados entre serviços.[436]

---

[433] GROTTI, Dinorá Adelaide Musetti Grotti. Redefinição do papel do Estado na prestação de serviços públicos: realização e regulação diante do princípio da eficiência e da universalidade. *Revista de Interesse Público*, n. 40, nov./dez. 2006, p. 37-69. Porto Alegre: Notadez, 2006, p. 55-56.

[434] Idem, p. 55.

[435] Idem, p. 56.

[436] Nesse sentido, estabelece o disposto nos artigos 70, I, e 81, ambos da Lei Federal n. 9.472/1997: "Art. 70. Serão coibidos os comportamentos prejudiciais à competição livre, ampla e justa entre as prestadoras do serviço, no regime público ou privado, em especial: I – a prática de subsídios para redução artificial de preços; [...]"; "Art. 81. Os recursos complementares destinados a cobrir a parcela do custo exclusivamente atribuível ao cumprimento das obrigações de universalização de prestadora de serviço de telecomunicações, que não possa ser recuperada com a exploração eficiente do serviço, poderão ser oriundos das seguintes fontes: I – Orçamento Geral da União, dos Estados, do Distrito Federal e dos Municípios; II – fundo especificamente constituído para essa finalidade, para o qual contribuirão prestadoras de serviço de telecomunicações nos regimes público e privado, nos termos da lei, cuja mensagem de criação deverá ser enviada ao Congresso Nacional, pelo Poder Executivo, no prazo de cento e vinte dias após a publicação desta Lei. Parágrafo único. Enquanto não for constituído o fundo a que se refere o inciso II do caput, poderão ser adotadas também as seguintes fontes: I – subsídio entre modalidades de serviços de telecomunicações ou entre segmentos de usuários; II – pagamento de adicional ao valor de interconexão". BRASIL. *Congresso Nacional*. Lei Federal n. 9.472/1997. Disponível em: <http://www.presidencia. gov.br>. Acesso em: 13 fev. 2009.

A possibilidade de subsídios do ente estatal é a alternativa jurídica viável e mais adequada à recomposição do equilíbrio econômico-financeiro, desde que sejam adotadas todas as cautelas relativas à responsabilidade fiscal previstas nos artigos 10, 22 e 28 da Lei Federal n. 11.074/2004.

Deve ficar assegurado ao concessionário o cumprimento dos compromissos financeiros assumidos pelo poder concedente em decorrência da política pública de universalização dos serviços públicos considerados essenciais. Pelo subsídio externo,[437] quem arcará com o custo de fornecimento do serviço ao usuário hipossuficiente é o Estado, ou seja, as receitas tributárias recolhidas de toda a sociedade serão utilizadas para subsidiar a fruição dos serviços públicos prestados aos usuários carentes.

Para Marçal Justen Filho, o subsídio externo deve ser uma exceção, sendo necessária a imposição de limites e critérios rígidos.[438]

Os recursos financeiros são obtidos diretamente do Orçamento Geral[439] dos entes federativos ou de fundos específicos constituídos para essa finalidade.[440]

---

[437] Defende Marçal Justen Filho que: "Há hipóteses em que se impõe o custeio estatal do serviço público, para evitar que a rigidez dos mecanismos de mercado torne inviável o consumo de uma utilidade essencial por parte dos mais pobres. [...] Enfim, não é possível conceber que o Estado poderia permanecer inerte em face de situação em que certos cidadãos não dispusessem de recursos econômicos suficientes para custear o pagamento do serviço público. Suponham-se aqueles extratos mais carentes da população, que não têm condições de pagar as tarifas mínimas de água, esgoto e energia elétrica. Seria inadmissível que se lhes negassem as utilidades indispensáveis à manutenção de sua dignidade. Mas também seria incompatível com o regime da concessão que o concessionário assumisse o dever de arcar com a prestação gratuita do serviço. Nessa hipótese, há uma única alternativa, consistente em o restante da população arcar com o custo da satisfação das necessidades dos carentes. Essa solução se traduz ou na elevação da tarifa dos demais usuários ou no subsídio estatal. [...] A opção do subsídio estatal significará que o poder concedente remunerará o concessionário pelos serviços prestados aos extratos carentes da população. Essa solução é perfeitamente compatível com o regime da concessão". JUSTEN FILHO, op. cit., p. 339-340.

[438] Idem, p.376.

[439] Para César A. Guimarães Pereira, não há nenhum óbice jurídico ao subsídio externo patrocinado pelo Estado para universalizar os serviços públicos: "[...] a Lei n. 11.079/2004, que trata das parcerias público-privadas, contém dispositivo destinado a aclarar definitivamente a questão, prevendo a remuneração total ou parcial do concessionário pela Administração. Com isso, elimina-se qualquer dúvida acerca da possibilidade de remuneração direta pelo Poder Público e da relativa irrelevância da tarifa para a identificação da concessão ou permissão. [...] Não há qualquer vedação a que a remuneração do concessionário seja parcialmente originária do próprio poder concedente, desde que se mantenha existente a relação direta entre concessionário e usuário e a atribuição de riscos do negócio ao concessionário". PEREIRA, op. cit., p. 357-358.

[440] Registra Marçal Justen Filho que: "É evidente, no entanto, que a redução tarifária poderá ser obtida por meio da própria formatação de uma concessão comum. A redução dos encargos diretos e indiretos impostos ao concessionário e a ampliação da base de pagadores poderão propiciar o resultado buscado. Em outras palavras, não se afigura como adequado que os cofres públicos arquem com um subsídio para redução de tarifas que poderão ter seu valor diminuído por meio de ampliação da eficiência organizacional". JUSTEN FILHO, op. cit., p. 251.

Portanto, o concessionário não possui obrigação jurídica de arcar, individualmente, com os custos decorrentes da política pública de universalização do acesso aos serviços públicos. A implantação de isenções ou reduções de tarifas implica a quebra do equilíbrio econômico-financeiro do contrato.

Nesse caso, o poder concedente deverá restabelecê-lo, concomitantemente à alteração. A solução mais adequada é transferir esse ônus ao ente público titular do serviço, para que, mediante a utilização de recursos orçamentários, seja viabilizada a inclusão dos usuários carentes à fruição dos serviços públicos considerados essenciais.[441]

Nesse sentido, defende César A. Guimarães Pereira que: "As tarifas sociais não devem ser compensadas por subsídios internos, mas por subsídios públicos oriundos de receitas gerais. Essa é a única das alternativas cogitáveis – ônus do concessionário, subsídio interno ou cruzado ou subsídio público – que atende integralmente aos princípios constitucionais aplicáveis (especialmente ao da capacidade contributiva)".[442]

A seguir, o referido autor conclui: "Assim, resta apenas a hipótese do subsídio estatal de caráter direto (pagamento em favor do concessionário), em que caberia ao Poder Público (o poder concedente) suportar o custo das tarifas sociais ou redistributivas".[443]

Com o surgimento da Lei n. 11.079/2004, restou assegurada a realização da solidariedade ao prever: (a) a possibilidade de custeio total ou parcial dos serviços pelo ente federativo; e (b) mecanismos de vinculação de recursos públicos a esse custeio.

Portanto, considera-se que o subsídio estatal é a medida jurídico-administrativa adequada e necessária para que seja feita a recomposição do equilíbrio econômico-financeiro dos contratos de concessão, quebrados em função da implementação de políticas públicas destinadas à universalização da fruição dos serviços públicos essenciais aos usuários hipossuficientes.

---

[441] No âmbito do serviço público de saneamento instituído pela Lei Federal n. 11.445/2007, foram previstas diversas hipóteses de custeio das tarifas sociais: "Art. 31. Os subsídios necessários ao atendimento de usuários e localidades de baixa renda serão, dependendo das características dos beneficiários e da origem dos recursos: I – diretos, quando destinados a usuários determinados, ou indiretos, quando destinados ao prestador dos serviços; II – tarifários, quando integrarem a estrutura tarifária, ou fiscais, quando decorrerem da alocação de recursos orçamentários, inclusive por meio de subvenções; III – internos a cada titular ou entre localidades, nas hipóteses de gestão associada e de prestação regional". BRASIL. *Congresso Nacional*. Lei Federal n. 11.445/2007. Disponível em: <http://www.presidencia.gov.br>. Acesso em: 20 jan. 2009.

[442] PEREIRA, op. cit., p. 378.

[443] Idem, p. 378.

3.15. A vedação à concessão de benefícios tarifários sem a indicação da fonte de custeio

As concessões de serviços públicos sofrem um sério risco de insucesso em função da denominada demagogia regulatória. Os agentes políticos muitas vezes acabam cedendo às pressões de grupos de usuários, para viabilizar isenções tarifárias, sem que haja justificativa plausível e nem a devida fonte de custeio.[444]

Para Dinorá Adelaide Musetti Grotti, a demagogia regulatória ocorre nas seguintes hipóteses: (a) quando o poder concedente ignorou, por ocasião da configuração da outorga, os previsíveis efeitos sociais e econômicos da implantação da concessão, preocupando-se apenas com a percepção imediata de elevada remuneração decorrente do pagamento pela outorga da concessão; (b) prestigia a insatisfação popular e pressiona o concessionário a reduzir a contrapartida de benefícios e vantagens às onerosas condições de outorga, desrespeitando a equação do equilíbrio econômico-financeiro, expondo, assim, a concessão a sérios riscos de insucesso.

O artigo 35, *caput*, da Lei n. 9.074/1995[445] exige que a concessão de novos *benefícios tarifários*, para além daqueles constantes da política tarifária geral, seja acompanhada de previsão legal, determinando a origem dos recursos aptos a neutralizar seu impacto.

O Poder Judiciário tem enfrentado o tema da demagogia regulatória, sendo que as decisões proferidas são pela total exigência de responsabilidade do poder concedente na criação de benefícios relacionados aos serviços públicos. É imprescindível, portanto, a indicação da fonte

---

[444] Sobre a demagogia regulatória, ressalta Carlos Ari Sundfeld: "Os serviços públicos econômicos (telecomunicações, energia, saneamento, transporte coletivo, rodovias pedagiadas etc.) geram valor econômico individualizado para seus usuários. Por isso, tem sentido que eles arquem com o curso respectivo, por meio da tarifa. As concessões de serviço público são viáveis justamente por isto: pela existência de usuários com interesse e capacidade econômica de fruir os serviços. Mas é claro que grupos organizados sempre lutam para argumentar suas vantagens econômicas; daí a permanente crítica contra as tarifas de serviços públicos. Os governantes populistas são muito sensíveis a essas pressões e, podendo, tenderão sempre a conter reajustes tarifários e criar isenções para segmentos de usuários, transferindo os ônus respectivos para quem não vota em eleição: os cofres públicos". SUNDFELD, op. cit., p. 25.

[445] Preceitua o artigo 35 da Lei Federal n. 9.074/1995: "Art. 35. A estipulação de novos benefícios tarifários pelo poder concedente fica condicionada à previsão, em lei, da origem dos recursos ou da simultânea revisão da estrutura tarifária do concessionário ou permissionário, de forma a preservar o equilíbrio econômico-financeiro do contrato. Parágrafo único. A concessão de qualquer benefício tarifário somente poderá ser atribuída a uma classe ou coletividade de usuários dos serviços, vedado, sob qualquer pretexto, o benefício singular". BRASIL. Congresso Nacional. Lei Federal n. 9.472/1997. Disponível em: <http://www.presidencia.gov.br>. Acesso em: 13 fev. 2009.

de custeio dos benefícios concedidos, sob pena de inconstitucionalidade da lei instituidora.[446]

Isso corresponde a exigir dos entes estatais a responsabilidade na condução e gestão do orçamento público, bem como total segurança jurídica e boa-fé no que tange às relações do ente público com os parceiros privados, tudo para assegurar o sucesso da concessão de serviço público.

---

[446] O Supremo Tribunal Federal já enfrentou a matéria no julgamento da ADIN n. 3.225/RJ, relatada pelo Ministro Cézar Peluso, onde ficou assentado: "[...] a exigência constante do art. 112, § 2°, da Constituição fluminense, consagra mera restrição material à atividade do legislador estadual, que com ela se vê impedido de conceder gratuidade sem proceder à necessária indicação da fonte de custeio. [...] Por fim, também é infrutífero o argumento de desrespeito ao princípio da dignidade da pessoa humana. Seu fundamento seria porque 'a norma [...] retira do legislador, de modo peremptório, a possibilidade de implementar políticas necessárias a reduzir desigualdades sociais e favorecer camadas menos abastadas da população, permitindo-lhes acesso gratuito a serviços públicos prestados em âmbito estadual'; 'a regra [...] tem por objetivo evitar que, através de lei, venham a ser concedidas a determinados indivíduos gratuidades', 'o preceito questionado [...] exclui desde logo a possibilidade de implementação de medidas nesse sentido (concessão de gratuidade em matéria de transportes públicos), já que estabelece um óbice da fonte de custeio'. Sucede que dessa frágil premissa não se segue a conclusão pretendida, pois é falsa a suposição de que a mera necessidade de indicação da fonte de custeio da gratuidade importaria inviabilidade desta. A exigência de indicação da fonte de custeio para autorizar gratuidade na fruição de serviços públicos em nada impede sejam estes prestados graciosamente, donde não agride nenhum direito fundamental do cidadão. A medida reveste-se, aliás, de providencial austeridade, uma vez que se preordena a garantir a gestão responsável da coisa pública, o equilíbrio na equação econômico-financeira informadora dos contratos administrativos e, em última análise, a própria viabilidade e continuidade dos serviços públicos e das gratuidades concedidas". BRASIL. Supremo Tribunal Federal. ADIN n. 3.225, Rel. Min. Cezar Peluso, julgado em 17.9.2007, DJU 26.10.2007. Disponível em: <http://www.stf.jus.br>. Acesso em: 22 out. 2008.

Conclusão

O Estado constitucional de direito pressupõe que as normas constitucionais sejam vinculantes e indisponíveis em relação a todos os poderes constituídos (legislativo, executivo e judicial). Esse é o fundamento nuclear daquele Estado, ou seja, a sua sujeição à força normativa das normas constitucionais é integral. Ele não é sujeito apenas à lei, mas ao conjunto de princípios e valores materiais inseridos na ordem constitucional.

Não é possível pensar o Estado constitucional de direito sem vinculá-lo à concretização dos direitos fundamentais. A existência daquele somente é legítima e justificada caso esteja intimamente associado à realização e à concretização dos postulados fundamentais. Estes integram a essência e o fundamento daquele Estado, uma vez que constituem elemento central da Constituição formal e material.

A legitimidade dos poderes do Estado somente é alcançada quando são tutelados os direitos fundamentais. Nesse sentido, é imprescindível que as organizações jurídicas, bem como os operadores jurídicos, estejam diretamente vinculados à tutela e à defesa daqueles direitos, em todas as instâncias políticas, administrativas e judiciais.

É preciso que os poderes públicos estejam centrados na pessoa humana. Assim, é indispensável que a sociedade civil lute pelos seus direitos, mediante a criação de garantias e de controles sobre o poder para concretizá-los. A sociedade civil precisa aderir decididamente a essa peleja fundamental.

Os órgãos estatais devem pautar todas as suas ações e programas sempre na lógica da concretização dos direitos e das garantias fundamentais consagradas constitucionalmente. Nenhuma política pública pode se distanciar da aplicabilidade imediata e da plena eficácia dos direitos fundamentais.

Todos os poderes legitimamente constituídos encontram-se vinculados à execução de políticas públicas necessárias para a promoção dos direitos fundamentais; inclusive, o Poder Judiciário pode, legitimamente, obrigar o Poder Executivo a executar medidas administrativas, no sentido de serem corrigidos problemas sociais decorrentes da omissão estatal.

O princípio da dignidade humana possui função instrumental integradora e hermenêutica, pois serve de parâmetro para a aplicação, interpretação e integração de todo o ordenamento jurídico. Desse modo, o referido princípio constitui uma norma de legitimação de toda a ordem estatal. Assim, o exercício do poder somente será legítimo caso seja pautado pelo respeito e pela proteção da dignidade da pessoa humana.

Os direitos sociais programáticos devem ser concretizados pelos órgãos estatais. A única justificativa para o temporário descumprimento é a demonstração objetiva e evidente da impossibilidade material para a sua tempestiva realização, sob pena de restar viabilizado o controle jurisdicional para a reparação do direito ameaçado ou lesado.

Desse modo, o "custo" financeiro dos direitos sociais não pode servir para a negativa da sua eficácia imediata, pois os direitos de cunho negativo também possuem relevância econômica para a sua realização.

Os direitos sociais a prestações encontram-se vinculados às prestações estatais voltadas à distribuição e à redistribuição dos recursos materiais existentes, visando conferir uma vida digna para todos os indivíduos.

É inegável que, muitas vezes, os direitos sociais positivos dependem da atividade legislativa infraconstitucional, mediante a edição de normas jurídicas de natureza inferior à Constituição, para serem concretizados. Mas isso não pode se transformar num campo aberto à mora legislativa, a qual sempre é fundada ilegitimamente no discurso da ausência de disponibilidade financeira.

Os cidadãos podem exigir do Estado o cumprimento de seus direitos sociais, porém, a pretensão material terá que ser razoável. É preciso que seja provida de justificável adequação e necessidade material.

O Estado não poderá ser obrigado à prestação estatal desprovida de total razoabilidade, sob pena de restarem sacrificados outros valores protegidos constitucionalmente, como é o caso da moralidade administrativa e da indisponibilidade do interesse público.

Por outro lado, o Estado terá que demonstrar os seus reais esforços para a realização dos direitos fundamentais. É preciso aferir todas as medidas concretas que foram adotadas para a realização daqueles mandamentos nucleares.

Jamais a reserva do possível deve servir como impedimento absoluto à exigibilidade dos direitos sociais de natureza prestacional. Não é suficiente, assim, a demonstração da indisponibilidade financeira do Estado para o atendimento do direito positivado.

Que seja comprovado que não há recursos porque estes foram alocados para o atendimento de outros direitos mais relevantes que aquele reclamado. É necessário que seja demonstrado que a alocação de recursos foi realizada de forma absolutamente ponderada, escolhendo para realizar, naquele momento, o direito fundamental que mais se harmoniza com a dignidade da pessoa humana.

Além disso, é preciso deixar assentado que as pautas constitucionais foram fielmente traduzidas nas leis orçamentárias. O exame das leis orçamentárias, nesse caso, é imprescindível.

Fundamental é também reforçar a ideia do controle sobre o orçamento público, visando possibilitar o remanejamento das dotações orçamentárias, para redirecioná-las ao cumprimento das imposições e prioridades constitucionais relativas aos direitos fundamentais. A Constituição é quem fixa as metas e os programas a serem executados, visando à realização dos direitos fundamentais.

Assegurar o mínimo existencial deve ser a principal tarefa e obrigação do Estado de direito constitucional. Por isso, as metas constitucionais relativas ao mínimo existencial merecem total e irrestrita promoção por parte do Estado, devendo ser feita a devida compatibilização delas com as limitações orçamentárias existentes.

Nesses termos, o mínimo existencial (saúde básica, ensino fundamental, assistência aos idosos e portadores de necessidades especiais, e acesso à justiça) constitui o fim prioritário dos gastos públicos.

Assegurar a concretização do direito fundamental ao mínimo existencial é condição para viabilizar aos beneficiários o exercício de outros direitos também fundamentais, como é o caso do exercício dos direitos políticos.

Caso o Estado se omita na promoção do mínimo existencial fisiológico e sociocultural, restarão também sacrificados os valores republicanos e democráticos, pois os excluídos serão pessoas sem o mínimo de dignidade para participar, por exemplo, do processo democrático decisório.

A crise fiscal e financeira do Estado brasileiro impulsionou as reformas constitucionais e o surgimento de um marco regulatório para disciplinar as relações com os novos parceiros privados, empenhados na exploração de serviços públicos.

No âmbito econômico, reduziram-se as dimensões do Estado brasileiro. As empresas estatais foram transferidas para o setor privado, inclusive as prestadoras de serviços públicos, passando a vigorar um destacado programa de delegação de tais serviços à iniciativa privada. Introduziu-se, assim, a competição entre os diversos prestadores dos referidos serviços públicos delegados.

Os mecanismos de mercado passaram a prevalecer na prestação dos serviços públicos destinados aos usuários. Positivou-se, no ordenamento jurídico nacional, que a outorga de concessão não possui caráter de exclusividade, salvo no caso de inviabilidade técnica ou econômica justificada (artigo 16 da Lei Federal n. 8.987/1995).

O Estado regulador assume uma nova feição, marcadamente no estabelecimento de um novo marco regulatório, que consiste no arbitramento e controle da atividade econômica relativa aos serviços. Novos desafios são lançados, notadamente no que tange à necessidade premente de serem implementadas políticas públicas voltadas à universalização de serviços públicos e à redução de desigualdades sociais ou regionais.

As concessões de serviços públicos (artigo 175 da CRFB/1988) podem ser divididas em três possíveis espécies: comum, patrocinada e administrativa.

A diferença entre as referidas espécies é quanto à forma de remuneração. Na comum, o concessionário aufere a sua receita em função das tarifas e/ou receitas complementares. Na patrocinada, o concessionário será remunerado pelas tarifas cobradas dos usuários, acrescidas da contraprestação pecuniária devida pelo parceiro público. Já na administrativa, a cobrança de tarifas é inviável, sendo que a contraprestação devida ao concessionário será feita exclusivamente com recursos do Estado.

O valor da tarifa pela utilização dos serviços públicos não pode ser óbice à fruição deles por parte dos sujeitos cuja capacidade econômica seja deficitária, como é o caso dos hipossuficientes. Por isso, a adoção de tarifas módicas e as isenções, visando ao acesso e à fruição dos serviços públicos pelos sujeitos hipossuficientes, constituem louvável política pública de universalização daquelas prestações essenciais à dignidade da pessoa humana.

A fim de concretizar o princípio da modicidade tarifária, o poder concedente terá que estabelecer medidas de compensação ao concessionário, caso ocorra eventual deficiência no financiamento do serviço público. As providências adicionais tanto podem decorrer de financiamento direto pelo Poder Público como pela elevação da tarifa cobrada

do usuário hipersuficiente, tudo para manter o equilíbrio econômico-
-financeiro do contrato de concessão.

O ordenamento jurídico oferece diversas soluções internas e externas à concessão. No primeiro caso, configuram-se como hipóteses jurídicas para resolver a pendência contratual: (a) a extensão do prazo contratual; (b) o adiamento ou eliminação de certos investimentos; (c) a diminuição das obrigações do concessionário; e (d) subsídios cruzados.

A possibilidade de subsídios do ente estatal é a alternativa jurídica viável e mais adequada à recomposição do equilíbrio econômico-financeiro, desde que sejam adotadas todas as cautelas relativas à responsabilidade fiscal previstas nos artigos 10, 22 e 28 da Lei Federal n. 11.074/2004.

É que deve ficar assegurado ao concessionário o cumprimento dos compromissos financeiros assumidos pelo poder concedente em decorrência da política pública de universalização dos serviços públicos considerados essenciais.

Pelo subsídio externo, quem arcará com o custo de fornecimento do serviço ao usuário hipossuficiente é o Estado, ou seja, as receitas tributárias recolhidas de toda a sociedade serão utilizadas para subsidiar a fruição dos serviços públicos prestados aos usuários carentes.

Referências

ALEXY, Robert. *Teoria de Los Derechos Fundamentales.* Madri: Centro de Estudios Constitucionales, 1993.

AMARAL, Antônio Carlos Cintra do. *Concessão de Serviço Público.* 2. ed. São Paulo: Malheiros, 2006.

ARAGÃO, Alexandre Santos de. *Direito dos Serviços Públicos.* Rio de Janeiro: Forense, 2007.

——. Delegações de Serviço Público. *Revista Interesse Público n. 40,* nov./dez. 2006, p. 109-161. Porto Alegre: Notadez, 2006.

BACELLAR FILHO, Romeu Felipe. *Direito Administrativo.* São Paulo: Saraiva, 2005.

BAGATIN, Andreia Cristina. O princípio da continuidade dos serviços públicos: um exame do art. 17 da Lei da ANEEL. *In*: COSTALDELLO, Angela Cassia (coord.). *Serviço Público – Direitos Fundamentais, Formas Organizacionais e Cidadania.* Curitiba: Juruá, 2007.

BARCELLOS, Ana Paula de. *A eficácia jurídica dos princípios constitucionais: o princípio da dignidade da pessoa humana.* Rio de Janeiro: Renovar, 2002.

BARROSO, Luís Roberto; BARCELLOS, Ana Paula de. O Começo da História. A Nova Interpretação Constitucional e o Papel dos Princípios no Direito Brasileiro. *In* BARROSO, Luís Roberto (org.). *A Nova Interpretação Constitucional.* Rio de Janeiro: Renovar, 2003.

BRASIL. *Congresso Nacional.* Constituição da República Federativa do Brasil. Disponível em: <http://www.presidencia.gov.br>. Acesso em: 15 dez. 2008.

——. *Congresso Nacional.* Lei Federal n. 8.078/1990. Disponível em: <http://www.presidencia.gov.br>. Acesso em: 13 abr. 2014.

——. *Congresso Nacional.* Lei Federal n. 12.587/2012. Disponível em: <http://www.presidencia.gov.br>. Acesso em: 8 abr. 2014.

——. *Congresso Nacional.* Lei Federal n. 9.472/1997. Disponível em: <http://www.presidencia.gov.br>. Acesso em: 13 fev. 2009.

——. *Congresso Nacional.* Lei Federal n. 11.079/2004. Disponível em: <http://www.presidencia.gov.br>. Acesso em: 12 jan. 2009.

——. *Congresso Nacional.* Lei Federal n. 1.1445/2007. Disponível em: <http://www.presidencia.gov.br>. Acesso em: 20 jan. 2009.

——. *Congresso Nacional.* Lei Federal n. 8.987/1995. Disponível em: <http://www.presidencia.gov.br>. Acesso em: 20 jan. 2009.

——. Congresso Nacional. Lei Federal n. 10.192/2001. Disponível em: <http://www.presidencia.gov.br>. Acesso em: 20 abr. 2014.

——. *Supremo Tribunal Federal.* MI 721/DF, Rel. Min. Marco Aurélio, julgado pelo Tribunal Pleno do Supremo Tribunal Federal em 30.8.2007, DJU 30.11.2007. Disponível em: <http://www.stf.jus.br>. Acesso em: 18 dez. 2008.

——. *Supremo Tribunal Federal.* ADPF n. 45/DF, Rel. Min. Celso de Mello, julgado pelo Supremo Tribunal Federal em 29.4.2004, DJU 4.5.2004. Disponível em: <http://www.stf.jus.br>. Acesso em: 15 out. 2008.

——. *Supremo Tribunal Federal.* **A**DI n. 2.010 MC/DF, Rel. Min. Celso de Mello, julgado pelo Tribunal Pleno do Supremo Tribunal Federal em 30.9.1999, DJU 12.4.2002. Disponível em: <http://www.stf.jus.br>. Acesso em: 13 ago. 2008.

——. *Supremo Tribunal Federal.* RE n. 327904, Rel. Min. Carlos Britto, julgado em 15.8.2006, DJU 8.9.2006. Disponível em: <http://www.stf.jus.br>. Acesso em: 22 out. 2008.

——. *Supremo Tribunal Federal.* ADI n. 2.010 n.3768/DF, Rel. Min. Carmen Lúcia, julgado pelo Tribunal Pleno do Supremo Tribunal Federal em 19.9.2007, DJU 26.10.2007. Disponível em: <http://www.stf.jus.br>. Acesso em: 13 nov. 2008.

——. *Supremo Tribunal Federal.* ADI n. 2.010 n. 2.649/DF, Rel. Min. Carmen Lúcia, julgado pelo Tribunal Pleno do Supremo Tribunal Federal em 8.5.2008, DJU 17.10.2008. Disponível em: <http://www.stf.jus.br>. Acesso em: 13 nov. 2008.

——. *Supremo Tribunal Federal.* ADI n. 3.225, Rel. Min. Cezar Peluso, julgado em 17.9.2007, DJU 26.10.2007. Disponível em: <http://www.stf.jus.br>. Acesso em: 22 out. 2008.

——. *Supremo Tribunal Federal.* RE n. 595.595, Rel. Eros Grau, julgado pelo Supremo Tribunal Federal em 28.4.2009, DJU 29.5.2009. Disponível em: <http://www.stf.jus.br>. Acesso em: 7 jan. 2014.

——. *Supremo Tribunal Federal.* ADI n. 1.842/RJ, Rel. Min. Gilmar Mendes, julgado pelo Supremo Tribunal Federal em 6.3.2013, DJU 16.9.2013. Disponível em: <http://www.stf.jus.br>. Acesso em: 7 abr. 2014.

——. *Supremo Tribunal Federal.* ADI n. 3.847/SC, Rel. Min. Gilmar Mendes, julgado pelo Supremo Tribunal Federal em 1.9.2011, DJU 8.3.2012. Disponível em: <http://www.stf.jus.br>. Acesso em: 7 abr. 2014.

——. *Supremo Tribunal Federal.* ADI n. 2.340/SC, Rel. Min. Ricardo Lewandowski, julgado pelo Supremo Tribunal Federal em 6.3.2013, DJU 9.5.2013. Disponível em: <http://www.stf.jus.br>. Acesso em: 7 abr. 2014.

——. *Supremo Tribunal Federal.* MS n. 27.516/DF, Rel. Min. Ellen Gracie, julgado em 22.10.2008, DJU 5.12.2008. Disponível em: <http://www.stf.jus.br>. Acesso em: 22 out. 2008.

——. *Supremo Tribunal Federal.* AGR n. 60.3530/MT, Rel. Marco Aurélio, julgado em 24.9.2013, DJU 14.10.2013. Disponível em: <http://www.stf.jus.br>. Acesso em: 9 abr. 2014.

——. *Superior Tribunal de Justiça.* REsp. n. 474.361/SP, Rel. Min. Herman Benjamin, julgado em 4.6.2009. Disponível em: <http://www.stj.jus.br>. Acesso em: 10 jun. 2009.

——. *Superior Tribunal de Justiça.* REsp. n. 485.842/RS, Rel. Min. Eliana Calmon, publicado no DJU de 24.5.2004. Disponível em: <http://www.stj.jus.br>. Acesso em: 10 jun. 2009.

——. *Superior Tribunal de Justiça.* REsp. n. 20.471/RS, Rel. Min. Ari Pargendler, publicado no DJU de 30.6.2005. Disponível em: <http://www.stj.jus.br>. Acesso em: 10 jan. 2009.

——. *Superior Tribunal de Justiça.* REsp. n. 363.943/MG, Rel. Min. Humberto Gomes de Barros, julgado em 4.6.2006. Disponível em: <http://www.stj.jus.br>. Acesso em: 10 dez. 2008.

——. *Superior Tribunal de Justiça.* Recurso Especial n. REsp 1185474/SC, Rel. Min. Humberto Martins, julgado pelo Superior Tribunal de Justiça em 20.4.2010, DJU 29.4.2010. Disponível em: <http://www.stj.jus.br>. Acesso em: 2 abr. 2014.

——. *Superior Tribunal de Justiça.* Recurso Especial n. REsp 1.041.197-MS, Rel. Min. Humberto Martins, julgado pelo Superior Tribunal de Justiça em 25.8.2009, DJU 16.9.2009. Disponível em: <http://www.stj.jus.br>. Acesso em: 2 abr. 2014.

——. *Superior Tribunal de Justiça.* Embargos de Declaração no REsp 1171688/DF, Rel. Min. Mauro Campbell Marques, julgado pelo Superior Tribunal de Justiça em 27.11.2012, DJU 4.12.2012. Disponível em: <http://www.stj.jus.br>. Acesso em: 4 abr. 2014.

——. *Superior Tribunal de Justiça.* AgRg no Recurso Especial n. 840.734 – RJ, Rel. Min. Luiz Fux, julgado em 6.9.2009, DJU 16.10.2009. Disponível em: <http://www.stj.jus.br>. Acesso em: 9 abr. 2014.

——. *Superior Tribunal de Justiça.* REsp. n. 20.471/RS, Rel. Min. Ari Pargendler, julgado em 6.8.2008, DJU 30.10.2008. Disponível em: <http://www.stj.jus.br>. Acesso em: 9 abr. 2014.

——. *Superior Tribunal de Justiça.* AgRg no AREsp 208805/AP, Rel. Min. Mauro Campbell Marques, julgado em 15.8.2013, Disponível em: <http://www.stj.jus.br>. Acesso em: 10 abr. 2014.

SERVIÇO PÚBLICO NA CONSTITUIÇÃO FEDERAL

——. *Tribunal de Contas da União*. Decisão n. 765/99. Disponível em: <http://www.tcu.gov.br>. Acesso em: 15 dez. 2008.

BOURGES, Fernanda Schuhli. Aspectos da Noção de Serviço Público no Contexto Brasileiro. In: COSTALDELLO, Angela Cassia (coord.). *Serviço Público – Direitos Fundamentais, Formas Organizacionais e Cidadania*. Curitiba: Juruá, 2007.

BREUS, Thiago Lima. Da Prestação de Serviços à Concretização de Direitos: O Papel do Estado na Efetivação do Mínimo Existencial. In: COSTALDELLO, Angela Cassia (coord.). *Serviço Público – Direitos Fundamentais, Formas Organizacionais e Cidadania*. Curitiba: Juruá, 2007.

BUCCI, Maria Paula Dallari. *Direito Administrativo e Políticas Públicas*. São Paulo: Saraiva, 2006.

CADERMATORI, Sérgio. *Estado de direito e legitimidade: uma abordagem garantista*. 2. ed. Campinas: Millennium, 2007.

CÂMARA, Jacintho de Arruda. Telecomunicações e Globalização. SUNDFELD, Carlos Ari. VIEIRA, Oscar Vilhena. *Direito Global*. São Paulo: Max Limonad, 1999.

——. A Experiência Brasileira nas Concessões de Serviço Público e as Parcerias Público-Privadas. In: SUNDFELD, Carlos Ari (coord.). *Parcerias Público-Privadas*. São Paulo: Malheiros, 2005, p. 180-181.

——. *Tarifa nas Concessões*. São Paulo: Malheiros, 2009.

CANOTILHO, José Joaquim Gomes. *Direito Constitucional e Teoria da Constituição*. 5. ed. Lisboa: Almedina, 2000.

——. O Direito Constitucional como Ciência de Direcção: o núcleo essencial de prestações sociais ou a localização incerta da socialidade (Contributo para a reabilitação da força normativa da "Constituição social"). *Revista de Doutrina da 4ª Região*. Porto Alegre: Revista de Doutrina da 4ª Região, n. 22, fev. 2008. Disponível em: <http://www.revistadoutrina.trf4.jus.br>. Acesso em: 15 dez. 2008.

COSTA, Maurício Mesurini da. *Controle judicial de políticas públicas: procedimento, justificação e responsabilidade*. Dissertação de Mestrado. Centro de Pós-Graduação em Direito – CPGD. Florianópolis: UFSC, 2001.

CRISTÓVAM, José Sérgio da Silva. *Colisões entre Princípios Constitucionais – Razoabilidade, Proporcionalidade e Argumentação Jurídica*. Curitiba: Juruá, 2006.

——. Breves considerações sobre o conceito de políticas públicas e seu controle jurisdicional. *Jus Navigandi*, Teresina, ano 9, n. 797, 8 set. 2005. Disponível em: <http://jus2.uol.com.br/doutrina/texto.asp?id=7254>. Acesso em: 4 jan. 2009.

CUÉLLAR, Leila. Serviço de Abastecimento de Água e a Suspensão do Fornecimento. CUÉLLAR, Leila; MOREIRA, Egon Bockmann (org.). *Estudos de Direito Econômico*. Belo Horizonte: Fórum, 2004.

ESPÍNDOLA, Ruy Samuel. *Conceito de Princípios Constitucionais*. São Paulo: RT, 1999.

FARACO, Alexandre Ditzel; PEREIRA NETO, Caio Mário da Silva; COUTINHO, Diogo Rosenthal. Universalização das Telecomunicações no Brasil: uma Tarefa Inacabada. *Revista de Direito Público da Economia – RDPE n. 2*, Belo Horizonte, Fórum, 2003.

FERRAZ JUNIOR, Tercio Sampaio; MARANHÃO, Juliano Souza de Albuquerque. O princípio de eficiência e a gestão empresarial na prestação de serviços públicos: a exploração econômica das margens de rodovias. *Revista de Direito Público da Economia – RDPE n. 17*, Belo Horizonte, ano 5, p. 191-209, jan./mar. 2007.

FREITAS, Juarez. *Discricionariedade Administrativa e o Direito Fundamental à Boa Administração Pública*. São Paulo: Malheiros, 2007.

GABARDO, Emerson. *Eficiência e Legitimidade do Estado*. Barueri, SP: Manole, 2003.

——. *Princípio Constitucional da Eficiência Administrativa*. São Paulo: Dialética, 2002.

GRAU, Eros Roberto. Realismo e Utopia Constitucional. In: ROCHA, Fernando Luiz Ximenes; MORAES, Filomeno (coord.). *Direito Constitucional Contemporâneo. Estudos em Homenagem ao Professor Paulo Bonavides*. Belo Horizonte: Del Rey, 2005.

——. Constituição e Serviço Público. *In Direito Constitucional: estudos em homenagem a Paulo Bonavides*. São Paulo: Malheiros, 2003.

GROTTI, Dinorá Adelaide Musetti Grotti. Redefinição do papel do Estado na prestação de serviços públicos: realização e regulação diante do princípio da eficiência e da universalidade. *Revista de Interesse Público*, n. 40, nov./dez. 2006, p. 37-69. Porto Alegre: Notadez, 2006.

———. A Experiência Brasileira nas Concessões de Serviço Público. *Revista de Interesse Público*, n. 42 maio/jun 2007, p. 77-125. Porto Alegre: Notadez, 2007.

GUIMARÃES, Fernando Vernalha. As receitas alternativas nas concessões de serviços públicos no direito brasileiro. *Revista de Direito Público da Economia – RDPE*, n. 21, ano 6, jan./mar. 2008, p. 121-148. Belo Horizonte: Fórum, 2008.

———. *PPP Parceria Público-Privada*. São Paulo: Saraiva, 2012.

HARGER, Marcelo. *Consórcios Públicos na Lei n. 11.107/05*. Belo Horizonte: Fórum, 2007.

HESSE, Konrad. *A força normativa da Constituição*. Tradução de Gilmar Ferreira Mendes. Porto Alegre: Sergio Antonio Fabris, 1991.

HUMENHUK, Hewerstton. O direito à saúde no Brasil e a teoria dos direitos fundamentais. *Jus Navigandi*, Teresina, ano 8, n. 227, 20 fev. 2004. Disponível em: <http://jus2.uol.com.br/doutrina/texto.asp?id=4839>. Acesso em: 11 nov. 2008.

JUSTEN FILHO, Marçal. *Teoria Geral das Concessões de Serviço Público*. São Paulo: Dialética, 2003.

———. Algumas considerações acerca das licitações em matéria de concessão de serviços públicos. In: *Direito do estado: novos rumos*. São Paulo: Max Limonad, 2001, t. 2.

———. Concessões de Rodovias – A Experiência Brasileira. In: SUNDFELD, Carlos Ari (coord.). *Parcerias Público-Privadas*. São Paulo: Malheiros, 2005.

———. *Curso de Direito Administrativo*. São Paulo: Saraiva, 2005.

———. *O Direito das Agências Reguladoras Independentes*. São Paulo: Dialética, 2002.

JUSTEN, Mônica Spezia. *A Noção de Serviço Público no Direito Europeu*. São Paulo: Dialética, 2003.

KRELL, Andreas J. Controle Judicial dos Serviços Públicos Básicos na base dos direitos fundamentais sociais. In: SARLET, Ingo Wolfgang (Org.). *A Constituição Concretizada. Construindo Pontes entre o Público e o Privado*. Porto Alegre: Livraria do Advogado, 2000.

MALISKA, Marcos. *O Direito à Educação e a Constituição*. Porto Alegre: Sergio Antônio Fabris Editor, 2001.

MARQUES NETO, Floriano de Azevedo. A Nova Regulação dos Serviços Públicos. *Revista de Direito Administrativo n. 228*, p. 13-29, abr./jun. 2002. Rio de Janeiro: Forense, 2002.

———. As políticas de universalização, legalidade e isonomia: o caso "telefone social". *Revista de Direito Público da Economia*, n. 14, p. 75-115, abr./jun. Belo Horizonte: Fórum, 2006.

———. Concessão de serviço público: dever de prestar serviço adequado e alterações das condições econômicas – princípio da atualidade – reequilíbrio através da prorrogação do prazo de exploração. *Revista Trimestral de Direito Público*. São Paulo: Malheiros, n. 22, 1998, p. 116-117.

MELLO, Celso Antônio Bandeira de. Eficácia das normas constitucionais sobre Justiça Social. *Revista de Direito Público*. São Paulo: Revista dos Tribunais, v. 57-58, 1981.

———. *Curso de Direito Administrativo*. 20. ed. rev. e atual. São Paulo: Malheiros, 2006.

MENDES, Gilmar Ferreira. *Controle de Constitucionalidade: Aspectos jurídicos e políticos*. São Paulo: Saraiva, 1990.

MONTEIRO, Vera. *Concessão*. São Paulo: Malheiros, 2010.

MOREIRA, Egon Bockmann. O Direito Administrativo Contemporâneo e a Intervenção do Estado na Ordem Econômica. *Revista Eletrônica de Direito Administrativo Econômico*, Salvador, Instituto de Direito Público da Bahia, n. 1, fev. 2005. Disponível em: <http:www.direitodoestado.com.br>. Acesso em: 15 dez. 2008.

———. *Direito das Concessões de Serviço Público – Inteligência da Lei 8.987/1995 (Parte Geral)*. São Paulo: Malheiros, 2010.

MÜLLER, Friedrich, A Limitação das Possibilidades de Atuação do Estado-Nação Face à Crescente Globalização e o Papel da Sociedade Civil em possíveis estratégias de resistência. BONAVIDES, Paulo. DE LIMA, Francisco Gérson Marques. BEDÊ, Fayga Silveira. *Estudos em Homenagem ao Professor J. J. Gomes Canotilho*. São Paulo: Malheiros, 2006.

SERVIÇO PÚBLICO NA CONSTITUIÇÃO FEDERAL

NESTER, Alexandre Wagner. *Regulação e Concorrência (Compartilhamento de Infraestruturas e Redes)*. São Paulo: Dialética, 2006.

ORTIZ, Gaspar Ariño. Significado Actual de la Noción des Servicio Público. In: ORTIZ, Gaspar Ariño. GARCÍA-MORATO, Lucía López de Castro (coor.). *El Nuevo Servicio Público*. Madrid: Ed. Marcial Pons, 1997.

PEREIRA, Cesar A. Guimarães. *Usuários de Serviços Públicos*. 2. ed., ver. e amp. São Paulo: Saraiva, 2008.

SANTOS, José Anacleto Abduch. *Contratos de Concessão de Serviços Públicos – Equilíbrio Econômico--Financeiro*. Curitiba: Juruá, 2007.

SANTOS, Rodrigo Valgas dos. Concessão de serviço público: a prorrogação do prazo de exploração para recomposição do equilíbrio econômico-financeiro do contrato. *Revista de Interesse Público n. 38*, jul./ago. 2006, p. 85-111. Porto Alegre: Notadez, 2006.

SARLET, Ingo Wolfgang. *A Eficácia dos Direitos Fundamentais*. 2. ed. Porto Alegre: Livraria do Advogado, 2001.

———. *Dignidade da Pessoa Humana e direitos fundamentais na Constituição Federal de 1988*. 3. ed. Porto Alegre: Livraria do Advogado, 2004.

———. Proibição de retrocesso, Dignidade da Pessoa Humana e Direitos Sociais: Manifestação de um constitucionalismo dirigente possível. *In:* BONAVIDES, Paulo; DE LIMA, Francisco Gérson Marques; BEDÊ, Fayga Silveira (coord.). *Estudos em Homenagem ao Professor J. J. Gomes Canotilho*. São Paulo: Malheiros, 2006.

———. FIGUEIREDO, Mariana Filchtiner. Reserva do possível, mínimo existencial e direito à saúde: Algumas aproximações. *Revista de Doutrina da 4ª Região*, n. 24, julho de 2008. Disponível em: <htpp://www.revistadoutrina.trf4.jus.br>. Acesso em: 14 out. 2008.

SCHOLLER, Heinrich. O Princípio da Proporcionalidade no Direito Constitucional e Administrativo da Alemanha. Tradução Ingo Wolfgang Sarlet. *Revista de Interesse Público*, n. 2, 1999, p. 93-107.

SILVA, José Afonso da. *Aplicabilidade das normas constitucionais*. 2. ed. São Paulo: RT, 1982.

———. *Curso de Direito Constitucional Positivo*. 19 ed. São Paulo: Malheiros, 2001.

STRINGARI, Amana Kauling. Agência Reguladora Municipal: estrutura única de regulação dos serviços públicos. Disponível na internet: <www.gestaopublicaonline.com.br>. Acesso em: 25 abr. 2009.

SUNDFELD, Carlos Ari. *Fundamentos de Direito Público*. São Paulo: Malheiros, 1992.

———. *Guia Jurídico das Parcerias Público-Privadas*. In: SUNDFELD, Carlos Ari (coord.). Parcerias Público-Privadas. São Paulo: Malheiros, 2005.

TÁCITO, Caio. A Razoabilidade das Leis. *Revista Trimestral de Direito Público n. 13*. São Paulo: Malheiros.

———. Poder de Polícia e seus limites. *Revista de Direito Administrativo n. 27/10*. São Paulo: Atlas.

———. O Equilíbrio Financeiro na Concessão de Serviço Público. *Temas de Direito Público*, 1. v. Rio de Janeiro: Renovar, 1997.

———. Concessão de Transporte Coletivo. *Temas de Direito Público*, 2. v. Rio de Janeiro: Renovar, 1997.